산야초와 함께하는
참살이 건강

지은이 | 최양수
펴낸이 | 배기순
펴낸곳 | 하남출판사

초판1쇄 발행 | 2008년 12월 31일
등록번호 | 제10-0221호

서울시 종로구 관훈동 198-16 남도B/D 302호
전화 (02)720-3211(代) | 팩스 (02)720-0312
홈페이지 http://www.hnp.co.kr
e-mail : hanamp@chollian.net, hanam@hnp.co.kr

ISBN 978-89-7534-192-2(03690)

산야초와 함께하는 참살이 건강

약차, 약술, 보양죽, 발효액과
향기요법 등의 각종 건강 치료책!!

최양수 지음

하남출판사

목차

제 4 장 맛과 향이 우러나는 미나리과

제 9 장　양념으로 쓰이는 향료식물 참살이

| 부록 | 참살이 식물명과 활용법으로 찾아보기

편집자 주

이 책은 108가지 시리즈의 자매편으로서 여러 참살이 식물의 공통점을 모아 묶음 위주의 편집을
진행하였습니다. 때문에 식물명 옆에 **108 ❶** , **108 ❷** , **108 ❸** 이라 표시된 부분은 동일 저자
의 도서, 『약이 되는 산야초 108가지』 시리즈 항목에 포함된 식물들임을 알려드립니다.
단, 108가지 시리즈에서는 산야초의 약용과 효능을 중심으로 하였다면, 참살이 시리즈에서는 각
산야초간의 관계성과 활용성을 우선에 두고 작업하였습니다.

제1장

보양(補陽)의 보고(寶庫)
두릅나무과 참살이

삼(蔘) / 두릅 / 독활 / 땃두릅 / 송악 / 음나무 / 오갈피나무 / 황칠나무

01 | Panax ginseng C.A.Meyer

삼(蔘)

귀개(鬼蓋), 금정옥란(金井玉蘭)

▌산삼(山蔘)

▲ 산삼은 선선한 바람이 잘 부는 곳에서 많이 채심된다.
이를 볼 때 산삼이 자생하는데는 풍향의 영향도 크다고 볼 수 있다.

생김새 높이 60cm. 줄기는 해마다 1개가 곧게 자라며, 그 끝에 3~4개의 잎이 돌려난다. 잎은 잎자루가 길고 잎몸은 5개로 갈라져서 장상복엽을 이룬다. 작은 잎은 바깥쪽의 것이 작고 가운데 3개는 길이 4.5~15cm, 나비 3~5.5cm로 끝이 뾰족하며 가장자리에는 가는 톱니가 있다. 잎 앞면의 맥 위에는 털이 있다. 꽃은 여름에 피며 1개의 가는 꽃줄기에 4~40개의 담황록색의 작은 꽃이 산형꽃차례에 달린다. 열매는 핵과(核果)로 편구형이고 지름 5~9mm이며, 성숙하면 선홍색으로 되고 가운데에 반원형의 핵이 2개 있다. 뿌리는 약용하며 그 형태가 사람 형상이므로 인삼이라 한다.

효능 산에 자연적으로 나는 인삼(人蔘)으로, 적응증이나 효용은 인삼과 비슷하나 약 효과가 월등 하다. 맛은 달고 약간 쓰며 성질은 따뜻하고, 비와 폐에 들어가 원기를 많이 보하여 준다.

산삼의 자생 조건

* 산삼이 자라려면, 여름의 온도가 섭씨 20℃ 내외로 유지되어야 한다. 산림이 우거지고 높은 수림의 잎 사이로 햇볕이 환하게 들어오는 곳이라야 자란다.
* 삼은 물을 좋아하나 습기를 싫어한다. 물이 흐르는 계곡 주위에서 많이 채심된다.
* 산삼이 자생하기 위해서는 수림의 비율이 적당해야 한다. 활엽수와 침엽수의 비율이 6:4 정도의 산림에서 가장 많이 나온다.
* 선선한 바람이 잘 부는 곳에서 많이 자생된다.
* 가장 중요한 것이 토양이다. 이런 낙엽이 썩어 토양을 이룬 부엽토에서 산삼뿐만 아니라 모든 식물들이 잘 자란다.

비기(脾氣) 부족 해소

피를 많이 흘린 후에나 토하고 설사를 많이 할 때, 또는 권태감, 무력감, 식욕부진, 상복부 팽만감, 더부룩하고 폐기가 약하여 숨쉬기가 가쁘고 행동에 힘이 없을 때나, 입에 갈증이 있을 때 두루 사용한다.

산삼과 장뇌삼

- **뇌두에 의한 구별**
  산삼과 같은 기간이면 뇌두의 길이가 가늘고 길다.

- **몸통에 의한 구별**
  산삼은 몸통이 뭉쳐 있고 뿌리는 가늘고 길며 나무뿌리처럼 힘이 있고, 장뇌는 몸통이 길며 뿌리는 살이 붙고 실처럼 부드러운 느낌이 든다.

- **싹대에 의한 구별**
  산삼은 싹대(뇌두 윗부분)가 대부분 짧고 장뇌는 길다.

장뇌삼 ▶
산삼 ▼

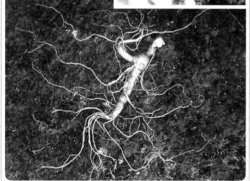

천 종	자연적으로 산에서 나서 씨가 떨어져 생긴 것
지 종	새들이 산삼씨를 먹고 산중에 배설하여 생긴 것
인 종	사람이 씨를 뿌려 생긴 것
장뇌삼	종자를 채취하여 인위적으로 재배한 것

당뇨병 치료

체내의 혈당량을 저하시키고, 당뇨 환자들이 부수적으로 느끼던 갈증, 권태감, 어깨결림, 가슴답답함 같은 것도 크게 개선하여 준다.

노화 방지

산삼에는 인삼과 같이 적은 양의 구리, 코발트, 비소, 게르마늄, 인, 알루미늄 등이 포함되어 있다. 이것은 세포의 독성 때문에 노화되는 세포를 새로운 세포로 교체하는 작용을 촉진시켜서 신체의 노화를 방지해 준다. 남성의 성기능 활성화에도 좋은 효능이 있다.

▌인삼(人蔘)

◀ 인삼의 싹
▼ 인삼의 열매

▲ 인삼의 뿌리, 형태가 사람 형상이므로 '인삼(人蔘)'이라고 한다.

종류 산삼은 크게 천종, 지종, 인종, 장뇌 이상 네 가지로 분류한다. 천종, 지종, 인종은 야생삼으로 자생한 것을 말하며 장뇌삼은 산삼의 종자를 채취하여 깊은 산 속에 씨를 뿌려 야생상태로 인위적으로 재배한 산삼을 말한다.

효능 인삼은 우리나라의 특산물로서 세계적으로 알려져 있다. 맛이 달고 약간 쓰며 성질은 따뜻하다. 인삼은 예로부터 불로, 장생, 익기(益氣), 경신(輕身)의 명약으로 일컬어진다. 한국에서 재배되는 인삼의 뿌리는 비대근(肥大根)으로 원뿌리와 2~5개의 지근(支根)으로 되어 있고 미황백색이다.

뿌리에 사포닌 성분이 들어 있어 중추 신경의 흥분과 피로를 해소시키며, 정력과 체력을 증진시킨다. 기(氣)를 보하는데, 주로 비기(脾氣)와 폐기(肺氣)를 보하며, 진액(津液)을 불려주고, 갈증을 멈추며, 정신을 안정시키고, 눈을 밝게 한다.

강장 작용

인삼을 먹으면 정신적 및 육체적 활동력이 강화되고 피로가 빨리 회복된다. 인삼의 강장 작용은 잎, 줄기, 꽃, 열매에도 나타난다. 또 면역글로블린의 양과 림프 세포수를 늘려 몸에 나쁜 영향을 주는 물리적 및 화학적 요인에 대한 저항성을 높인다.

중추신경계통에 대한 흥분 작용

중추신경과 심근에 대해서 소량에서는 흥분적으로, 다량에서는 억제적으로 작용한다. 특히 호흡중추, 심장혈관운동중추, 성선에 대한 작용이 예민하다. 그러나 잠을 방해하지는 않는다.

혈압 조절 기능

소량에서는 약간 높이고, 다량에서는 내리는 경향이 있다.

숙취 제거 효과

알콜의 회복 시간을 단축시켜 주고, 알콜의 투여로 야기된 지방 변성, 간세포 변화를 정상으로 유지시켜 준다. 또한 간장을 보호해 주며, 지방대사 촉진작용을 하여 숙취와 간염치료에도 유용하다.

인삼 복용법

- 깨끗한 물로 세척하여 통째로 생식하거나, 꿀과 함께 복용한다. 술에 담가 복용할 때에는 산삼 크기만한 병에 최소 3개월이 지난 후 복용해야 한다.
- 산삼을 복용할 때에는 미역, 다시마, 파래, 생선회, 녹두음식 등을 피해야 한다. 복용 후 일정기간 동안은 개고기도 삼가는 것이 좋다.

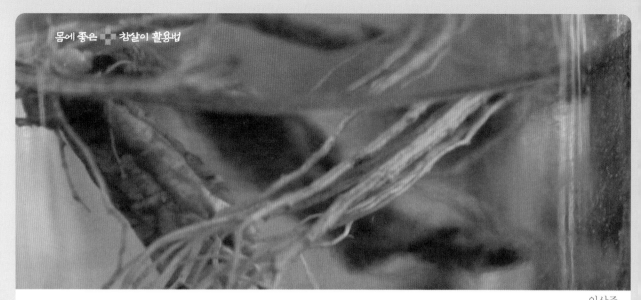

인삼주

인삼대추차

인삼은 피로를 회복시키고 정력을 증진시키는 효능이 있으며, 대추 역시 노화를 방지하는 효과를 지니고 있다. 때문에 이 두 가지를 생약으로 끓여 낸 인삼대추차는 만병통치약차라고 할 만큼 여러 가지 효과가 있다.

효능

피로 회복, 무기력 해소, 노화 방지에 좋으며, 대추에 들어 있는 비타민 C가 피부를 희게 하고 주근깨를 없앤다.

재료

건삼 2뿌리, 대추 10개, 물 1000㎖, 꿀 약간

만드는 법

1. 건삼과 대추를 깨끗이 씻어 물기를 뺀다.
2. 차관에 인삼과 대추를 넣고 물을 부어 끓인다.
3. 물이 끓으면 불을 줄인 후, 은근하게 오랫동안 달인다.
4. 건더기는 체로 걸러 내고 국물만 찻잔에 따라 꿀을 타서 마신다.

인삼주

재료

인삼의 뿌리 250~300g, 소주 1000㎖, 설탕 10~15g

만드는 법

1. 뿌리를 잘 씻은 다음 정성껏 물기를 제거하여 1~2일 그늘에 말린다.
2. 재료를 용기에 넣고 밀봉한다.
3. 시원한 곳에서 6개월 정도 숙성시킨다.
4. 우러난 다음에 재료를 건져 낼 필요가 없다.
5. 1일 1회 취침 전에 30㎖ 정도 마신다.

인삼죽

재료

인삼 30g, 대추 8개, 쌀 2큰술, 물 1.5ℓ

만드는 법

1. 쌀을 먼저 씻은 후 물에 불린다.
2. 인삼을 반나절 물에 담근다.
3. 2에 대추와 물을 넣고. 중불에서 1시간 정도 끓인다.
4. 다 끓인후 믹서기에 갈아 액으로 만들어 낸다.
5. 불린 쌀과 함께 40분 정도 끓여 따뜻하게 복용한다.

02 Aralia elata Seemann

두릅

요두채(搖頭菜), 문두채(吻頭采)

▲ 두릅의 꽃　　　　▲ 두릅의 줄기

▲ 두릅의 새순

생김새 낙엽이 지는 관목으로, 높이 3~4m까지 자라며 주로 산지에서 난다. 어긋나는 잎의 길이는 40~100cm에 이르고 가시가 있다. 꽃은 8~9월에 하얗게 피고, 10월이 되면 핵과가 검은색으로 여문다. 이른 봄 가시가 많고 꼿꼿이 자란 줄기의 꼭대기에서 나오는 순은 봄이 왔음을 알리는 식물이다.

효능 두릅에는 단백질과 칼슘, 인, 철 같은 무기질이 다량 함유되어 있고, 비타민 A가 풍부하며, 비타민 C도 많다. 특히 단백질을 구성하는 아미노산의 조성이 좋은 산나물이다.

이른 봄 잎이 활짝 피기 전의 어린 순을 따서 식용하는데, 끓는 물에 살짝 데쳐서 초고추장에 찍어 먹는 강회나 초고추장, 초간장에 무치는 나물도 맛있고 볶아도 먹는다. 또 데쳐서 말려두었다가 일년 내내 이용할 수도 있다.

열(熱)과 담(痰)의 제거

고혈압, 당뇨병, 신경통 등의 치료제로 쓰며, 열성, 냉성 체질 가질 것 없이 두루 쓴다. 해열, 익기, 거담 작용이 있어 열을 내리고 기운을 돋우며 가래를 없애는 약으로 많이 이용한다.

건위 작용

위의 운동을 도와 소화, 흡수 작용을 왕성하게 하는 작용을 하므로, 위경련이나 위궤양을 낮게 하고 꾸준히 먹으면 위암을 예방하는 효능이 있다.

두릅 주의점

- 약간의 독성이 있기 때문에 짙은 농도로 오랫동안 사용하는 것을 삼간다. 장기 복용시에는 전문가와 상의한다.

- 두릅의 뿌리를 쓰고자 할 때에는 늦은 겨울부터 봄 사이에 채취해야 혈당의 저하 효과를 볼 수 있다. 가을에 캔 것은 효과가 거의 없다고 알려져 있다. 즉 잎이 달린 계절에는 약효가 떨어진다.

- 저혈압에는 유효하나 고혈압에는 삼간다.

03 | Aralia contientalis Kitagawa

독활 108 ①

토당귀, 뫼두릅

▲ 독활의 꽃과 잎

생김새 높이 1.5m가량 되는 큰 풀. 속이 비어 있어 단단하지는 못하다. 줄기는 곧게 서고 원줄기는 갈라지지 않으며 긴 가시가 밀생한다. 꽃을 제외한 전체에 털이 있고, 잎은 넓으나 어긋나 달리며 심장형, 타원형, 깃꼴겹잎으로 끝이 날카롭다. 7~8월경에 연녹색의 꽃이 피는데, 꽃차례는 가지 끝에 달리고 갈색털이 있다. 열매는 둥근 모양의 액과이며 검은 자주색으로 9~10월에 익는다.

효능 신경, 간, 소장, 방광에 작용한다. 풍습을 없애고, 아픔을 멈추며, 해열, 진통, 진경, 소염작용, 피 응고 촉진작용, 강심, 혈압 낮춤작용 등의 효과가 있다. 어린 순을 나물로 먹으며, 어린 줄기 껍질은 벗겨서 날 것으로 된장이나 고추장에 찍어먹는다.

관절염으로 인한 통증 완화

여러 곳의 관절이 다발성으로 염증을 일으켜 통증이 있거나 환부가 부은 경우에 좋다.

초기 감기 치료

독활은 발한작용은 약하나 거습작용은 뚜렷하다. 열이 별로 높지는 않으나 오래가고, 근육이나 관절에 통증이 있는 증상을 수반하는 경우에 방풍, 강활, 생강을 배합해 사용하면 땀을 발산시키고 풍습을 제거한다.

독활과 땃두릅

독활과 땃두릅은 모두 두릅나무과에 속하지만, 독활은 풀이고, 땃두릅은 부드러운 가시를 가진 나무이다. 땃두릅의 잎은 단엽이며, 각각의 줄기에 하나씩 단풍잎처럼 잘게 갈라진 모양으로 붙는다.

독활의 잎 ▶
땃두릅의 잎 ▼

독활주

독활주

> **재료**
> 독활 100g, 소주 1,800cc

만드는 법

1. 독활 100g에 소주 1,800cc를 붓는다.
2. 2~3주 동안 밀봉한 후 걸러낸다.
3. 80cc씩 하루 2번 마신다.

독활열매주

> **재료**
> 독활 열매 600g, 설탕 300g, 소주 1되

만드는 법

1. 독활 열매에 설탕을 넣고 소주 1되에 담근다.
2. 그늘진 곳에서 2개월간 보관한다.
3. 하루에 30~60cc씩 복용한다.

두릅주

> **재료**
> 잔가지와 껍질 또는 열매 200~250g, 소주 1ℓ

만드는 법

1. 두릅의 가시를 잘 제거한다.
2. 잔가지는 1cm 정도로 잘게 썰고 굵은 가지는 껍질을 벗겨 놓는다.
3. 소주를 붓고 밀봉한다.
   (당뇨의 예방과 치료를 위해 설탕은 넣지 않는다)
4. 시원한 곳에서 6개월 이상 숙성시킨다.
5. 취침 전에 30㎖ 정도 마신다.

참고

가시가 많이 붙어 있는 두릅나무 가지를 달여서 차로 복용하는데, 위장이 해를 입을 수 있으므로 장기 복용 시에는 주의하여야 한다.

04 Echinopanax horridum Kom.

땃두릅 108 ❶

땅두릅, 자인삼

▲ 땃두릅의 꽃

생김새 높이 약 1m의 떨기나무이다. 뿌리는 옆으로 길게 뻗으며, 줄기는 곧고 가시가 많은데, 마디 부분에 특히 가시가 많다. 잎은 둥글고 손바닥 모양이며, 5~6개로 얕게 갈라졌다. 기부는 심장형이며, 가장자리에 톱니와 가시털이 있고 잎맥에도 가시털이 있다. 꽃은 6~7월에 피며, 풀색을 띤 작은 꽃이 우산처럼 모여 핀다. 꽃자루에는 갈색 털이 촘촘히 덮여 있다. 나무껍질은 옅은 회색이다. 열매는 8~9월에 둥글고 노란 붉은 색으로 익는다.

효능 땃두릅나무의 줄기와 잎, 꽃과 뿌리에는 사포닌, 알칼로이드, 플라보노이드, 정유, 고무질, 녹말, 탄닌질, 다당류, 강심 배당체가 들어 있다.

혈당량감소와 중추신경흥분 작용

뿌리 껍질의 알코올 추출액은 중추신경 계통에 대한 흥분 작용이 있으며, 성선자극작용과 혈당을 줄이는 작용을 한다.

이뇨 작용

땃두릅의 정유 성분은 콩팥의 상피를 자극하여 소변의 양을 늘리고 이뇨작용을 한다.

기타

민간에서는 줄기와 잎은 열을 내리고, 기침, 염증에 사용하며, 뿌리껍질 추출액은 진통제, 찢긴 상처, 치통, 일반허약, 류머티즘에 사용한다.

땃두릅발효액

줄기나 잎을 가지고도 발효액을 만들 수도 있지만 뿌리의 효능이 단연 으뜸이다. 뿌리를 잘 씻어 잘게 잘라 물기를 빼고 용기에 담는다. 가능하다면 줄기나 잎도 잘게 잘라 넣어도 좋다. 같은 양의 흑설탕을 잠기도록 넣어 발효시킨다. 만일 뿌리가 건조된 것이라면 감초, 생강, 대추를 달인 물이나 엿기름을 달인 물을 추가하면 발효가 손쉽게 된다.

05 Hedera rhombea Bean

송악

담장나무, 상춘등, 삼각풍, 토풍등

◀ 송악의 열매
▼ 송악의 줄기와 잎

생김새 상록성 덩굴나무. 남부지방에 바닷가나 산기슭에 나무나 바위를 감고 올라가는 특성이 있다. 잎은 서로 어긋나는데, 잎이 어린가지에서는 세모꼴로 생겼고 성숙한 가지에서는 마름모꼴로 바뀐다. 잎이 가죽과 같이 두텁고 빳빳하며 잎 표면에 윤기가 흐른다. 잎의 가장자리에는 톱니가 없이 밋밋하다. 9월에서 10월에 꽃이 피고, 열매는 그다음 5월에 푸른색을 띠다가 익으면 검은색으로 둥글게 뭉쳐서 익는다.

효능 헤데린이라는 결정성 사포닌을 가지고 있으며, 열매에는 페트로셀린산, 팔미트산, 올레산, 리놀산, 적은 양의 페트로셀리딘산으로 된 기름이 있다.

종기 치료

생(生)으로 된 잎이나 줄기를 짓찧어서 환부에 붙인다.

지혈 작용

줄기와 잎을 물에 축여 짓찧어 얻은 즙을 각혈에 피를 멎게 하는 약으로 쓴다.

평간해독 작용

간을 맑게 해주는 효능이 있다.

『원색천연약물대사전』

"상춘등은 상록성 덩굴줄기로서 10m 이상 자라며, 뿌리가 있다. 잎은 호생하고 난형내지 삼각형 난형, 또는 오각형이며 가죽질이고 잎에 광택이 있다. 10월에 녹색꽃이 피며, 열매는 11~12월로서 검게 익으며, 열매를 '상춘등자' 라 하며 약용한다. 가을에 채취하여 햇볕에 말린다. 그대로 썰어서 사용한다. 성질은 서늘하고 맛은 쓰다. 비장, 간경에 들어간다. 거풍, 청간, 소종의 효능이 있으며, 풍습성관절염, 안면신경마비, 현훈, 간염, 황달, 안질, 옹종을 낫게 한다. 하루 6~12g을 물로 달이거나 생즙을 내어 복용한다."

06 Kalopanax Pictus Nakai

음나무 108 ②
엄나무, 해동목, 자추목

▲ 음나무의 가지와 잎

생김새 음나무는 녹음이 짙은 정자목으로 봄에 어린 순을 '엉개나물' 또는 '개두릅' 이라 하여 즐겨 이용하는 산나물이다. 음나무는 가시가 많기로도 유명한데 두릅나무보다 더 심하여 '호랑이가시' 라는 별명도 얻고 있다. 줄기와 가지에 가시가 많은데 특히 어린 나무의 줄기에 가시가 더 많다. 높이가 25m에 이르며 둘레가 두세 아름 되도록 크게 자라기도 한다. 나무 껍질은 흑갈색이고 결이 곱고 비교적 가벼운 맛이 난다.
잎은 같은 과의 팔손이나무처럼 큰 잎사귀가 5~9개 갈라지고 서로 어긋나서 피고 잎의 갈래는 둥글거나 타원형이며 손바닥 같은 맥이 있다. 길이가 10~30cm로 잎 뒷면 막 사이에 가는 털이 있고 가장자리에 톱니가 있다.

암수한그루의 나무로 7~8월에 새가지 끝에 우산 모양의 화서에 황록색의 작은 꽃이 수없이 달린다. 꽃에는 많은 꿀이 나온다. 열매가 10월에 콩알처럼 검게 익는다.

효능 가지 삶은 물은 다갈색의 빛이 돌고, 은은한 향이 있어 차게 식혀서 건강음료로 이용한다. 강장, 해열에 효과적이며 요통, 신장병, 당뇨병, 피로 회복 등에 좋다.

신경통 치료
가지를 칼로 치듯이 썰어서 끓는 물에 푹 삶아 식혜를 만들어 마시면 신경통에 좋다.

거담제
수피와 근피를 한방에서 거담제로 이용한다.

음나무의 줄기 ▶
음나무의 새순 ▼

07 Acanthopanox sessiliflorus Seem.

오갈피나무 108 ❷

오가피

▲ 오갈피나무의 어린 꽃

생김새 높이 3~4m. 가지를 많이 친다. 가지는 회백색이며 가시가 있다. 잎은 호생하는 장상복엽으로 5장의 소엽으로 되어 있으며, 잔잎은 계란형의 장타원형으로 거치가 있다. 꽃은 8~9월에 새 가지 끝에 자주빛 꽃이 산형화서로 피며 10월에 검게 익는 장과(漿果)는 구형이다. 내한성이 강하고 공해에도 견디며 맹아력이 왕성하고 병충해도 별로 없으며 매우 튼튼한 식물이다. 암수나무가 따로 있고, 약간 쓴맛과 향기가 있다.

효능 오갈피나무는 종류가 많은데, 모두 어린 순을 먹을 수 있다. 약간 쌉쌀하면서도 향긋해서 생으로 튀김도 하고, 국거리로도 이용하며, 살짝 데쳐서 나물로 무치기도 하고, 볶기도 하며, 샐러드로도 이용한다. 봄에서 여름에 걸쳐 잎을 말려 두고 차로 이용하면 향기롭고 피로 회복에 특효를 보이는 차를 맛볼 수 있다.

거습 · 지통작용

만성 류머티즘의 허약자에게 적용하며 각종 마비증상, 부종, 뇌신경 쇠약을 보이는 경우에도 쓴다.

해독작용

화학 물질의 독을 풀고 혈액 속의 콜레스테롤과 혈당치를 낮추며, 뇌의 피로를 풀고 눈과 귀를 밝게 한다.

가시오가피와 시베리아인삼

가시오가피는 '오가삼(五加參)'이라고도 하며 약효가 가장 뛰어나 인삼에 버금간다고 알려졌다. 가시오갈피는 인체의 기능을 조절하여 신진대사를 촉진하고 병에 대한 저항력을 증진시키므로 인삼과 같이 순환기계통의 병, 신경쇠약의 치료면에서는 인삼보다 낫다고 증명되어 신경쇠약, 식욕부진, 기력감퇴, 건망증, 불면증, 고혈압, 저혈압, 어지럼증, 협심증, 정력감퇴나 노화현상, 병후나 산후의 자양강장제 및 치료제로 쓰이며 백혈구의 감소현상에 대한 증대작용도 있다.

▲ 시베리아인삼

▼ 가시오갈피의 가시

◀ 가시오갈피 꽃과 잎

오가피의 품종과 특성

- 가시오가피
  (Acanthopanax Senticosus)

  이론상 우리나라에서는 표고 600m 이상의 산간 계곡 지역에 자생하는 것이나 그 분포는 광범위하지 못하다. 반면에 러시아에서는 10여 년 전부터 'Ginseng siverian'이라는 상품명을 붙여 구미지역에 수출하고 있다.

- 왕가시오가피
  (Acanthopanax Senticosus Var. Koreanus)

  가시오가피의 변종으로 높이는 4~5cm, 2년지는 엽병 기부 이외에는 가시가 없으며 붉은 빛이 돈다. 북한의 함경도에 자생하는 것으로 알려져 있다.

- 민가시오가피
  (Acathopanax Senticosus Var. Inermis)

  소지에 가시가 거의 없고 잎과 화서가 보다 큰 것을 민 가시오가피라고 한다. 높이는 2~3m에 달하며, 신년생 가지는 붉은 빛이 감돌고 피목이 길다. 우리나라 고산 지대와 백두산 일부지역에 분포하고 있다.

- 단경오가피
  (Ancanthopanax Sessiltlorus)

  우리나라와 만주에 분포하고 있으며, 중국의 본토와 일본에는 자생하고 있지 않은 식물이다. 높이가 3~4m, 가지가 많이 갈라지며 수피는 회색이고 가시는 있거나 없다. 우리나라의 전남북, 충남북, 경기지역, 강원도지역, 특히 정선, 평창, 철원 등지의 산지지역에 야생 분포한다. 가시오가피나무와 함께 백두산을 중심으로 우리 한반도와 만주가 원산지이다.

- 지리산오가피
  (Acanthopanax Chilsanensis)

  1913년 7월 1일 일본인 식물학자가 지리산에서 발견하여 명명한 한국 특산으로 높이 3m에 달하고 뿌리근처에서 많이 갈라진다.

- 서울오가피
  (Acanthopanax Seoulensis)

서울 청량리에서 자라는 한국 특산으로 높이 2~3m, 가시가 없고 수피는 흰색이며 2년지에는 융기한 피목이 있다.

- 털오가피
  (Acanthopanax Rufinerve)

  산지에서 생육하는 한국 특산으로 높이는 2~3m에 달하며 가지는 기부가 굵고 많이 갈라지는데, 작은 가지에는 가시가 없다. 본종은 지리산오가피나무에 비해 전체에 가시가 없고, 소엽의 뒷면 맥상과 소엽병에 갈색털이 밀생하는 특징이 있다. 경북, 황해, 평북, 함북 지방으로 해발 400~1,000m에서 야생한다.

- 섬오가피
  (Acanthopanax Koreanum)

  제주도에만 분포되어 있는 한국 특산으로 가시가 억세며 줄기가 땅에 늘어지는 특징이 있다. 이 오가피는 제주도뿐만 아니라 중부지역, 서울 근교에서도 월동력이 대단히 우수하며 성장력도 왕성하다.

- 오가피
  (Acanthopanax Sessiliflorus)

  숲속에서 자라는 낙엽관목으로서 높이 3~4m이고, 뿌리 근처에서 가지가 많이 갈라져 사방으로 퍼지며, 소지는 회갈색이고 지름 3~4mm로서 털이 없으며 가시도 거의 없다. 우리나라의 오가피 중 80~90%를 점하고 있는 식물이다.

- 오가나무
  (Acanthopanax Sieboldianum)

  중국산의 낙엽관목으로서 높이가 2m에 달하고 총생하며 명아가 돋는다. 어린순을 식용으로 하고 뿌리 껍질은 오가피라고 하며 약용으로 사용한다.

- 흰털오가피
  (Acanthopanax Divaricatus Var. Albeofructus)

  한국 특산약용식물로서 중부, 남부, 문산일대에서 재배하고 있다. 낙엽관목으로 높이 2.5~3.0m에 달하고 가지는 회갈색으로 털이 없고 잎은 어긋나고 3~5개의 소엽이며 장상복엽이다. 잎, 껍질, 뿌리에는 상당량의 정유가 있고, 생근(生根)은 방향성(芳香性)이 있다.

오갈피차

오갈피차

재료
잎 10~15g, 뿌리껍질 15~20g

효능

예부터 강장강정차로 전해 오고 있으며, 중풍·신경통 등에 효과가 있다. 중추신경 흥분 현상이 있어 피로 회복, 정력 감퇴, 기억력 상실 등에 오래 복용하면 좋다. 허리, 다리의 골격이 연약하여 통증이 있고 보행 장애를 일으키는 사람에게 유효하다.

만드는 법

1. 뿌리는 가을 겨울에 채취를 하고, 잎은 봄, 여름, 가을에 채취하여 사용한다.
2. 잎은 데치듯 살짝 쪄서 말려 두고 사용을 한다.
3. 주전자에 준비된 재료를 넣고 1시간 정도 끓인다.
4. 하루 2~3잔 정도 마신다.

오갈피주

재료
오갈피 60g, 당귀 30g, 우슬 30g, 계지(桂枝) 30g, 두충 30g, 파고지 30g, 소주 1.8ℓ

효능

보중근골 및 거풍제습의 효과가 있어 신경통, 산후요통, 관절통, 근육마비, 오래된 타박상, 전신의 관절통에 유효하다.

만드는 법

1. 약재를 깨끗이 씻어서 말린 후 소주에 담가 밀봉 저장한다.
2. 4~5일간 1일 1회씩 가볍게 흔들어 준다.
3. 3개월 후 개봉하여 찌꺼기를 건져낸다.
4. 찌꺼기의 1/5정도를 다시 넣고 밀봉 후 숙성시킨다.
5. 6개월 후 완전히 개봉하여 여과 후에 저장하고 복용한다.

주의할 점

위 기능 장애자는 복용을 자제한다.

08 Dendropanax morbifera Leveille

황칠나무

풍하리, 압각목, 반하풍

▲ 황칠나무의 잎

생김새 우리나라 난대림의 대표수종 중 하나로 두릅나무과에 속하는 나무로 상록교목이다. 잎은 어긋나며 처음에는 3~5개로 갈라지다가 나이가 먹으면 타원형에 거치가 없는 잎이 된다. 꽃은 암꽃과 수꽃이 따로 있고 6월에 흰빛으로 피며, 열매는 타원형으로 30~40여개씩 공처럼 모여 달리고 10월에 검은빛으로 익는다.

효능과 이용법

풍습비통(風濕痺痛)

황칠나무 뿌리, 구등근(鉤藤根), 각 37.5g, 우슬초 뿌리, 계지(桂枝) 각 12g, 홍당(紅糖), 미주(迷酒) 등을 섞어 달여서 차처럼 만들어 마신다. 연속 3일 복용하고 2일 중지한다. 이것을 1치료 기간으로 하여, 5치료 기간 정도 계속한다.

편두통

줄기 75g을 물로 달여서 찌꺼기를 버린 후 계란 한 개를 넣고 끓여서 즙과 계란을 복용한다.

『계림지(鷄林志)』

"고려 황칠은 섬에서 나고 본래 백제에서 산출된다. 절인(浙人)은 신 라칠이라고 부른다."

『해동역사(海東繹史)』

"백제 서남해에 나며 기물에 칠하면 황금색이 되고, 휘황한 광채는 눈을 부시게 한다."

월경 불순

뿌리 19g을 술로 볶은 후 달여서 1일 1컵씩 공복에 복용한다.

황칠의 채취

황칠은 음력 6월쯤 나무껍질에 칼로 금을 그어서 채취하는데, 매우 적은 양이 나오며 처음에는 우유 빛이나 공기 중에서 산화되어 황색이 된다. 황칠을 하면 금빛을 띠고 있으면서도 투명하여 바탕의 나뭇결을 생생하게 보여준다. 금빛을 더욱 강하게 내기 위하여 먼저 치자 물을 올린 다음 황칠로 마감한다.

황칠은 예로부터 그 특유의 황금색과 희소한 가치 때문에 귀한 대접을 받아왔으며, 나무의 이름은 황칠을 얻을 수 있는 나무라는데서 유래되었다.

신라의 황칠 도료 ▶
▼ 황칠나무의 열매

제2장

보음(補陰)의 보고(寶庫)

초롱꽃과 참살이

초롱꽃 / 더덕 / 영아자 / 모시대 / 도라지 / 만삼 / 잔대

초롱꽃과

우리 몸을 맑게하는
보음의 보고(寶庫)

01 초롱꽃

02 더덕

03 영아자

04 모시대

05 도라지

06 만삼

07 잔대

01 Campanula punctata Lamarck

초롱꽃

산소채(山小菜), 풍령초, 종꽃

▲ 초롱의 꽃

생김새 높이 30~70cm. 여러해살이풀로 줄기는 곧게 서고 잎과 함께 전체에 거친 털이 나 있다. 줄기에서 나온 잎은 어긋나기로 달리며 길쭉한 달걀 모양으로 끝이 뾰족하고 불규칙한 둔한 톱니가 있다. 5~7월에 종 모양의 꽃이 긴 꽃대 끝에서 몇 송이씩 아래를 향해 달린다. 꽃의 빛깔은 흰색 또는 연한 홍자색으로, 작고 짙은 보라색 반점이 흩어져 있다.

금강초롱 Hanabusaya asiatica Nakai

▲ 금강초롱의 꽃

생김새 한국 특산종으로 높은 산지에서 자란다. 높이 30~90cm이며 뿌리는 굵고 갈라진다. 잎은 줄기 중간에서 4~6개가 어긋나고 윗부분의 것은 마디사이가 좁아서 뭉쳐난 것같이 보인다. 잎자루가 길고 긴 달걀모양 타원형이며, 끝이 뾰족하고 밑은 뭉툭하거나 둥글며 가장자리에 불규칙한 톱니가 있고 윤기가 돈다. 5~7월에 종 모양의 꽃이 긴 꽃대 끝에서 몇 송이씩 아래를 향해 달린다. 꽃색은 흰색 또는 연한 홍자색으로, 작고 짙은 보라색 반점이 흩어져 있다.

효능과 이용법 은은한 아름다움이 있어 관상용으로 많이 보급되었으며, 개화기 조절이 비교적 수월해 분화용으로 많이 사용된다. 봄철에 어린순을 나물로 먹는데, '산소채' 라는 이름에서 알 수 있듯이 맛이 특별하다. 해산촉진제로 사용된다.

섬초롱 Campanula takesimana Nakai

▲ 섬초롱의 꽃

생김새 울릉도 해안 지대의 풀밭에 나는 다년초이다. 높이는 50cm 내외 전체에 거친 털이 밀포, 줄기는 비대이다. 꽃은 엷은 자주색 또는 흰색. 길이 3~5cm, 줄기 위 잎겨드랑이에 수 송이씩 총상화서를 이루고, 아래로 향하여 붙으며, 침형이다.

효능과 이용법 봄에 연한 잎을 삶아 초장이나 양념에 무쳐 먹거나 말려 두고 기름에 볶아 나물로 먹는다. 진해나 거담 등에 약용한다.

02 | Codonopis lanceolata Trautv.

더덕 108 ❶

사삼, 양유

▲ 더덕의 잎

생약명을 양유, 사삼, 노삼, 통유초, 토당귀라고도 부른다.

최고의 보음제

폐열로 인한 기침과 거담 등에 처방한다.

종기나 뱀, 벌레에 물렸을 때

생뿌리를 짓찧어 환부에 붙이거나 달인 물로 씻는다.

기타

강장, 해열, 거담, 해독, 최유, 배농, 소종 등의 효능이 있으며 기침, 인후염, 폐농양, 임파선염, 유선염, 젖 분비부족, 종기 등에 사용한다.

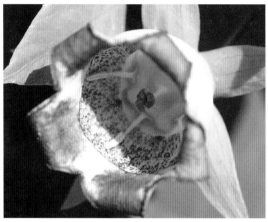

▲ 더덕의 꽃

생김새 여러해살이 덩굴식물로, 뿌리를 자르면 흰 유액이 나온다. 줄기는 가늘고 긴 것이 30~60㎝ 정도로 뻗어나간다. 뒷면은 백색이나 8~9월에 종 모양으로 생긴 자주색 꽃이 아래로 향해 피며 겉은 녹색이고 안쪽은 자주색이다. 종자는 흑갈색이며 날개를 달고 있다. 뿌리 자체에 혹이 많아 두꺼비 잔등처럼 더덕더덕하게 되어있다. 해가 잘 드는 곳에서 생육과 뿌리의 비대가 왕성한 것으로 나타난 양지식물로 씨로 번식한다.

효능 어린 순을 나물로 먹기도 하지만, 일반적으로는 더덕뿌리를 먹는다. 더덕뿌리를 더덕이라 하는데, 칼슘, 인, 철분 같은 무기질이 풍부하고 단백질, 지방, 탄수화물, 비타민B 등 영양가가 고루 갖추어진 고칼로리의 영양식품이다. 쌉쌀하면서도 단맛이 나는 것이 특색이며 독특한 향취가 있다.

더덕과 소경불알

- 더덕의 잎은 대체로 4개이며, 소경불알의 잎은 대체로 3개이다.
- 더덕은 꽃이 녹색에 자주색이 약간 들어있으나, 소경불알은 자주색이 진하다.

▼ 소경불알의 꽃

▲ 소경불알의 잎

더덕주

더덕정과

재료

더덕(참더덕) 200g, 황설탕 100g, 볶은 소금 1/2작은술, 물 1과 1/2컵, 참기름 조금, 조청 5 큰술, 백설탕 3큰술

만드는 법

1. 더덕을 깨끗이 씻어 껍질을 벗기고 다듬은 후 먹기 좋은 길이로 썬다.
2. 손질한 더덕을 끓는 물에 넣어 투명하게 데친다.
3. 냄비에 황설탕과 물을 붓고 손질하여 데친 더덕을 넣은 후 은근한 불에서 조린다.
4. 국물에 끈기가 돌면서 더덕이 어느 정도 조려지면 조청을 넣고 고루 섞어 윤기 나게 조린다.
5. 더덕이 투명해지면 건져 체에 받쳐둔다.
6. 한 김 나고 물기가 없어지면 백설탕을 살짝 묻혀 접시에 담아낸다.

더덕주

재료

생더덕 250~300g, 소주 30~35도 1.8ℓ

만드는 법

1. 가을에서 이듬해 봄 사이에 뿌리를 채취한다.
2. 소주에 생 뿌리를 쪼개서 넣고 밀봉한다.
3. 6~8개월 이상 숙성 후 그대로 사용한다.
4. 오래 묵힐수록 약효가 좋다.
5. 하루 2~3회 소주잔으로 1~2잔씩 먹는다.

주의할 점

장복하여도 좋으나, 3일에 하루 정도씩은 쉬어가며 복용한다.

03 Phyteuma japonicum Miq.
영아자
무잔대, 염아자, 민다래끼

▲ 영아자의 꽃

효능과 이용법 영아자는 참나물과 함께 산나물로 기호 식품으로서 자연 채취되어 이용되고 있으며, 각종 무기질과 단백질 비타민 등이 풍부히 들어 있어 청정식품으로 각광 받고 있다. 과채류의 맛에 영향을 미치는 유리당의 함량이 높으며, 일반성분도 영양학적으로 가치를 갖고 있다.

이용법
줄기를 자르면 흰즙이 분비되며 약간의 뽕나무 향과 단맛을 느낄 수 있으며 어른이나 아이 모두 거부감 없이 잘 먹을 수 있는 산채식물이다.
이용의 범위가 넓어 생체를 이용할 경우 쌈용으로 가능하며, 고기와 함께 먹어도 맛과 향이 뛰어나며, 어린 잎과 줄기는 생으로 무쳐 먹거나 국거리, 나물무침, 기름볶음, 샐러드, 묵나물 등으로 이용한다. 잎, 줄기, 꽃으로 튀김을 만들기도 하며 뿌리는 구이, 생체무침, 볶음, 장아찌 등으로 조리한다.

한열, 천식, 보익의 효능이 있다.

생김새 초롱꽃과에 속하는 식물로 곰취, 잔대, 모시대와 함께 유망한 산채작물이다. 여러해살이풀로 높이는 50~100cm 안팎이다. 줄기의 끝 가까이에서 약간의 가지를 치며 전체에 약간의 털이 있다. 잎은 마디마다 서로 어긋나게 자리하고 잎자루가 있다. 생김새는 길쭉한 계란 꼴이고, 양끝이 뾰족하며 가장자리는 날카롭게 생긴 톱니가 있다. 가지 끝이 꽃대로 변하여 7월~9월에 10여 송이의 꽃이 이삭과 같은 생김새의 꽃차례를 구성하여 아래의 것으로부터 차례로 피어오른다. 꽃은 다섯 갈래로 깊게 갈라져 있고 갈라진 조각은 비비꼬이면서 뒤로 감긴다. 꽃의 크기는 1cm 안팎이고 빛깔은 보라색이다. 전국적으로 분포하며 산지의 흙이 깊고 약간의 그늘진 곳에서 잘 자란다.

영아자의 뿌리 ▶
▼ 영아자의 잎

04 Adenophora remotiflora Miq.

모시대

제니, 행엽채, 행엽사삼

▲ 영아자의 꽃

생김새 다년초로서 뿌리는 약간 굵고 육질이며, 두 가닥으로 갈라지는 경우가 많다. 높이 40~100cm로 어린 싹은 대궁의 속이 비어 있고, 연한 갈색을 띠는 것이 많다. 꺾으면 백색 유즙이 나온다. 잎은 잎자루가 있는 넓은 피침형으로 호생하며 잎 가장자리에 거치가 있다. 줄기는 곧게 자라며, 꽃은 다소 크고 듬성듬성 핀다. 8~9월경 줄기 끝에 종모양의 보라색 꽃이 밑을 향해 엉성하게 달리는 원추화서이다. 흰 꽃이 피는 흰 모시대도 있다. 꽃이 진 후에 타원형의 삭과가 결실한다. 잎이 살구나무 잎과 닮았고, 뿌리는 더덕이나 잔대와 유사하다.

효능과 이용법 뿌리를 '제니'라 하여 한방에서 거담제, 해독제로 귀히 여기는 약재이다. 약을 다릴 때에 함께 넣으면, 그 약의 독성분이 스스로 다 풀어져 버린다고 한다.

모시대는 '모시나물'이라고도 하며, 독이 없으며 맛이 순하고 담백하다.

봄에 어린 잎 줄기를 따서 생으로 무침도 하고, 튀김도 만들며, 국거리로도 이용하며 데쳐서 나물로 무치기도 하고, 기름에 볶거나 샐러드로도 이용한다. 또 삶아서 말려 두고 묵나물로도 이용한다.

뿌리는 육질이어서 쌉쌀하지만, 도라지나 더덕처럼 조리하여 이용한다. 예전에는 구황식량의 역할도 하였다.

민간약으로도 종기나 벌레물린 데, 뱀에 물린 데, 베인 상처 등에 해독제로 달여서 먹는 약초이기도 하다. 한방에서는 모든 약을 달일 때 '제니'를 함께 넣고 달이면 약의 독성분은 스스로 다 풀어져 버린다고 한다.

모시대 재배 방법

공중 습도가 많은 반 그늘진 곳이 이상적이다. 북향의 계곡 같은 곳과 구릉지를 이용한 재배도 가능하다. 토질은 보수력이 있고, 비옥한 유기질이 많으면서 토심이 깊은 땅이 좋다. 여름에 직사광선이 강한 곳에서는 키가 작아진다.

05 Platycodon grandiflorum A. DC.

도라지 108 ❶

길경, 백약, 산도라지

▼ 도라지의 열매

▲ 도라지의 꽃

생김새 줄기는 곧게 서고, 40~80cm 정도의 높이로 자라며, 가지를 거의 치지 않는다. 꽃은 7~9월에 피는데 짙은 하늘색이며 가끔 흰색의 꽃이 피는 것도 있다. 주로 뿌리를 약으로 사용하는데, 가을에 채취하여 껍질을 벗겨서 햇볕에 말린다. 꼭지를 따 버리고 사용한다.

효능

기침, 감기 치료

쌉싸래한 맛을 내는 사포닌의 작용으로 기관지의 점액 분비 기능을 높여주어, 목을 윤택하게 하고 목감기로 인한 기침, 가래를 삭이고 목의 통증을 완화시킨다. 편도선이 붓는 데에도 효과가 있다.

▲ 도라지의 뿌리

소염, 진통 효과와 진정 효과

담배를 많이 피우는 사람과 태음인 체질의 사람들에게 특히 좋다.

기타

한방에서 주로 호흡기병이나 신장병의 치료에 많이 쓰이며, 특히 목감기에 효과가 좋은 약용식물이다.

홍노도라지와 애기도라지

• 홍노도라지
  꽃이 도라지 같아 홍노도라지라고 한다. 한국, 일본, 사할린 등지에 분포한다.

• 애기도라지
  도라지를 축소시킨 모양과 비슷하므로 애기도라지라고 한다. 한국(제주·전남), 일본, 중국 등지에 분포한다.

▼ 홍노도라지의 꽃

▲ 애기도라지의 꽃

도라지무침

도라지감초차

재료

말린 도라지 10g, 감초 10g, 물 600㎖

효능

목을 윤택하게 하여 기침, 가래를 없애는 사포닌이 들어 있어 편도선의 부종에도 효과가 있다.

만드는 법

1. 도라지와 감초를 깨끗이 씻고 물기를 뺀다.
2. 차관에 도라지와 감초를 넣고 물을 부어 끓인다.
3. 끓기 시작하면 불을 줄인 후 10분 정도 끓인다.
4. 건더기는 체로 걸러 내고, 국물만 찻잔에 따라 꿀을 타서 마신다.

주의할 점

도라지는 돼지고기와 어울리지 않으므로, 같이 섭취하지 않는 것이 좋다.

백도라지주

재료

생도라지(10년 이상된 것) 800~1000g, 소주 1.8ℓ

효능

만성 기관지염을 치료하고, 중병을 기사회생하게 하는 효능이 있다. 또한 발기부전 등에도 효과를 보인다.

만드는 법

1. 생도라지를 대나무 칼로 다듬는다.
2. 잔뿌리를 떼어내고 껍질을 벗기지 않은 채로 햇볕에 말린다.
3. 소주에 담아 밀봉하고, 3개월 후에 술과 도라지를 나누어 먹는다.

06 Codonopsis pilosula Nannfeldt

만삼
당삼(黨蔘), 황삼(黃蔘)

▲ 만삼의 꽃

생김새 잎은 어긋나지만 짧은 가지에서는 마주나고, 달걀 모양 또는 달걀 모양 타원형이며, 양면에 잔털이 나고 뒷면은 흰색이다. 잎 길이 1~5cm, 나비 1~3.5cm이고, 잎자루는 길이 2~3cm로 털이 난다. 꽃은 7~8월에 피고, 곁가지 끝에 1개씩 달리며 바로 밑 잎겨드랑이에도 핀다. 화관은 종처럼 생기며, 끝이 5개로 갈라진다. 열매는 삭과로서 10월에 익는다. 뿌리를 당삼(黨蔘) 또는 삼이라고 하며 거담제로 사용하거나 식용한다.

분포지는 한국(지리산 천왕봉 산정 근처, 강원도 이북), 중국, 우수리강 등지이다.

효능 만삼은 인삼을 대신할 수 있는 보약이다. 폐의 열을 없애고 기력을 키우며 비위를 튼튼하게 하는 효과가 있다. 사포닌, 이눌린, 알칼로이드 등의 성분이 많아 기력을 늘리고 저항력을 키우며 혈압을 낮추고 위장을 튼튼하게 하며 진액을 늘리고 갈증을 없애는 효능이 있다.

보양의 효능

허약자, 앓고 난 뒤, 만성 소모성 질병, 만성 호흡기 질병, 빈혈, 소화 불량증, 만성소대장염, 콩팥염, 당뇨병 등에 쓴다.

혈액에 작용

빈혈, 위황병, 백혈병 등에 좋으며 콩팥염으로 단백료가 나오고 다리에 부종이 있을 때에도 효과가 있다.

비장과 위장에 작용

비위를 보하고 진액이 생기게 하며 구갈을 멈추는 보약으로 비위가 약한 데, 입맛 없는 데, 설사, 맥이 없고 정신 불안, 피로, 폐가 허하여 생긴 기침에 쓴다.

기타

온몸에 맥이 없고 나른할 때, 오랜 병으로 앓아누웠을 때, 정신이 불안하여 잠을 잘 자지 못할 때, 폐가 허약하여 기침을 심하게 할 때도 좋은 효과를 보인다.

더덕과 닮은 만삼

줄기와 뿌리에서 나는 냄새도 더덕과 같고 잎 모양은 더덕을 닮았으나, 더덕보다 작고 줄기가 더 무성하며, 뿌리는 가늘고 길다.

▼ 더덕의 잎

▲ 만삼의 잎

만삼의 뿌리

만삼계탕

> **재료**
>
> 만삼 뿌리(8년 이상된 것), 토종 닭 1마리,
> 마늘, 밤, 호두, 은행, 참깨, 잣, 찹쌀

효능

여인의 허약 체질이나, 산전·산후의 부인과 임신 중인 여인의
보양식이다. 천식 환자에게도 효과가 있으며, 남자보다 여자에
게 더 효과가 크다.

만드는 법

1. 8년 이상 된 만삼 뿌리를 깨끗이 씻어 가늘게 썬다.
2. 토종닭 1마리(남성은 암탉, 여성을 수탉) 뱃속에 손질한 만삼
   뿌리를 넣는다.
3. 마늘, 밤, 호두, 은행을 각각 2알씩 넣는다.
4. 참깨와 잣을 2작은술, 찹쌀을 1큰술 넣고 적당한 양의 물을
   넣은 후 토기에 끓인다.

만삼주

> **재료**
>
> 만삼 뿌리 200g(말린 것 150g), 소주 1.8ℓ

효능

편도선염, 혈액순환, 천식, 강장보호, 거담, 건위,
빈혈, 식욕부진, 신기허약, 조갈 해소

만드는 법

1. 만삼 뿌리를 잘 씻어 물기를 뺀 후 용기에
   넣고, 소주를 부어 밀봉한다.
2. 서늘한 곳에서 4~5개월 정도 저장하면 술이
   완성된다.
3. 알맹이는 그대로 두고 사용해도 좋다.
4. 하루 1~2회, 소주잔으로 한 잔씩 마신다.

07 Adenophora triphylla var. japonica Hara

잔대 108 ①

사삼(沙蔘)

▲ 잔대의 꽃

생김새 줄기는 둥글고 곧아서 풀 전체에 작은 털이 있다. 자르면 역시 흰 유즙액이 나온다. 잎이 가늘고 긴 타원형이며, 끝이 뾰족하다. 가장자리가 껄쭉껄쭉 하고 4~5개가 둥근형이 되어 줄기에 붙어 있다. 여름 에 줄기 끝에서 청자색이 매달린 종같이 생긴 꽃이 4 ~5개 밑으로 향해 핀다.

봄에 순이 연할 때 채취하며, 자랐을 때도 끝이 연한 순은 7월 꽃이 피기 직전까지도 채취할 수 있다.

효능과 이용법 뿌리를 '사삼(沙蔘)'이라 하는데, 인 삼과 비슷한 약효가 있다. 사포닌과 이누린이 함유되 어 있어서 한방에서 거담, 진해, 건위, 강장제 등의 약 재로 이용한다.

길경(도라지 뿌리)의 대용으로도 쓰는데, 기관지염이나 기침, 대하증, 복통, 등에 거담, 건위, 강장약으로 널리 이용된다.

잔대는 봄에 나오는 어린 싹을 나물로 먹는 대표적인 산나물의 하나로 이때는 '딱주'라 한다. 맛이 순하고 담백하며, 데쳐서 나물로 무치기도 하고, 국거리와 볶음으로도 이용한다.

잔대의 종류

- **나리잔대(가는잎잔대)**
  7~10월에 모시대만하고 초롱 모양의 꽃이 달 린다.

- **섬잔대**
  20cm 정도 높이로 자라며 줄기끝에 보라색 으로 1개의 종모양 꽃이 피는데 간혹 가지가 갈라져 여러개가 피기도 한다.

- **당잔대**
  7~9월에 줄기 윗부분에 이삭 모양과 비슷하 게 꽃이 달리며, 꽃차례 가지가 많이 갈라지 지 않는다.

- **층층잔대**
  꽃의 가지가 적게 갈라지고 층층으로 달린다.

▼ 섬잔대

▲ 나리잔대

층층잔대 ▼

◀ 당잔대

제 3 장

삶의 향기를 채우는
꿀풀과 참살이

꿀풀과

• 식용 •

삶을 채우는
자연의 향기

01 층층이 꽃	02 석잠풀	03 송장풀	04 배암 차즈기	05 쉽싸리	06 광대 수염
07 광대 나물	08 조개 나물	09 골무꽃	10 금창초	11 벌깨 덩굴	12 산박하

01 Clinopodium chinense var. parviflorum

층층이꽃
산층층이, 풍륜채, 구탑초

▲ 층층이꽃의 꽃

생김새 다년생초본이다. 줄기는 기부가 땅을 포복하기도 하며 4각으로 높이 20~80cm, 성기게 하향모(下向毛)가 있다. 잎은 마주나기이며 난형(卵形)이고, 길이 2~4cm, 나비 1~2.5cm이며 잎자루는 길이 5~15mm이다. 꽃은 7~8월에 피는데 붉은빛이 돌며, 줄기나 가지 끝의 잎겨드랑이에 여러 개의 꽃이 윤생(輪生)하듯이 밀집된다. 꽃받침은 길이 6~8mm로 홍자색을 띤다. 열매는 둥글고 약간 편평하다.

효능과 이용법 여름부터 가을 사이에 채취하여 햇볕에 말리고 잘게 썰어 이용한다. 생풀을 쓰기도 한다.

봄철에 연한 순을 뜯어서 나물로 이용한다. 쓴맛이 강하므로 잘 데쳐서 찬물에 하루 정도 담가서 잘 우려낸 다음에 간을 맞춘다.

한방에서 전초를 '풍륜채(風輪菜)' 라 하여 감기, 여름철에 더위로 인하여 먹은 음식이 잘 소화되지 않는 증상, 담낭을 중심으로 담도에 생기는 급성담낭염(急性膽囊炎), 간염, 장염, 이질 등에 쓰인다.
알레르기성 피부염, 급성결막염 등의 증세에는 달여서 복용하거나 외용제로 짓찧어서 바르거나 달인액으로 씻는다.

해열, 해독

감기, 편도선염, 인후염, 장염, 담낭염, 간염, 황달 등에 널리 쓰인다. 말린 약재를 1회에 3~6g씩 200cc의 물로 달여서 복용한다.

소종

종기와 습진에 달인 물로 환부를 닦거나 또는 생풀을 짓찧어서 붙인다.

층층이꽃의 잎 ▶
▼ 층층이꽃의 가지

02 Stachys riederi var. japonica

석잠풀

수소(水蘇), 계소(鷄蘇)

▲ 석잠풀의 꽃

생김새 습지에 자라는 다년생초본이다. 줄기는 높이 30~60cm, 네모지며 털이 없다. 잎은 마주나기이며 잎자루는 길이 5~15mm, 잎몸(葉身)은 피침형(披針形)으로 길이 4~8cm, 나비 1~2.5cm이다. 끝이 예두(銳頭)이고, 기부는 원저(圓底)이며, 가장자리에 거치(鋸齒)가 있다. 꽃은 6~9월에 피며 연한 홍색이고, 길이 12~15mm이다. 열매는 길이 약 1.7mm이다.

효능과 이용법 뿌리와 전초를 광엽수소라 하며 약용하며, 봄부터 초겨울에 걸쳐 채취하여 햇볕에 건조한다.

전초에 사포닌, 알칼로이드, 탄닌질, 유기산, 수지, 안토시안 화합물, 플라보노이드가 있다. 뿌리에는 쿠마린 반응이 있는 한편 비타민 성분과 4당류인 스타키오스가 있다.

청열, 화담, 항균 효능
풍열해수, 인후종통, 백일해, 이질, 대상포진을 치료한다. 15~30g을 달여서 복용한다. 외용 시에는 짓찧어 낸 즙을 바른다.

고혈압 치료와 진정 작용
전초는 혈압을 내리며 진정작용이 있다. 작용의 강도가 익모초보다 2배나 세다고 한다. 적은 양에서 혈압을 약간 높이며 많은 양에서는 동맥압을 낮춘다. 또한 전초의 30~50% 알코올 추출물은 자궁수축작용과 지혈작용이 있다.

기타
심장핏줄신경증, 신경흥분성이 높아진 때, 잠이 오지 않을 때, 심근질병에 이용한다. 또한 구풍약, 기침약, 피멎이약, 종양 치료약으로 쓰며, 뱀에 물린 데에도 쓴다.

* **개석잠풀**
  (Stachys riederi Chamisso var. intermedia (Kudo) Kitamura)
  높이 30~60cm로 잎끝이 뾰족하고 가장자리에 톱니가 있으며, 잎 뒷면에 아래로 향한 털이 있다.

* **우단석잠풀**
  (Stachys palustris Linne var. imaii Nakai)
  잎은 피침 모양이고 자루가 없다. 6월에 꽃이 피고 꽃받침은 거꾸로 된 원뿔 모양이다.

* **털석잠풀**
  (Stachys riederi Chamisso var. villosa Hara)
  개석잠풀과 비슷하나 잎 전체에 털이 많다.

03 Leonurus macranthus Maxim.

송장풀

개속단, 대화익모초(大花益母草)

▲ 송장풀의 꽃

생김새 다년생초본이다. 줄기는 직립(直立)하고, 네모지며, 높이는 60~100cm이다. 잎은 난형(卵形) 또는 좁은 난형으로 거친 털이 있다. 길이 5~9cm, 나비 3~7cm, 결각상(缺刻狀)의 거친 톱니가 있고, 끝이 뾰족하며, 기부는 쐐기꼴 또는 절형(截形)이고, 길이 1~5cm의 잎자루가 있다. 꽃은 8~9월에 피며 홍자색으로 길이 25~30mm, 몇 개의 꽃이 위쪽의 잎겨드랑에 모여난다. 열매는 길이 2.5mm로 3능(稜)이 있다.

효능과 이용법

중풍, 소변불리 치료

부인이 해산 후, 어혈로 복통이 있는 것을 다스리고 소변을 잘 보게 한다.

해독과 이뇨 작용

신장염과 부종 등의 치료약으로 쓰이기도 한다. 강력한 살균작용을 하기 때문에 상처가 났을 때 생잎을 짓찧어 붙이면 좋다. 말린 잎을 무쇠솥에서 한번 볶아낸 후 약차로 달여 마시기도 한다.

기타

항암작용이 뛰어나며, 모세혈관을 강화하여 고혈압이나 동맥경화에 효과가 있다.

'송장풀' 명칭의 유래

송장풀의 일본명칭은 기세와타(キセワタ Kisewata)로, 흰 털이 꽃잎을 덮고 있는 모양을 꽃 위에 입힌 솜에 비유하여 붙인 것이라고 한다.
우리나라에서는 야릇한 쓴맛이 있고, 송장 썩는 냄새가 난다고 하여 '송장풀'이라고 불렀다고 전해진다.

04 Salvia plebeia R.Brown

배암차즈기

설견초, 곰보배추

▲ 배암차즈기의 꽃

생김새 높이는 15~90cm이며, 잔가지가 많이 난다. 줄기는 네모지고 짧고 부드러운 털로 덮여 있다. 잎은 타원 꼴이거나 피침 꼴이며, 끝은 무디거나 갑자기 뾰족해진 모양이다. 6월 무렵에 연한 보라색의 자잘한 꽃이 가지 끝에 흩어져서 피며 7월에 자잘한 씨앗이 익는다. 뿌리는 잔뿌리가 많으며 뿌리와 잎, 줄기, 꽃에서 모두 비릿하면서도 톡 쏘는 것과 같은 강렬한 냄새가 난다.

효능과 이용법 가을에서 봄 사이에 전초를 채취하여 약으로 쓴다. 맛은 쓰고 매우며, 성질은 서늘하고, 독이 없다.

진정 작용
피를 식히고 잘 순환하게 하며 부기를 가라앉히는 효능이 있다.

해독 작용
토혈, 비출혈, 붕루, 타박상, 요통, 종독, 경부에 나는 독을 치료한다.

▌ 차즈기 Perilla Frutescens Britton var. 소엽

생김새 높이는 20~80cm이며, 자주빛으로 향기가 있다. 잎은 들깻잎처럼 타원형으로 마주 달렸으며, 끝이 뾰족하고 가장자리에 톱니가 있다. 꽃은 연자색으로 8~9월에 피고 독특한 향이 있으며, 입술 모양으로 보라색이 섞인 빨간색 작은 꽃이 이삭을 이루어 핀다. 열매는 10월에 열리고 두꺼운 껍질에 싸여 있다. 잎을 '소엽', 열매를 '소자', 뿌리에 가까운 줄기는 '소두'라고 한다.

자주색 차즈기

차즈기는 크게 녹색과 자색으로 구분된다. 자색의 차즈기는 매실장아찌의 색을 내거나 과자의 향료로 이용되며, 잎은 앞뒷면에 보라색이 진할수록 좋다.
차즈기의 잎에는 안토시안 색소인 시아니린이 들어 있어, 매실장아찌를 담그면 매실의 구연산에 의해 분해되어 자홍색이 된다.

▲ 차즈기의 잎

▌참배암차즈기 *Salvia chanroenica* 토단삼

▲ 참배암차즈기의 꽃
참배암차즈기의 싹 ▶

생김새 높이 50cm 내외이고, 줄기는 네모지고 연한 털이 다소 있다. 뿌리는 굵고 옆으로 길게 뻗으면서 마디에서 새싹이 돋아나기도 한다. 잎은 마주나고 뿌리잎과 비슷하지만, 잎자루가 짧으며 달걀 모양의 긴 타원형 또는 타원형이다. 잎 끝이 둔하거나 짧게 뾰족하고 가장자리에 둔한 톱니가 있으며 털이 다소 있다. 꽃은 8월에 피고 노란색이며, 각 마디에 입술 모양의 꽃이 2~6개씩 수상(穗狀)으로 달린다. 열매는 9~10월에 익으며 종자는 다소 편평해 달걀을 거꾸로 세운 모양이다. 한국 특산 식물로 경상북도 · 경기도 · 강원도 등지에 분포한다.

효능과 이용법 꽃 모양이 아름답기 때문에 적당한 장소에 지피용 소재로 이용하면 좋고 화단에 심어도 좋다.

▌둥근배암차즈기 *Salvia japonica* 석견천

생김새 높이 20~70cm의 일년초이다. 잎은 서로 마주보고 자라며, 단엽 또는 삼출복엽이나 1~2회 우상으로도 갈라진다. 줄기는 네모지며, 소엽은 난형, 능형(菱形), 길이 2~5cm이다. 꽃은 7~8월에 개화하며, 윤산화서로서 총상 또는 원추상으로 배열된다. 화관은 길이 10~13mm이며, 순형이고 남자색 또는 자색이다. 소견과는 타원형 갈색이다.

효능과 이용법 맛은 쓰고 매우며 성질은 평이하다.

항암 작용
각종 암에 사용된다. 독성이 없으므로 장기간 사용해도 되며, 내복과 외용 모두 좋다. 약성은 냉하지만, 부작용은 없으며 연속 사용해도 좋다.

급성 · 만성 간염
염증이나 황달을 해독하는데 효과가 있다.

해독 · 지통작용
옹종, 완협창통, 치창통을 치료하는 효과가 있다.

구토 완화
딸꾹질이 멎지 않거나 음식을 먹으면 토하는 증상을 치료한다.

위장의 가스 제거
통기효능이 있으므로, 위내에 가스가 많은 증상이나 가스가 차서 복창하는 증상에 사용한다.

▲ 둥근배암차즈기

05 | Lycopus ramosissimus var. japonicus

쉽싸리 108 ❶

지삼(地參), 댁란(澤蘭), 개조박이

▲ 쉽싸리의 꽃

생김새 습지 근처에서 군생하는 꿀풀과의 여러해살이풀로서 높이 1m에 달하고, 줄기는 네모지며 녹색이다. 땅속줄기는 흰색으로 굵으며 옆으로 뻗는 줄기 끝에서 새순이 나온다. 마디는 검은 빛이 나고 흰털이 있다.

잎은 서로 마주보며 나고 넓은 피침형으로 양끝이 좁으며 밑으로는 날개가 있는 잎자루처럼 된다. 잎 가장자리에 톱니가 있다. 꽃은 7~8월에 흰색으로 피며 잎겨드랑이에 많이 모여 달리며, 열매는 9~10월에 달린다.

활혈작용

월경 이상은 대개 자궁 내에 어혈이 막혀있거나 우울증에 의해서 발생되는데, 쉽싸리는 이러한 월경을 조절하는데 긴요한 약물이며, 더불어 혈액순환을 좋게 한다.

월경의 정상화

성질은 온화하며 어혈을 흩어뜨려 월경을 정상화시키는 효능이 있다. 단삼, 익모초, 천궁, 당귀, 금령자, 현호색 등과 함께 사용한다. 월경을 시작하기 일주일 전부터 복용한다.

부인과 질병 치료

어혈중에서 정기를 손상시키지 않은 장점이 있어 부인과에 많이 응용한다. 산후 복통과 부종, 생리통 등에 사용한다.

「동의보감」

"산전과 산후의 여러 가지 질병과 복통 등에 효능이 있으며 다산한 여성이 혈기가 쇠약하고 차가우며 여윈 증상에 좋다. 또한 파상풍이나 타박상으로 생긴 어혈을 없앤다."

06 Lamium album var. barbatum

광대수염

야지마(野芝麻), 꽃수염풀

▲ 광대수염의 꽃

생김새 줄기는 곧게 서고 높이 60cm 정도이며, 네모지고 털이 약간 있다. 잎은 마주나고 잎자루가 있으며 달걀 모양이다. 잎 끝이 뾰족하고 밑은 둥글거나 심장 모양이며, 잎 가장자리에 톱니가 있고 양면에 털이 있으며 주름진다. 꽃은 5월에 연한 붉은빛을 띤 자주색 또는 흰색 꽃이 마주난 잎겨드랑이에 5~6개씩 층층으로 달려 핀다. 열매는 분과로 달걀을 거꾸로 세운 모양이고 3개의 능선이 있으며 길이 3mm 정도이고 7~8월에 익는다.

효능과 이용법 뿌리를 포함한 모든 부분을 약재로 쓰면, 5~6월 꽃필 때에 채취하여 그늘에서 말린다. 전초에 약한 알칼로이드 반응이 있고 플라보노이드로는 쿠에르세틴, 캄페롤, 이소쿠에르시트린, 아스트라갈린이 있다.

감기, 각혈, 토혈, 혈뇨, 월경불순
1회 4~6g씩 하루에 12~18g내에 쓰며 물에 달이거나 가루를 빻아 복용한다.

타박상이나 종기
생물로 쓰거나 가루를 기름에 개여 쓰기도 한다.

기타
국거리로 쓴다. 나물의 경우는 가볍게 데쳐 찬물로 한 차례 헹군 다음 무치거나 기름에 튀겨도 먹기도 한다.

질병에 따른 이용법

- 민간에서는 뿌리줄기를 강장약으로 달여 먹는다.
- 꽃과 전초의 달임약은 염증성 부인과 질병, 태가 빨리 나오지 않을 때 관주하며, 우림약은 거담과 호흡기 질병에 쓴다. 또한 전초즙은 피멎이약으로도 효과가 있다.
- 꽃잎은 에스트로겐의 활성 작용을 하며 월경이 늦어질 때 쓴다.
- 오줌내기약, 염증약으로 신우신장염, 부병, 요도염에도 이용한다.

07 Lamium amplexicaule L.

광대나물 108 3

보개초(寶蓋草), 접골초, 꼬딱지나물

▲ 광대나물의 꽃

생김새 밭둑이나 길가 풀밭 등에서 흔히 자라는 꿀풀과의 두해살이풀로 방향성 식물이다.

높이는 10~30cm 정도 자라며 가늘고 네모난 줄기는 자줏빛이 돈다. 풀잎이 줄기 마디에 둥글게 주름져 나온다. 잎은 마주나며 밑 부분의 잎은 잎자루가 없는 반달 모양으로 원줄기를 완전히 둘러싸며 가장자리에 톱니가 있다. 홍자색 꽃은 4~5월에 피고 남쪽에선 겨울에도 핀다. 6~7월에 맺는 열매는 수과로서 능선이 3개 있고 전체에 흰 반점이 있다.

효능과 이용법 광대나물의 모든 부분은 약재로 사용한다. 초여름에 채취하여 햇볕에 말리거나 생품을 이용한다.

* **자주광대나물**(Lamium purpureum L.)

크기는 약 30cm까지 자라고, 잎은 마주나며 잎끝은 둥근 톱니모양이다. 꽃은 4~5월에 잎겨드랑이와 가지끝에 모여난다. 남쪽지방에 들어온지 얼마 되지 않은 귀화식물이다. 한국, 일본, 중국, 북아메리카에 분포한다.

이른 봄에 어린 싹을 캐어다가 나물로 무쳐먹기도 한다. 향이 있어 된장국에 조금씩 넣어서 먹기도 하는 식물로 한방에서는 드물게 사용하는 약용 식물이다.

통증 완화 작용

풍을 없애며, 진통, 소종작용 간경, 심경, 폐경에 작용하여 주로 신경통, 관절염, 사지마목, 반신불수, 인후염, 결핵성 임파선염, 지혈약으로 쓴다. 타박상을 비롯한 근육통에도 넓게 사용하며 사지 마비와 토혈 등에도 사용한다.

광대나물의 어린 싹 ▶
광대나물의 꽃 ▼

광대나물꽃차

광대나물꽃차

재료
건조시킨 광대나물의 꽃

만드는 법

1. 광대나물 꽃을 따서 꽃만 쏙쏙 뽑아낸다.
2. 바람이 잘 통하도록 채반에 펴서 그늘에서 말린다.
3. 수분이 남지 않도록 건조시킨다.
4. 말린 꽃은 밀폐 용기에 보관한다.
5. 1/2스푼을 찻잔에 넣고 뜨거운 물을 부어 1~2분간 우려내어 마신다.

주의할 점

맵고 쓴 맛이 나는 성분이 함유되어 있으므로, 데친 후 찬물에 여러 시간 담가 잘 우려내어 조리한다.

광대나물무침

재료
광대나물 어린 잎과 줄기, 소금 약간, 된장, 간장, 고춧가루(고추장), 마늘, 참기름, 깨소금 적당량

만드는 법

1. 봄에 어린 잎과 줄기를 채취하여 손질한다.
2. 살짝 씻어, 끓는 물에 소금을 약간 넣고 데친다.
3. 데쳐진 나물에 된장, 간장, 고춧가루(또는 고추장), 마늘 약간, 참기름, 깨소금을 넣어 무친다.

47

08 | Ajuga multiflora Bunge

조개나물

백하초(白夏草), 다화근골초

▲ 조개나물 꽃차

▲ 조개나물의 꽃

생김새 양지의 잔디밭에 자라는 다년생초본이다. 줄기는 30cm에 이르며 긴 털이 밀생한다. 잎은 마주나기이며 타원형으로 길이 1.5~3cm, 나비 0.7~2cm이다. 잎 가장자리에 파상(波狀)의 톱니가 있다. 꽃은 5~6월에 피며, 자주색으로 꽃자루가 없고 줄기의 위쪽 잎겨드랑이에 여러 개가 모여 나서 윤생(輪生)으로 보인다. 열매는 도란형(倒卵形)이며 그물맥이 있다.

효능과 이용법 5~6월 꽃 필 때에 채취하여 잎과 줄기와 뿌리 전체를 약재로 쓴다.

부기 제거
이뇨작용 외에 피를 식혀주고, 종기로 인한 부기를 가시게 한다. 때문에 소변이 잘 나오지 않는 경우에 쓰인다. 고혈압, 임파선염 등의 치료약으로도 사용한다.

종기 치료
종기로 인하여 생기는 부기를 가시게 하는 효능이 있기 때문에 악성 종기의 치료를 위해서도 쓰인다.
생풀을 짓찧어서 환부에 붙이거나 또는 말린 것을 가루로 빻아 기름으로 개어서 붙인다.

아주가

아주가의 잎은 작고 난형이며, 잎자루가 없으며, 조밀하게 붙어 있다. 개화기는 5~6월이며, 보라색의 꽃을 탑처럼 쌓아서 피운다.

아주가의 꽃 ▼

09 Scutellaria indica L.

골무꽃

한신초(韓信草), 반지련(半枝蓮)

▲ 골무꽃의 꽃

생김새 습지의 풀밭에서 자란다. 가늘고 긴 땅속줄기를 뻗어 번식하며, 줄기는 곧게 서고 가지가 갈라지며, 높이가 10~50㎝이고, 예리하게 모가 난 줄이 있으며, 그 줄 위에 위로 향한 털이 약간 있다. 잎은 마주나고 길이 1~2cm의 좁은 달걀 모양 또는 밑 부분이 넓은 바소꼴이며, 끝이 둔하고 밑 부분이 둥글거나 약간 심장 모양이며 가장자리에 적은 수의 낮은 톱니가 있다. 꽃은 7~8월에 흰색으로 피고 줄기 윗부분의 잎겨드랑이에 1개씩 달린다. 열매는 분과이고 작은 돌기가 있으며, 꽃받침 안에 들어 있다.

한국, 중국, 일본, 시베리아 동부 등지에 분포한다.

효능과 이용법 한방에서는 뿌리를 포함한 식물체 전체를 한신초(韓信草)라는 약재로 쓰는데, 근육과 골격을 강하게 하고, 토혈 · 각혈 · 외상 출혈 등에 지혈 작용을 하며, 폐의 열로 인한 해수 · 인후염에 효과가 있다.

지혈, 진통, 혈압강하 작용

토혈, 각혈, 자궁출혈, 월경과다, 혈변, 상처 등에서 피가 흘러나오는 것을 멈추게 하는 효능을 보인다. 지혈작용의 성분이 있는 식물이므로 혈액의 노출과 관계되는 질병은 모두 해당된다.

기타

민간약으로서 급성관절염, 심근염, 해열, 폐렴, 장염 등에 두루 쓰여 왔다.

애기골무꽃 (S. dependens)

참골무꽃(Scutellaria strigillosa)과 비슷하게 생겼지만, 크기가 작고 섬세하여 애기골무꽃이라는 이름이 붙었다.

참골무꽃의 어린 꽃 ▼

▲ 애기골무꽃

10 Ajuga decumbens thunb. var. decambens

금창초 108 ③

금란초, 섬자란초, 근골초, 산혈초

▲ 금창초의 꽃과 잎

생김새 들판이나 산기슭에서 자란다. 풀 전체에 곱슬곱슬한 털이 많이 난다. 땅을 기는 줄기는 곧게 서지 않으며, 겨울철에도 잎이 난다. 꽃은 두 부분으로 나뉘는데, 윗입술은 반원형이고 가운데가 갈라지며 아랫입술은 3갈래로 갈라진다. 윗입술이 눈에 띄지 않을 정도로 작은 것이 특이하다.

효능과 이용법 어린 순은 살짝 데쳐 나물로 무쳐 먹기도 하는데, 약간 쓴맛이 느껴지면 찬물에 한 번 헹구면 된다.

기침, 천식, 종기, 코피 치료
한방에서는 금창초를 '백모하고초(伯毛夏枯草)' 라고 하여 잎, 줄기, 꽃, 뿌리의 전체를 약재로 썼다. 기침을 멈추게 하고, 가래를 삭히며, 열을 내려 주고, 해독작용까지 있어 이와 관련된 질병에 두루 처방한다.

말린 약재를 1회에 3~6g씩 200cc의 물로 달이거나 또는 20~40g의 생풀로 즙을 내어 복용한다.

부스럼이나 종기 치료
생풀을 직접 즙을 내어 상처 부위에 붙인다.
유선염이나 종기, 부스럼에는 생풀을 짓찧어서 환부에 붙인다.

기타
뜨거운 피를 식혀주는 작용도 한다.

내장금란초와 서양금창초

금창초 중에서 내장산쪽에서 발견되며 꽃이 분홍색인 것을, '내장금란초' 라고 한다. '서양금창초' 는 아주가라고도 하며, 조경용으로 유럽에서 들여온 것이다. 꽃줄기가 비교적 길게 자라는 편이다.

◀ 금창초
▼ 내장금창초

11 | Meehania urticifolia Makin.

벌깨덩굴

지마화, 미하니아

▲ 벌깨덩굴의 잎

생김새 줄기는 네모나며, 무리지어 자란다. 마주 보는 잎들은 아래가 둥글게 휘어진 삼각형이고, 가장자리에는 둥근 톱니가 있고, 잎 표면은 쪼글쪼글 주름이 있다. 위에 달리는 잎일수록 잎자루가 짧아지고, 꽃은 마디 사이에 달린다. 5월쯤 한 방향으로 달리는 꽃은 개화 기간이 길어 비교적 오래 볼 수 있다. 길이는 3~4cm쯤 되고 벌어진 한쪽 끝이 위아래가 다시 둘 또는 셋으로 갈라진다. 전체적으로는 연보라색이지만, 입술처럼 벌어진 부분에는 흰빛이 나고 진한 점도 있다. 여름에 익는 열매는 수과로 길이가 3mm 정도로 아주 작은 편이다.

우리나라 대부분의 산지와 중국의 북부, 일본 등지에 분포한다.

효능과 이용법 벌깨덩굴은 아주 유명하고 특별한 쓰임새를 가진 식물은 아니지만, 다양한 용도로 쓰인다. 봄에 나는 어린 순이나 잎을 따서 나물로 식용하기도 하는데 이때는 주로 살짝 데친 후 무쳐서 먹는다.

한방에서는 널리 쓰이지 않으나, 민간에서 강정제나 여자들의 대하 증상에 다른 약재와 함께 사용된다.

또 꿀이 많은 밀원식물이며, 옆으로 뻗는 줄기를 이용해 넓은 화분에 초물분재로 가꾸어 감상하기도 한다.

식용법

4월 하순 내지 5월 상순에 어린 순을 뜯어 모아 나물로 해서 먹는다. 냄새가 나지 않으므로 별로 우려낼 필요는 없다. 씹히는 느낌이 좋고 맛이 담백하다.

▲ 벌깨덩굴의 꽃

12 Isodon inflexus Kudo

산박하

깻잎나물

▲ 산박하의 꽃

▲ 산박하의 잎

생김새　산지에서 흔히 자란다. 높이 40~100cm이다. 줄기는 곧게 서고 모가 난다. 가지를 많이 내며 전체에 잔털이 난다. 잎은 마주나고 삼각 달걀 모양이며 길이 3~6cm, 나비 2~4cm이다. 밑은 잎자루의 날개같이 되고 가장자리에 둔한 톱니가 있다. 꽃은 6~8월에 파란빛을 띤 자줏빛으로 피고 줄기 위에 취산꽃차례로 달린다. 열매는 작은 견과로서 꽃받침 속에 들어 있으며 9~10월에 익는다.

한국, 일본, 중국 등지에 분포한다.

효능과 이용법

담즙 분비 촉진

급성으로 발병한 담낭염에 물을 넣고 달여서 복용하면 염증이 가라앉고 통증도 완화된다.

기타

전초를 식욕 촉진, 고미건위, 구충제 등의 약으로 사용한다.

산박하의 유사종들

깨나물(var. macrophyllus)은 잎이 훨씬 크고, 털산박하(var. canescens)는 잎의 뒷면에 털이 많이 나며, 긴잎산박하(var. transiticus)는 잎의 밑부분이 뾰족하며 잎 전체가 길고, 영도산박하(var. microphyllus)는 가지가 많고 잎이 작으며 달걀 모양으로서 누운 털이 난다.

▲ 깨나물

▼ 털산박하

영도산박하 ▼

◀ 긴잎산박하

● 유독식물 **1**
Poisonous Plant

❖❖❖ 개구리발톱

개구리 발톱은 남쪽지방 밭둑의 돌담 근처에 자라는 미나리아재비과의 다년생초본이다.

높이는 15~30cm로 덩이줄기가 있고, 뿌리잎은 잎자루가 길고 작은 잎 3개로 구성된다. 작은 잎은 길이 1~2.5cm로서 2~3개로 깊게 갈라지고, 각 열편(裂片)에 둔한 결각(缺刻)이 있으며 표면은 털이 없으나 뒷면은 꽃자루와 더불어 잔털이 약간 난다.

개구리발톱의 꽃

꽃은 4~5월에 피고 지름 5mm 정도로서 밑을 향하며 백색 바탕에 약간 붉은 빛이 돈다. 꽃자루는 뿌리잎보다 약간 길며 윗부분이 갈라져서 끝에 밑을 향한 백색 꽃이 1개씩 달린다. 꽃받침잎은 5개이고 꽃잎 같으며 길이 5~6mm로 긴 타원형이다. 꽃잎도 5개이며 길이 2.5~3mm로 밑부분이 통(筒) 같고 꿀샘이 있는 짧은 꿀주머니가 있다.

열매는 골돌과로서 콩 꼬투리(莢)모양이며 완숙하면 열개(裂開)되어 종자가 터져 흩어지는 특성이 있어 종자 전파의 수단이 되고 있다. 전초와 뿌리덩이를 약용으로 쓰며, 특히 뿌리줄기를 '천규자' 라 한다.

❖❖❖ 동의나물

우리나라 산의 습지에 잘 자라는 다년생물이며 잎은 넓고 두꺼우며 가장자리에 둔한 톱니가 있다. 4~5월에 노란색 꽃이 피며 이름이 나물이지만 먹지 못하는 독초이다.

동의나물의 꽃과 잎

❖❖❖ 미치광이풀

미치광이풀은 4~5월 고산지대의 습지에 잘 자라며 5월초 황색 또는 자색의 작은 종모양의 꽃을 피운다. 뿌리는 어른 손가락 굵기로 옆으로 뻗는다. 줄기의 뿌리부분이 자색을 띠며 키는 20~60cm정도이다. 뿌리 줄기는 진통 진경재로 약용한다.

독성이 너무 강해 식용하면 소화기계통의 마비, 땀이 나오지 않으며, 눈앞이 캄캄해지며, 호흡이 느려지고, 발열, 흥분, 불안, 환각 증상이 나타난다. 마치 미친 사람처럼 된다 하여 붙여진 이름이다. 맹독성 식물이다. 뿌리줄기는 10g이상 먹었을 때 생명이 위험하다.

미치광이풀의 잎

01	02	03	04
꿀풀	방아풀	향유	곽향

05	06	07	08
단삼	황금	형개	익모초

01 Prunella vulgaris L. var. asiatica Hara

꿀풀 108 ③

하고초, 셀프힐

▲ 꿀풀의 꽃

생김새 산기슭의 볕이 잘 드는 풀밭에서 자란다. 전체에 짧은 흰 털이 흩어져 난다. 줄기는 네모지고 다소 뭉쳐나며 곧게 서고 높이가 30cm 정도이고, 밑부분에 기는 줄기가 나와 있다. 잎은 마주나고 잎자루가 있으며 긴 달걀 모양 또는 긴 타원 모양의 바소꼴로 길이가 2~5cm이고 가장자리는 밋밋하거나 톱니가 있다. 꽃은 7~8월에 자줏빛으로 피고 줄기 끝에 길이 3~8cm의 원기둥 모양 수상꽃차례를 이룬다. 열매는 분과(分果)이고 길이 1.6mm 정도의 황갈색이다.

한국, 일본, 중국, 시베리아 남동부 등 한대에서 온대에 걸쳐 분포한다.

효능과 이용법 봄에 어린 순을 하루 정도 우려내어 나물로 먹는다. 꽃은 이삭 채 뜯어 씻고 물기를 빼 이삭에서 꽃만 뜯은 후 데쳐서 묽은 간을 하여 무쳐 먹는다. 반죽을 하여 튀김을 할 수도 있고, 잎은 잘게 썰어 무쳐 먹기도 한다. 쓴맛이 강하므로 잘 우려내어 쓴다.

눈이 아플 때

눈이 아프고 찬 눈물이 흐르며 햇빛과 밝은 것을 싫어하는 증세에 향부자, 감초를 배합하여, '하고초산'을 만들어 사용한다. 일명 '보간산(補肝散)'으로도 불린다.

고혈압

관상동맥경화로 인한 고혈압증이나 본태성 고혈압증, 두통이 있고, 눈이 어지럽고, 이명이 들리고, 머리가 혼미할 때 사용한다. 일시적인 고혈압에 단기간 사용하면 이질균을 억제하고 열을 내리고 담의 작용을 이롭게 한다. 황달성 간염에 대한 효과는 인진과 비슷하다.

▲ 꿀풀의 꽃

흰꿀풀

▲ 흰꿀풀의 꽃과 잎

생김새 방망이 같은 꽃차례에 꿀이 빽빽이 달린다 하여 '꿀방망이' 또는 '하고초(夏枯草)'란 이름처럼 6월부터 꽃대가 말라 죽는다. '붉은 꿀풀', '두메꿀풀'이라는 이름도 함께 쓴다. 또한 초여름부터 이삭 안에 연보라색의 작고 아름다운 꽃이 피며 꿀이 많아서 '꿀풀'이라고도 한다. 하고초는 동지 후 싹이 나온다. 싹은 하지가 되면서 바로 마르는데 반드시 마르기 전에 채취해야 한다. 또한 꽃이 필 때 전초를 베어 그늘에서 말린 후 사용한다.

셀프힐 (Prunella vulgaris L.)

셀프힐은 '스스로 낫는다'는 의미로 학명인 'Prunella'는 독일어의 '편도선염'을 가리킨다. 봄과 가을에 파종하며 15~20℃에서 발아하는데, 본 잎이 4, 5장 정도 나오면 정식한다. 이름에서 알 수 있듯이 편도선염을 치료하고, 신장염과 방광염을 치료하며, 결막염에도 탁월한 효능을 보인다.

꿀풀차

꿀풀을 이용하여 차를 만들면 한여름 피서용 차가 되고, 동시에 이뇨작용도 하여 부종을 치료하는데 도움이 되기도 한다. 또한 꿀풀을 달여서 머리를 감으면 비듬이 없어진다고 하여 옛 어른들은 이 물로 머리를 감기도 하였다.

> 재료
> 꿀풀 10~20g, 물 500~1000㎖

만드는 법

1. 꿀풀 10~20g에 물을 부어 센 불에서 끓인다.
2. 끓기 시작하면 약한 불로 물의 양이 1/2이 될 때까지 끓인다.
3. 하루에 1~2번 정도 음용한다.

꿀풀의 열매 ▼

02 | Isodon japonicus H. Hara

방아풀

연명초(延命草), 방아잎, 깨나물

▲ 방아풀의 잎

생김새 높이 50~100cm이다. 땅 속 줄기가 있다. 줄기는 곧게 서고 네모진 능선에 밑을 향한 털이 나며 가지를 많이 낸다. 잎은 마주나고 넓은 달걀 모양이며 길이 6~15cm, 나비 3.5~8cm이다. 가장자리에 톱니가 있고 밑이 갑자기 좁아져서 잎자루의 날개가 된다. 꽃은 8~9월에 연한 자줏빛으로 피고 원추꽃차례에 달린다. 열매는 분열과로서 납작한 타원형이며, 윗부분에 선점(腺點)이 있고 10월에 익는다.

효능과 이용법 전체에서 강한 향기를 풍기는 방향성 식물이다. 전초에서 강한 향기가 나므로 잘 말려서 차로 이용할 수 있고, 생잎을 이용하며 생선 비린내를 제거하거나 육류 요리시에 냄새를 없애는데 사용할 수 있다. 강건한 식물이므로 특별한 관리는 필요없다. 5~8월경 채취한 어린싹과 잎은 날 것으로, 또는 데쳐서 식용하면 좋다.

식물 전체를 생약으로도 이용하며, 매염제에 대한 반응이 좋아서 짙고 깊은 색을 표현하는 염료용으로 이용할 수 있다.

고미건위약

소화불량, 식욕부진, 복통 등에 용담이나 당약의 대용으로 사용한다. 구충 제거, 진통 완화, 해열 작용도 뛰어나다.

방아풀의 유사종들

- **방아풀**: 화관은 순형이고 수술이 길게 나온다.
- **산박하**: 상순은 곧게 서고, 하순은 암·수술을 안고 있다.
  방아풀은 산박하에 비해 잎이 넓으며 길이도 길다. 또한 수술과 암술이 밖으로 나온다.
- **오리방풀**: 화관은 통부가 짧고 수술 중에 2개가 길다. 꽃은 보라색 또는 흰색이다. 3갈래로 갈라지는 잎끝 중 가운데 갈래는 꼬리처럼 길다.
- **자주방아풀**: 잎표면은 짙은 녹색이고 뒷면은 회녹색이며 작은 선점이 있다.

◀ 방아풀
▼ 오리방풀

산박하 ▶
자주방아풀 ▼

03 Elsholtzia ciliata Hylander

향유

노야기, 꽃향유

▲ 향유의 꽃

생김새 줄기는 뭉쳐나고 네모지며, 가지를 많이 치고 흰 털이 많으며 높이가 60cm에 달한다. 잎은 마주나고 길이 1.5~7cm의 잎자루를 가지며, 달걀 모양으로 끝이 뾰족하고 가장자리에 둔한 톱니가 있다. 꽃은 9~10월에 붉은 빛이 강한 자주색 또는 보라색으로 피고, 줄기와 가지 끝에 빽빽하게 한쪽으로 치우쳐서 이삭으로 달리며 바로 밑에 잎이 있다. 열매는 분과이고 좁은 달걀을 거꾸로 세운 모양이며 편평하고 물에 젖으면 끈적거린다.

제주도, 전라남도, 경상북도, 충청북도, 경기도 등지에 분포한다.

효능과 이용법

풍습과 풍한 작용

땀을 내고 서습을 없애며 풍을 쫓는다.

이뇨 작용

향유의 휘발성분은 신장을 통해 배설될 때에 혈관의 확장출혈을 촉진하여 소변을 잘 보게 한다. 각기의 부종 및 신염의 부종 치료에도 사용한다.

해열 작용

열 내림 약으로 감기 특히 발열오한, 구토, 설사, 광란, 배 아픔, 더위 먹었을 때 사용한다.

건위 작용

위장의 소화력이 둔화되었거나 식욕이 떨어지는 경우나, 불결한 음식 때문에 설사, 복통을 일으키는데 향유가 예방과 치료에도 사용한다.

향유

10월에 채취하여 약재로 보관할 때 꽃이나 뿌리까지 버리지 않고, 그늘에서 은근히 말려 사용한다.

입에서 나쁜 냄새가 나는 사람이 향유 9g을 끓여 식혀두고 양치질을 할 때 이용한다.

더위를 심하게 타는 사람은 향유를 약 8g을 끓여 냉장고에 넣고 식혀 마시면 효과가 있다.

꽃향유 Elsholtzia Splendens Nakai

▲ 꽃향유의 꽃과 잎

생김새 향유에 비해 꽃이 크고, 꽃이 많이 달리며 색깔이 진하다. 꽃이 피는 시기는 향유보다 약간 늦으며, 잎 뒷면에 선점이 있다. 화관은 입술모양인데 위의 것은 가운데가 약간 들어가고, 아래는 3개로 갈라진다.

꽃향유의 차 ▼

향유차

한방에서는 꽃이 필 때 전초를 말린 것을 '향유'라고 하며, 발한·해열·이뇨·지혈제로서 부스럼·각기·수종·위염·비혈 및 구취를 치료하는데 사용한다.

여름에 달여서 차로 마시면 갈증을 그치게 하고, 입 안에서 구취가 날 때에는 달인 물로 자주 세척하면 효과가 있다.

- 방향성이 강하여 여름감기로 열이 나고, 오슬오슬춥고, 두통과 땀이 나지 않는 증상에 유효하다.

- 여름철에 복통과 설사를 일으킬 때 백편두와 배합해서 사용한다.

- 이뇨작용이 있어서 소변을 잘 보지 못하는 증상에 백출을 가미하여 사용하면 효력이 있다.

- 휘발성 정유 등이 함유되어 있어, 해열, 발한 작용을 한다.

- 위액분비를 촉진시키고 위장의 연동을 자극하여 위장 평활근을 억제시키고, 거담 및 피부진균을 억제한다.

- 신장혈관을 자극하여 사구체에 충혈을 일으켜 사구체 여과율을 증대시키므로 이뇨를 돕는다.

「한국본초도감」

"향유와 꽃향유의 지상부를 약으로 쓴다. 맛은 맵고 성질은 약간 따뜻하다. 방향성이 강하여 여름 감기로 열이 나고 오슬오슬춥고 두통과 땀이 안 나는 증상에 유효하다."

04 Teucrium veronicoides M.

곽향 108 ①

배초향, 패츌리

▲ 곽향의 꽃

생김새 높이 20~30cm이다. 풀 전체에 길이가 1~2mm 정도되는 털이 난다. 기는줄기가 옆으로 뻗으면서 곧게 서고 가지를 친다. 잎은 달걀 모양 또는 넓은 달걀 모양이고 끝이 다소 뭉툭하다. 잎자루는 길이 1~2cm이다. 꽃은 하늘색으로 7~8월에 총상꽃차례로 피는데, 한쪽으로 치우쳐 드문드문 달린다. 길이는 약 8mm이고, 꽃차례의 길이는 4~8cm이다. 포는 꽃받침보다 짧고 넓은 바소꼴이다. 꽃받침은 윗부분에 선모가 드문드문 나고 열매가 익을 때는 밑을 향한다. 열매는 분과(分果)로 둥글고 윤기가 나며 길이 1.5mm이다. 제주도·함경북도 등지에 분포한다.

효능과 이용법 7~8월에 채취하여 그늘에서 말려 늙은 뿌리를 제거하고 잘게 썰어서 사용한다.

건위 작용
위장의 습열을 제거하여 소화를 돕는다. 구토와 설사를 멈추게 하고 소화기능을 증강시키는 효능이 있어 위장질환에 자주 사용된다.

소화 기능 증강
습도가 높아 소화력이 떨어지고 배가 꽉 차오르고 구토, 식욕부진 증상과 함께 가끔 설사를 할 경우 후박, 진피, 반하를 배합해 복용한다.

위장 질환 치료
위부가 불쾌하고 딸꾹질이 날 때에 곽향을 수시로 더해 사용하면 진정 효과를 볼 수 있다. 위경련으로 아픈 경우에 쓰면 경련과 통증을 중지시키고 위산을 억제하며 식욕을 돋운다.

여름철 감기 치료
열이 내리지 않고, 오한은 없으나 사지가 쑤시고 가슴이 답답하고 식욕이 없을 때에 형개, 방풍, 후박, 반하 등을 더해 사용한다.

입 냄새 제거
위장의 소화력이 떨어져 입에서 냄새가 날 때, 곽향을 차처럼 끓여 매일 복용하면 소화흡수를 돕고 입 냄새가 제거된다.

▲ 개곽향(T.Japonicum Houttuyn)의 꽃과 잎

▲ 덩굴곽향(Teucrium Viscidum var.)의 꽃과 잎

▌ 광곽향 Pogostem cablin 패출리

생김새   향기 나는 다년생 허브로, 높이 1m 정도이고, 털이 있고 각이진 줄기와 마주나기 한 쌍의 부드럽고 넓은 잎, 옅은 분홍색 관모양 꽃, 길게 늘어진 꽃축을 따라 나선형(윤생체)으로 태어난다. 그리고 항상 생장력이 존재하며 가끔 꽃이 핀다.

인도, 말레이시아. 따뜻한 기후에서 넓게 재배된다.

효능과 이용법

전통 최음제

중국, 말레이시아, 인도의 전통의약으로, 단지 최음 작용만이 아니라, 감기의 열과 두통, 각종 질환의 넓은 범위를 치료한다.

방충제

외용으로 곤충을 쫓아내는데 사용하고, 가려움을 완화시키므로 염증이 있는 피부에 적용한다.

기타

월경통 치료, 불안, 피부병, 우울증 치료제로도 쓰인다.

▌ 배초향 Agastache rugosa O. Kuntze

생김새   높이는 40~100cm이며, 전체에 털이 거의 없다. 줄기는 네모지고 곧게 서는데, 위에서 가지가 많이 갈라진다. 잎은 서로 마주보고 나며 계란꼴의 심장형이다. 가장자리에 둔한 톱니가 있으며 잎자루가 길다. 꽃은 7~9월에 피는데 입술 모양으로 자주색이고, 가지 끝과 원줄기 끝에 많이 모여 달린다. 열매는 10월에 열리는데 소견과로 도란상 타원형이다.

효능과 이용법   배초향은 향기가 나기 때문에 예부터 매운탕이나 추어탕에 넣어 끓이거나 생선회에 같이 먹었다. 봄에 어린순을 나물로 데쳐 먹으며 말려서 차로 마시기도 한다. 꽃을 포함해 땅 위의 모든 부분을 곽향을 대신하여 약용으로 쓴다. 염료로도 활용되며 짙고 깊은 색이 나온다.

기분을 상쾌하게 하고, 위장의 기운을 보충해주며, 악취를 제거하고, 습열을 제거하는 효능이 있다.

▲ 배초향의 꽃과 잎

05 Salvia miltiorrhiza Bunge

단삼 108③
적삼, 목양유

▲ 단삼의 꽃

생김새 높이는 40~80cm이고 전체에 털이 많이 난다. 줄기는 모나고 자줏빛을 띠며 곧게 자라고 가지를 친다. 꽃은 5~6월에 자주색으로 피고 줄기 끝에 층층이 달린다. 꽃대에 선모(腺毛)가 빽빽이 있다. 열매는 2~3개의 소견과이고 둥근 달걀 모양이다. 뿌리는 붉은 색으로, 특이한 냄새가 나고 약간 쓴맛이 나는데 한방에서 약재로 쓴다.

한국(경북·강원), 중국, 일본 등지에 분포한다.

효능과 이용법

어혈 제거

단삼은 혈액순환을 원활하게 하고, 어혈을 흩어뜨리는 작용이 우수하다. 각종 어혈에 의한 질환의 치료에 사용되며 허약성을 띠면서도 어혈증이 있는 경우나 그 밖의 어혈증에도 모두 이용한다. 보익작용을 겸하므로 특히 부인과 질환에 사용하는 일이 많다.

심혈관 치료제

단삼은 심장혈관질환의 치료에 효과가 있다. 미세혈관의 혈액순환의 흐름을 빠르게 하고 관상동맥의 확장, 관상동맥 혈류량의 증가, 심근의 수축력 증가, 심박률 조정 등의 작용을 한다.

> **「동의보감」**
>
> "단삼은 성질이 약간 차고 맛이 쓰며 독이 없다. 다리가 약하면서 저리고 아픈것과 팔다리를 쓰지 못하는 것을 치료한다. 또는 고름을 빨아내고 아픈 것을 멎게 하며 살찌게 하고 오래된 어혈을 헤치며, 새로운 피를 보하여 주고 안태시키며, 죽은 태아를 나오게 한다, 또 월경을 고르게하고 붕루와 대하를 멎게 한다."

▲ 단삼의 잎

06 Scutellaria baicalensis Georgi

황금 108 ❶

속썩은풀, 고금, 골무꽃, 황금채

▲ 황금의 꽃

생김새 높이 20~60cm이다. 잎은 마주나고 바소꼴이며 가장자리가 밋밋하다. 꽃은 7~8월에 피고 자주빛이 돌며 총상꽃차례로 한쪽으로 치우쳐서 달린다. 꽃받침은 종 모양이다. 열매는 9월에 결실하며 둥근 모양으로 꽃받침 안에 들어 있다. 원뿌리는 원뿔형이고 살이 황색이다.

한국, 중국, 몽골 및 시베리아 동부 등지에 분포한다.

효능과 이용법

각종 염증 치료

화농여부를 불문하고 급성 편도염, 급성 후두염, 구강 점막의 염증 등 구강의 여러 염증에 대해 황금을 진하게 달여 입속에 머금고 천천히 마시면 좋은 효과를 얻는다.

임산부의 초조와 불안증 해소

임부가 잠을 잘 못 이루는 경우에 상기생, 백작약, 백복신, 백출, 대추 등을 배합해 사용하면 좋다.

각종 부종 치료

이뇨작용이 있어 요폐(尿閉)를 위한 치료의 경우 차전자를 배합하고, 각종 부종의 초기에 황금을 진하게 끓여 환부에 바르면 염증과 부기가 없어지고 화농을 방지한다.

본초정(本草正)

"황금은 상초의 화(火)를 제거하며, 담(痰)을 삭이고, 기(氣)를 도우며, 기침과 천식을 진정시키고, 실혈(失血)을 멎게 하며, 한열왕래(寒熱往來), 풍열(風熱) 및 습열(濕熱)을 제거하며 두통을 치료한다."

본초강목

"황금은 기(氣)가 한(寒)하고 미(味)는 고(苦)하다. 쓴 것은 심(心)으로 들어가고 한(寒)은 열을 이기기 때문에 심화(心火)를 사(瀉)하고 비(脾)의 습열(濕熱)을 치료한다."

07 Schizonepeta tenuifolia var. japonica

형개(荊芥)

가소(假蘇)

▲ 형개의 꽃

생김새 높이 60cm 내외이고 가지가 갈라진다. 밑 부분은 자줏빛이 돌고 전체에 털이 있으며 향기가 강하다. 잎은 마주달리고 대가 있으며 깃처럼 깊게 갈라진다. 꽃은 8~9월에 피고 연한 자홍색이며 층층으로 달린다.

원산지는 중국 북부이며 약용식물로 재배한다.

효능과 이용법

감기 치료

형개꽃이삭을 부드러운 가루로 내어 '형개산'을 만든다. 한번에 5~8g씩 더운물로 하루2~3번 먹는다. 또는 형개 40g에 물 400~500ml를 넣고 달여서 하루 2번에 나누어 끼니 사이에 먹는다. 감기로 열이 날 때에 좋다.

피부발진, 눈병 치료

형개, 방풍, 강활, 독활, 시호, 전호, 박하옆, 연교, 길경, 지각, 천궁, 인동각 2g, 감초 1g을 달여서, '형개방풍패독산'을 만든다. 하루 3번 나누어 마신다.

해산 후 머리가 아플 때

형개 12g을 물 200ml에 끓여 하루3번 먹거나 가루내어 4g씩 하루 3번 먹는다.

자궁의 부정 출혈

약성이 남게 태워서 가루내 한 번에 8g씩 식후에 먹는다.

자궁경관염으로 냉이 많고, 아랫배가 아프면서 출혈이 있을 때

형개이삭(형개수)을 약성이 남게 태워 가루내어 한번에 9g을 하루 3번에 나누어 먹는다.

갱년기 장애

힘줄과 뼈마디가 아프고 어지러움이 있을 때는 형개이삭(형개수)을 약간 볶아서 가루내어 한 번에 12g씩 하루 3번 먹는다.

토혈, 코피, 혈변, 혈뇨

형개 15g(볶은 것), 지유 25g(볶은 것), 선학초 25g을 물로 달여서 하루에 2번 먹는다.

▲ 형개의 꽃

형개녹두죽

형개녹두죽

노폐물을 해독하며 열을 내리고, 피로회복에 도움을 준다. 입술이 마르고 입속이 헐었을 때도 효과적이다.

재료
형개 5g, 녹두 150g, 불린 쌀 50g, 소금

만드는 법

1. 녹두와 쌀은 불린 다음, 냄비에 내용물의 7~8배의 물을 붓는다.
2. 형개를 넣어 쌀이 불어날 때까지 끓여준다.
3. 쌀과 녹두가 부드러워지면 형개를 꺼내고 소금으로 간한다.

형개차

재료
형개 어린 잎, 물 600㎖

만드는 법

1. 형개의 어린 잎을 따서 깨끗하게 손질한다.
2. 끓는 물에 달여 찌꺼기는 버리고 마신다.
3. 1~2세 정도의 유아에게는 6~8g을 물에 달여 하루 2~3번에 나누어 먹이면 감기에 효과가 있다.

65

08 Leonurus sibiricus L.

익모초 108 ❶

육모초

▲ 익모초의 꽃

생김새 직립 다년생 식물로 높이 1.5m 정도, 특이한 톱니 모양을 하고 항상 늘어진 모양의 잎, 작고 분홍 꽃은 가늘고 긴 꽃가지에 엽액에 길게 늘어뜨린 꽃다발에 정열되어 있다.

중앙유럽, 북유럽, 아시아, 북미에서 자생된다. 허브는 여름 꽃피는 계절에 야생 수확한다. 일반 정원에서도 재배한다.

효능과 이용법 익모초의 채취는 한여름에 무성하게 생장하는 시기, 꽃이 다 피지 않았을 때 지상 부분을 잘라 볕에 말린다. 꽃이 만발할 때와 열매가 숙성되었을 때 채취한 것은 품질이 좋지 못하다. 불순물을 골라내고 깨끗이 씻은 다음 습기를 주어 썰어서 햇볕에 말린다.

각종 부인병 치료
'익모초(益母草)'는 이름 그대로 부인을 위한 약초로, 여성의 눈을 맑게 하고 정수를 넘치게 한다. 또한 출산 후 먹으면 자궁수축에 좋고 분비물도 적당히 조절되는 효능이 있어 월경을 조절해 준다.

기타
신경성 심장 장애와 갑상선 기능 증진, 항진 치료를 돕는데도 이용된다. 전통적으로 진경, 저혈압, 갱년기 질환 경우에 사용하였다.

『본초강목』

"육모초즙은 혈액을 활성화시킬 뿐만 아니라 체내 유독한 피를 제거해 준다.
아울러 경맥(硬脈) 즉, 혈압이 높아서 긴장정도가 센 맥박을 조절하고 해독작용을 하므로 산후어혈이 계속 나올 때, 어혈로 인해 어지럽고 고열이 나며 통증이 심할 때, 자궁 출혈과, 혈뇨, 혈변, 치질, 대·소변 불통 등을 치료하는데 이용한다."

▲ 익모초의 잎

익모초차

익모초주

> 재료
> 익모초와 2~3 배 정도, 분량의 소주

만드는 법

1. 채집한 익모초를 깨끗이 씻는다.
2. 그늘에서 5~7일간 말린다.
3. 반 정도 건조되면 적당하게 썰어 항아리에 담는다.
4. 소주를 부어 냉암소에 3~4개월 저장한다.
5. 하루에 소주잔으로 2~3잔 복용한다.

주의할 점

'익모초'는 성질이 차갑다. 때문에 자궁에 피가 정체될 때 생기는 열을 풀어서 깨끗한 혈액이 잘 왕래할 수 있도록 뚫어주는 힘이 있다. 하지만 자궁이 찬 경우, 무월경, 월경불순, 하혈 등이 생길 수 있으며, 불임으로 이어질 수도 있다.

익모초차

> 재료
> 익모초 60g, 물 300㎖, 흑설탕 50g

효능

여름철 입맛을 잃었을 때, 월경량이 적거나 불규칙하고 아랫배가 아플 때 사용하면 좋다.

만드는 법

1. 익모초를 차관에 넣고 물을 부어 약한 불로 은근히 끓여 국물만 따라 낸다.
2. 국물에 흑설탕을 타서 마신다.

주의할 점

복용 후에는 배를 따뜻하게 한다.

67

01 긴병꽃풀	02 라벤더	03 로즈메리	04 마조람	05 멜리사	06 바질	07 박하

08 용머리	09 세이지	10 세이보리	11 캐트민트	12 타임	13 허하운드	14 히솝

01 Glechoma hederacea L. var. longituba Nakai

긴병꽃풀 108 ①

금전초, 연전초, 활혈단

▲ 긴병꽃풀의 꽃과 잎

생김새 줄기는 모나고 퍼진 털이 있으며 처음에는 곧게 서나, 자라면서 옆으로 50cm 정도 뻗는다. 잎은 마주나고 긴 잎자루가 있으며, 둥근 신장형(腎臟形)으로 가장자리에 둔한 톱니가 있다. 4~5월에 연한 자주색 꽃이 줄기 위 잎겨드랑이에 돌려난다. 열매는 분과(分果)로 꽃받침 안에 들어 있고 타원형이다.

경기도, 황해도, 평안남도, 평안북도 등지에 분포한다.

효능과 이용법 잎, 줄기, 꽃, 뿌리 등 모든 부분을 약재로 쓰는데, 어린 순을 나물로 해서 먹는다. 진한 향기가 나므로 데쳐서 찬물로 잘 우려낸다.

꽃이 피기 전이나 막 필 무렵 줄기를 걷어낸 후, 잎을 따서 잘 씻는다. 물기를 없애고 뒷면에 살짝 밀가루와 찹쌀가루를 입혀 소금을 조금 넣은 물에 살짝 삶은 후 헹구어서 간장에 무쳐 먹는다.

급성 방광염, 요도염, 신우염 치료

차전자, 편축, 구맥 등을 가미하여 복용한다. 소종 작용도 있어 급성 신염의 초기 증상인 부종이 나타날 경우 그 효과가 뛰어나다.

당뇨병 치료

금전초 달인 물과 함께 우무를 한 그릇씩 먹으면 매우 효과가 좋다.

눈병 치료

결막염을 비롯한 온갖 눈병에는 달인 물로 눈을 씻고 중이염, 축농증, 임질, 백대하에는 달여서 먹으며, 타박상, 화상, 옴, 피부병에는 날 것을 짓찧어 즙을 바른다.

간기능 보호

간염에 좋은 효과가 있고, 간암에도 뚜렷한 치료효과가 있는 방법으로 생즙을 내어 먹거나 위 달인 물을 먹으면 좋다.

기타

통풍, 뼈가 부러진 데, 근육통, 치통, 위장질병에 달여서 마시거나 달인 물로 목욕을 한다.

긴병꽃풀 무침 ▲
긴병꽃풀 차 ▶

02 Lavendula angustifolia L.
라벤더(Lavender)

▲ 라벤더의 잎

생김새 높이는 30~60cm이고 정원에서 잘 가꾸면 90cm까지 자란다. 전체에 흰색 털이 있으며 줄기는 둔한 네모꼴이고 뭉쳐나며 밑 부분에서 가지가 많이 갈라진다. 잎은 돌려나거나 마주나고 바소 모양이며 길이가 4cm, 폭이 4~6mm이다. 잎자루는 없으며 잎에 잔털이 있다.

꽃은 6~9월에 연한 보라색이나 흰색으로 피고 잎이 달리지 않은 긴 꽃대 끝에 수상꽃차례를 이루며 드문드문 달린다. 꽃·잎·줄기를 덮고 있는 털들 사이에 향기가 나오는 기름샘이 있다. 물이 잘 빠지는 모래땅에 약간의 자갈이 섞인 곳에서 잘 자라고 너무 비옥하지 않은 땅이 좋다. 햇빛을 잘 받는 남향과 습하지 않은 곳에서 잘 자란다.

라벤더 목욕제

- 라벤더를 채취하여 건조시킨다.
- 20ℓ의 물에 건조된 라벤더 20~100g을 넣어 만든다.

효능과 이용법

진정제, 진경제
전통적으로 가벼운 신경질환, 소화 불량의 경우 진정 허브로 사용된다. 불안, 불면, 신경성장 장애에도 이용한다.

살균제
오일은 국소적으로 가벼운 살균제로 상처 치료, 화상, 햇볕에 탄 근육통 치료, 자극제로 응용한다.

라벤더의 어원

Lavandula는 라틴어 'lavare(씻다)'에서 왔다. 그러나 세정할 수 있는 사포닌을 함유하고 있는 식물들과는 달리 라벤더에서는 단지 향기만이 정화의 환상을 불러일으킨다. 중세에 작은 라벤더 꽃다발은 동정녀 마리아의 순결을 상징하였으며, 오랜 옛날 그리스인들은 저승의 신들에게 제물로 바쳤던 처녀를 라벤더로 덮었다고 한다.

▼ 라벤더의 꽃술

03 Rosmarinus officinalis L.

로즈메리(Rosemary)

미질향(迷迭香)

▲ 로즈메리의 잎차

▲ 로즈메리의 꽃

생김새 줄기는 네모지고 잔가지가 많이 갈라지며 높이가 1~2m이다. 잎의 앞면은 광택이 있고 짙은 녹색이며, 뒷면은 흰색이고 회색의 솜털과 함께 유점(油點)이 있다. 꽃은 5~7월에 연한 청색 · 분홍색 · 흰색으로 피고 줄기 윗부분에 있는 잎겨드랑이에 총상꽃차례를 이루며 달린다. 화관은 입술 모양인데, 갈라진 조각 중 가운데 것이 가장 크고 안쪽에 자줏빛 반점이 있다. 남유럽의 지중해 연안이 원산지이며, 약초로 재배하고 전체에 강한 향기가 있다.

▲ 로즈메리의 잎

효능과 이용법

순환기와 신경조직 보호

로즈메리는 더부룩한 위장, 과식, 장의 가벼운 경련, 저혈압 등에 좋다고 널리 알려져 있다. 이 식물은 수렴작용과 헛배가 부른 것을 방지하고, 발한 작용을 해주는 화학물질을 함유하고 있다.

건위제, 강장제

부종, 간염, 신경질환 또는 심장을 자극하기 위해 포도주나 술에 넣어 복용하기도 한다. 아랍에서는 뇌졸중 후에 오는 언어장애를 회복시키는데 사용하였고, 중국에서는 두통, 불면증, 정신적 피로 등의 치료제로 처방하였다.

로즈메리 기름

- 칼슘과 상극이며 노화방지제, 방부제, 항균제로서 뿐만 아니라 근육을 부드럽게 풀어주는 데도 쓰인다.
- 통풍, 류머티즘, 신경성 두통, 신경통, 근육통, 염좌, 지친 팔다리와 부은 발을 치료해 주는 연고 및 습포제로 사용된다.
- 머리칼에 윤기를 주고 매끄럽게 해줄 뿐 아니라 비듬을 없애주고 머리카락이 빠지는 것을 막아준다.

04 Majorana hortensis L.

마조람(Majoram)
오레가노

▲ 마조람의 잎

생김새 높이 40~60cm 정도이다. 잎은 달걀 모양으로 넓으며 가장자리가 밋밋하다. 6~8월에 연한 노란색 또는 흰색의 작은 꽃이 핀다. 포기 전체에 가볍고 달콤한 향기가 나고, 맛은 약간 쓴 편이다. 스위트 마조람(노티드마조람, O. majorana L.), 포트마조람(O. onites L.), 와일드마조람(오레가노, O. vulgare L.)의 세 종류가 대표적이다. 원산지는 지중해이다.

효능과 이용법 향초(香草) 중에서 향기가 매우 강하다. 때문에 향료 자원 또는 약초 자원으로 널리 재배하여 왔다. 꽃이 피기 직전에 수확하는 것이 가장 향이 좋은데, 잎과 꽃봉오리를 말리거나 그대로 냉장 보관하였다가 음식에 넣거나 차로 마신다. 또 수프, 스튜, 소스 등의 향료나 닭고기, 칠면조고기 등의 통조림에 사용한다.

최면 효과
마조람의 향기를 맡으면 건강에 좋다고 하여 베개 속과 향낭 화장수로 이용된다.
마조람의 에센셜 오일은 특히 아로마테라피에서 많이 쓰이는데, 정신적으로는 슬픔과 외로움을 가라앉히고 위로를 주며, 신체적으로는 기관지염이나 천식과 같은 호흡기 질환에 도움이 되고 근육경련을 풀어준다.

진정 작용
예부터 진정 작용이 뛰어나 건강음료로 마조람차로 널리 애용한다.

기타
오한, 소화기능 향상, 류머티스, 배 멀미, 신경성 두통에 효과가 있다. 온 습포와 허브차로 이용한다. 꽃눈은 아름다운 자색의 염료로 쓰였다.

마조람의 종류

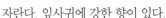

• **스위트마조람**
25cm 정도의 크기로 붉은 색의 가지에 쌍으로 된 둥글고 작은 잎이 붙어있다. 초여름에 하얀 꽃이 피는데 흰 천을 덮어놓은 것과 같다고 '노티드마조람' 이라는 애칭을 갖고 있다.

• **포트마조람**
60cm정도의 크기로 덤불 속에서 꽃대가 뻗어 보라색의 꽃이 핀다.

• **와일드마조람**(오레가노)
뿌리가 수평으로 퍼지는 성질이 있어 줄기도 지면을 기는 것처럼 자란다. 잎사귀에 강한 향이 있다.

05 Melissa Officinalis L.

멜리사

레몬밤(Lemon Balm)

▲ 멜리사의 잎

생김새 꿀풀과의 다년초로 초여름 잎자루에 하얗고 작은 꽃이 핀다. 윤기나는 녹색의 줄기는 1m까지 자라며 스치기만 해도 강한 레몬향을 맡을 수 있다. 줄기에 쌍으로 붙어 나는 잎은 둥그스름한 하트 모양이며 테두리가 톱니처럼 뾰족뾰족하고 다소 털이 나 있다. 동부 지방과 서아시아, 흑해 연안, 중부 유럽 등지에 자생한다.

효능과 이용법 멜리사는 비타민C와 비타민E, 발암 억제 성질을 가진 것으로 알려진 베타카로틴을 함유하고 있다. 꽃피기 전, 6월 상순에서부터 늦여름 사이에 채취하여 사용한다.

평온 · 진정 작용
신경을 자극하여 성인과 아이의 신경성 소화 장애, 작은 불면 증세를 치료한다. 병으로 인한 환각 증세에도 치료제로 사용된다.

멜리사의 냄새와 맛

멜리사는 양봉업자들의 사랑을 받아온 식물이다. 멜리사 에센스 오일에서 나는 냄새는 벌이 생산하는 냄새 호르몬인 페로몬과 비슷하여, 분봉 때는 벌들을 가까이 두기 위해 이 식물로 벌집을 문지르곤 하였다. 멜리사의 향은 여러 가지 용도로 사용되며 귀하게 취급되는데, 이 식물의 잎은 향낭과 허브 쿠션에 넣기도 하고, 기름은 향수와 술에 첨가된다.

항균 작용과 심장 회복 작용
멜리사 오일에 들어있는 탄화수소는 상처를 깔끔하게 아물게 한다. 또한 비타민E 성분은 심장의 손상을 회복시키기는 기능이 있다.

레몬밤차

참살이 ✚ 활용법

재료

레몬밤 15장, 설탕 시럽(설탕 1/2, 물 1/2컵) 또는 적당량의 꿀

만드는 법

1. 레몬밤을 깨끗이 씻어 물기를 제거한다.
2. 냄비에 분량의 설탕과 물을 넣고 걸쭉해질 때까지 조려 설탕 시럽을 만든다.
3. 끓인 물에 레몬밤을 넣고 향이 우러나면 잎을 건져낸 뒤 설탕 시럽을 넣어 마신다. 꿀을 넣어 마셔도 좋다.

06 Ocimum basilicum L.

바질(Basil)

▲ 바질의 꽃과 잎

생김새 바질은 종종 '스위트바질' 또는 '가든바질' 이나 드물게는 고풍스러운 이름으로 '성 요셉의 풀' 이라고 불린다.

길이는 70cm 정도이며, 부드럽고 털이 없는 잎, 수상 꽃차례로 넓게 퍼져 있는 보랏빛 혹은 흰색꽃, 신성한 나륵풀, 털이 많이 있는 줄기로 이루어진 일년생인 영속적 식물이다. 윤기가 있고 축축하며 부드러운 잎은 클로브와 비슷한 방향이 있다.

일년초로 변종이 많은데, 크림색이 낀 백색, 향, 풍미, 잎의 색이 다른 수 많은 변종이 있다. 물에 담그면 종자는 젤리 모양의 점막에 둘러싸인다. 7월 중순에서 9월 하순에 적자색, 백색의 꽃이 핀다.

강하고 향기 있는 허브로 향기와 풍미가 각각 독특한다. 주로 줄기와 잎을 이용한다. 원산지는 인도로, 지중해 연안에서 재배된다.

효능과 이용법

자양 강장제

바질은 강장, 장에 관련한 질병, 고창, 식욕부진, 장내 기생충에 전통적으로 사용한다. 이뇨제로도 쓰이며 기침, 상기도 염증, 스트레스로 인한 피부장애와 소화제로 사용된다. 씨는 영양 강장제로 이용된다.

통증 완화제

예부터 신경장애, 류머티스 통증을 완화시키는 약으로 이용하였다. 건조시켜 분말로 만든 바질의 잎은 '스너프(Suff)' 로 불리는 작은 봉지에 넣어 가지고 다녔다. 머리를 맑게 하고 두통을 멎게 하는 약효가 있으며, 잎에서 추출한 오일은 향수에 이용한다.

바질의 역사

그리스어의 '향을 즐긴다' 는 말에서 유래되었다고 한다. 인도에서 알렉산더 대왕에 의해서 유럽에 전해진 것으로 생각되는데, 영국에는 16세기, 미국에는 17세기에 전래되었다.

▲ 바질의 꽃

진정제, 방부제, 거담제, 위장 내 가스제거와 완화
약용으로 쓰려면 꽃이 피기 전에 채취한 것만을 사용
한다.

위경련, 만성위염, 소화불량, 변비 등의 증상을 완화
바질을 차로 만들어 마시면 효과적이다.

두통과 감기 치료
새로 채취한 잎을 짓이겨서 냄새를 들이마시거나 증기
를 쐬어 치료한다.

기타
신선한 잎이나 씨앗은 소화강장제로서, 그리고 해열제
로서 약간의 꿀을 탄 백포도주에 넣어 요리한다.

▲ 바질의 잎

바질의 종류

- **Dark Opal Basil**
  스위트바질의 원예종으로 1년초이며 잎의
  빛깔이 자주색이고 거치가 없다. 줄기나
  악편 모두가 자주색이며, 꽃빛도 중심부는
  붉은 자주색이고 꽃잎은 분홍~흰색이다.
  향기는 스위트 바질보다 더 향긋하다.

- **Lemon Basil**
  키가 30cm로 다소 작으며 흰꽃이 피고 레
  몬향과 같은 향기가 난다.

- **Cinnamon Basil**
  잎이 녹색이고 꽃의 악편이나 중심부는 자
  주색이며 꽃잎은 분홍색으로 시나몬과 같
  은 향기가 난다.

- **Bush Basil**
  키가 20cm로 자라는 왜성종(矮性種)이다.
  가지가 밀생하며 동그랗게 되며 잎은 밝은
  녹색으로 매끄럽고 광택이 있으며 잘고 가
  늘어서 분화초로 적합하다. 요리의 장식용
  으로 쓰이고 있다.

- **Lettuce Ieaf Basil**
  50cm 정도로 자라며 상추잎처럼 주름진
  7.5~10cm의 큰잎이 난다. 샐러드용으로
  많이 이용하며 스위트바질과 같은 향이 난
  다. 꽃은 흰색이다.

- **Holly Basil(Sacred Basil)**
  인도 및 열대아시아가 원산이며, 학명은
  Ocimum Sanctum이다.

07 Mentha arvensis L. var. piperascens M.

박하 108 ❶

페퍼민트/ 스피어민트

▲ 박하의 꽃

생김새 박하는 레몬밤과 함께 밀원 식물의 대표적인 허브이다. 꿀풀과의 다년초로 크게 서양종과 동양종으로 나누는데 허브로 쓰이는 것은 서양종이다. 털이 많은 줄기를 가지고, 넓고 둥근 잎을 가진 근경 허브로, 꽃은 항상 엷은 자색이고 드물게 흰 것도 있고, 넓게 펼쳐진 꽃송이에서 태어난다.

유라시아, 아열대 지역에서 번성하고 상품은 중국, 브라질, 인도, 파라과이에서 나온다.

효능과 이용법 박하에는 멘톨(menthol)을 비롯하여 피넨(pinene), 리모넨(limonene) 등의 정유가 함유되어 있다.

근육통과 타박상 완화

두통에는 관자놀이에, 어깨 결림이나 근육통 등에는 해당 부위에 생잎을 비벼서 즙을 발라주면 통증이 완화된다. 여름에 뿌리줄기를 잘라 두었다가 겨울철 목욕 시에 사용하면 몸의 구석까지 훈훈해져 냉증이나 신경통, 타박상, 근육통 등에 효과가 있다.

소화 기능 촉진

멘톨향의 성분은 소화 기능을 촉진한다. 박하술은 헛배가 부르고 가스가 차서 불쾌한 증상을 해소시키는 효능도 있다.

기타

박하류는 종류에 따라 다소 차이는 있지만 살균, 소화촉진, 건위작용, 구내 소취제, 치약, 위약 등의 원료로 쓰인다. 차를 끓여 마시면 위통, 감기치료에도 효과적이다.

박하의 재배 방법

- 텃밭재배로 가정에서도 재배가 가능하다.
- 햇볕이 잘 들고 배수가 잘 되는 장소에 심는데, 산성토양은 적당하지 않기 때문에 그 경우는 석회를 3.3㎡당 두 줌 정도 섞어 준다.
- 추운 지방에서는 초가을이나 눈이 녹은 후에 심는 것이 좋다. 보통 땅이라면 그냥 두어도 좋다. 그러나 메마른 땅에 심은 경우에는 봄에 발아했을 때와 10월경에 부엽토나 유채유박, 초목제 등을 시비해 준다. 여름에 흙이 너무 건조해지면 짚을 덮어 주는 것이 좋다.

▌페퍼민트 Mentha, Piperita

▲ 페퍼민트의 꽃

생김새

높이 90cm이다. 줄기는 뿌리에서 나와 곧추서거나 위로 올라가며, 땅에 뿌리를 내리며 퍼져나간다. 잔털이 있는 잎은 마주보기로 뾰족하게 나며, 잎줄기가 있고, 톱니 모양의 가장자리에는 5~8쌍의 잎맥이 있다.

꽃은 보라색으로 6~7월에 잎겨드랑이에서 수상꽃차례로 핀다. 종 모양의 꽃받침은 5편으로 갈라지며, 4편으로 갈라진 꽃부리는 꽃받침보다 길다. 저온 다습에는 강하지만 고온 건조에는 약하며, 토질은 비옥하고 보수력이 있는 다소 습한 땅이 좋다.

효능과 이용법

살균 효과

페퍼민트는 민트류 중에서도 특히 살균, 구충 효과가 뛰어난데, 상쾌한 향은 구취를 방지하는 효과가 있어 치약 등에 쓰인다.

염증 치료 효과

잎을 갈아 습포제로 쓰면 피부의 염증이나 타박상 치료에 효과를 볼 수 있다.

피부염이나 가려움증에도 약효가 있고 화장실에 놓아두면 악취 대신 박하향이 오랫동안 지속된다.

▌스피어민트 Mentha spicata L.

생김새 유럽이 원산지인 다년초로 30~60cm 정도로 자라며 톱니 모양이 날카롭게 새겨진 잎이 피며, 분홍색 혹은 라일락 색의 꽃이 원기둥 모양으로 핀다. 꽃의 모양이 가늘어서 spear(창)이라는 이름이 주어졌다.

효능과 이용법 스피아민트라고 불리는 녹색 박하는 페퍼민트와 함께 요리에 많이 이용되는데, 페퍼민트보다 향이 달콤하며 피부에 매우 좋다.

피부 미용 효과

지성 피부를 관리하고자 할 때에는 스피아민트 잎에서 추출한 오일로 만든 로션을 사용하는 것이 좋고, 피부 조직에 탄력을 주므로 목욕제로도 좋다.

스트레스 해소 효과

상쾌한 향은 정신을 맑게 해주고 뇌를 자극시켜 집중력과 기억력을 고양시키며 스트레스 해소에 효과적이다. 껌, 치약, 습포제에 쓰이므로 대량 재배된다.

▲ 스피어민트의 잎

건조된 박하잎

박하주

재료
박하의 잎, 줄기 꽃 200~250g,
소주 1000㎖, 설탕 10~15g

만드는 법

1. 재료를 잘 씻어 물기를 완전히 제거한 다음 잘게 썬다.
2. 용기에 재료를 넣고 소주를 붓는다.
3. 설탕을 넣고 잘 녹인다.
4. 밀봉하여 시원한 곳에서 6개월 이상 숙성시킨다.
5. 맑은 황색의 독특한 맛을 지닌 약술이 완성된다.
6. 생선이나 기름진 음식을 먹은 후 입가심으로 마시면 좋다.

박하차

박하의 멘톨 성분이 과민성 장(腸) 증후군, 메스꺼움,
구토, 설사, 두통 등에 효과가 있으며 천식이나 감기를
완화시킨다. 또한 특유의 향이 입냄새를 없애는 데도
도움이 된다.

재료
박하잎 30g, 물 1000cc

만드는 법

1. 박하잎을 깨끗하게 씻어 말린다.
2. 주전자나 그릇에 물을 넣고 끓으면 박하잎을 넣어
   20분 정도 더 끓인다.
3. 한번 끓인 물을 찻잔에 담고 박하잎을 띄운다.
4. 박하의 맛이 우러나면 마신다.

08 Dracocephalum argunense F. ex Link

용머리

청란(靑蘭), 용두(龍頭)

▲ 용머리의 잎

효능과 이용법 어린순을 나물로 먹으며, 향료(香料)로 많이 쓰이는 식물이다.

결핵 치료제
용머리의 잎은 결핵의 치료제로 이용된다.

관상용 화초
화단에 심어 관상한다. 야생상태로만도 꽃이 아름다워 여름화단용으로 좋으며, 꽃이 남청색으로 시원한 느낌을 준다.

기타
풀 전체를 발한, 이뇨, 수종 등에 다른 약재와 함께 처방하여 사용하였다. 꿀이 많아서 밀원 식물(蜜源植物)로도 유용하다.

▲ 용머리의 꽃

생김새 우리나라 섬 지방을 제외한 전국의 깊은 산속 풀밭에서 자라는 여러해살이풀이다. 가는 풀잎이 마디마다 여러 개씩 돋아나고 푸른색 꽃이 피므로 '청란(靑蘭)'이라고 불렀으며, 특이한 꽃 모양 때문에 '용두(龍頭)'라고 부르기도 했다. 유난히 작은 풀줄기에 커다란 용머리 같은 꽃이 달려 있는데 다른 풀과 같이 자라므로 눈에 잘 띄지는 않는다.
높이가 15~57cm 정도 자라며, 줄기는 총생하고 직립하는데 4각이 져 있고, 짧은 근경에 줄기가 총생한다. 잎과 줄기에는 백색 털이 있다. 개화기는 6~8월로 남청색 꽃이 피며, 순형화로 줄기 끝에 여러 개의 수상화서에 달린다. 수상화서는 길이가 2~5cm 정도로 짧다. 잔뿌리가 사방으로 뻗는다.

▲ 용머리의 꽃과 잎

09	Salvia officinalis L.

세이지

살비아/ 파인애플세이지/ 클라리세이지

▌ 살비아 *Salvia officinalis L.* 사루비아, 깨꽃

▲ 살비아의 꽃

생김새 높이 30~90㎝ 정도 자라며, 회녹색 또는 흰색이 도는 녹색의 잎은 거칠거나 주름져 있고 솜털로 덮여 있다. 꽃은 자주색 · 분홍색 · 흰색 · 붉은색 등 변종에 따라서 다양한 색을 가지며, 층층으로 달린다. 많은 변종을 가지는 살비아는 야생으로도 자라나 세계의 여러 지역에서 재배되고 있다.

가을에 꽃을 따서 그 밑둥을 빨면 달콤한 꿀이 나오며, 꽃받침 통이 붉은색이어서 꽃이 떨어져도 꽃이 붙어 있는 것처럼 보인다. 원산지는 지중해 연안이다.

효능과 이용법 '정유(情油)'의 함량이 약 2.5%로 주성분은 투우존과 보르네올이다. 살비아에는 약간 자극적인 성질이 있다. 신선한 잎이나 말린 잎을 많은 음식, 특히 닭고기와 돼지고기로 만드는 소시지의 향미료로 사용된다.

* 살비아의 약효

1. 잎을 끓여 만든 차는 수세기 동안 강장제로 사용되었다.
2. 유럽의 중세시대에는 살비아가 기억력을 강화시키고 지혜를 촉진시킨다고 생각하였다.
3. 따뜻한 침출액은 감기의 응급처치약이 된다.
4. 소량의 사과산을 섞은 세이지 허브차는 양치약으로 사용하고, 목의 통증이나 인후염, 편도염에 뛰어난 치료약이 된다.

살비아 스프렌덴스 (Salvia splendens, 큰깨꽃)

일반적인 살비아로 브라질 원산으로 키가 1m 이상되는 다년초나, 우리나라에서는 일년초로 취급된다. 꽃색은 살비아의 주가 되는 적색 및 분홍색 외에도 자색, 백색 등이 있으며 꽃 이삭의 길이도 다르고 다양하여 분화용 또는 화단용으로 이용의 범위가 넓다. '사루비아'라고도 부른다.

▌파인애플세이지 Salvia elegans

▲ 파인애플세이지의 꽃

생김새 높이 1m정도 자라는 아저목이다. 잎의 길이
는 5~10cm로 난형으로 결각(缺刻)이 있다. 파인애플과
비슷한 향이 있어서 파인애플 세이지라고 한다. 꽃은
길이 약 4cm로 붉은색이며 한지(寒地)에서 재배할 때
는 겨울에 보호가 필요하다.

가을에 맑은 빨간 꽃이 핀다. 잎을 손으로 비비면 파인
애플 향기가 난다. 파인애플 향의 잎은 육고기의 맛을
좋게한다. 어린 잎은 다른 재료와 같이 튀겨서 크림을
곁들여 요리로 내놓기도 한다. 잎은 포푸리로 쓰이며
집안의 방향을 위해 태우기도 한다. 원산지는 멕시코
로, 추위에 약하므로 처마 밑에서 월동시킨다.

효능과 이용법 기분을 맑게 하고, 흥분을 진정시키
며, 구강염이나 잇몸의 출혈과 구취 방지에 효과가 있
으나 효력이 강하므로 연속하여 마시는 것은 피하여야
한다.

살균과 피부 재생 작용
잎의 침출액은 궤양, 외상, 거친 피부등에 유효하고,
방향성분을 추출한 정유는 화장수를 만드는 데 사용되
며, 라벤더즙과 섞으면 피부의 노화 방지에 한층 효과
가 있다.

▌클라리세이지 Salvia sclarea

생김새 높이 1m 정도 자라는 2년초 또는 다년초이
다. 곧추 자라며 중간 부분 세이지 가지가 갈라진다.
잎은 긴 타원형 또는 난형으로 거치(鋸齒)가 있다. 벨
벳질감을 가지며 냄새가 독특하다. 꽃은 여름에 흰색
과 보라색으로 가지 끝에 긴 수상화서(穗狀花序)로 달
린다. 포엽(苞葉)은 연보라색 계통이다. 원산지는 유
럽과 중앙아시아이다.

효능과 이용법 관상 가치가 높아 예부터 정원을 가
꾸는데 이용되었다.

생리를 원활하게 하는 역할을 하며 목욕 요법, 마사
지 습포법으로 사용한다. 체액 정체 현상은 특별히
펜넬, 주니퍼베리, 로즈마리, 제라늄 등과 같은 이뇨
효과가 있는 오일로 목욕하거나 마사지함으로써 개
선될 수 있다.

또한, 방향 성분을 추출한 에센셜 오일은 오데 코롱
을 만들거나 아로마테라피에 사용한다.

향은 정신 안정과 스트레스를 푸는 데 좋고 세포 재
생의 효과가 있어 샴푸, 화장수, 크림 등의 화장품에
이용된다.

▲ 클라리세이지의 꽃

10 | Satureia spp.

세이보리(Savory)

썸머세이보리/ 원터세이보리

▲ 세이보리의 꽃

생김새　꿀풀과의 사투레이아속 품종이다. 대표적인 식물로 1년생 썸머(가든)세이보리와 다년생 원터세이보리를 들 수 있다.

높이 10~40cm으로 관목처럼 자란다. 잎은 윤기 있는 어두운 녹색으로 긴 타원형이다. 꽃은 7~9월에 흰색 또는 진분홍색으로 핀다. 봄에 꺾꽂이나 포기나누기로 번식시킨다. 꽃이 피기 전의 가지가 부드럽고 향도 많다. 마르면 풍미가 지나치므로 겨울에는 실내에서 키워 신선한 잎을 이용한다.

효능과 이용법

각종 부인병 치료

세이보리차는 피로한 몸에 원기를 불어 넣으며, 여성의 냉증을 비롯하여 갱년기 장애에도 효과가 있다.

벌에 쏘여 부은데 효과가 있고, 욕조에 넣어 목욕을 하면 정신이 맑아지고 피로회복에도 도움이 되며, 흥분작용을 하기도 해 미약(媚藥)으로도 사용되었다.

줄기나 잎에는 방향 성분이 있어 식욕을 증진시키고 세이보리로 만든 차나 침출액은 가래를 없애주는 거담제로도 쓰인다. 또 중풍, 이뇨에도 효과가 있고 구충과 방부작용을 하여 방부성의 입가심 약으로 사용한다.

▌썸머세이보리　Satureja hotrensis

생김새　초장 30cm 정도이며, 고르지 않게 무성해진다. 보라색이 낀 부드러운 줄기는 연한 털로 덮이고 드문드문 잎이 붙어 있다. 잎은 진한 녹색으로 가늘고 길며 약간 두께가 있다. 7~9월에 걸쳐 눈에 띄지 않는 엷은 핑크색의 작은 꽃이 핀다. 종자는 1~1.5mm로 작다.

썸머세이보리의 재배 방법

- 봄에 파종하며, 가볍고 비옥한 토양과 충분한 태양을 공급한다.
- 모가 2~3cm로 자라면 15cm의 간격으로 정식한다.
- 추위를 이겨내는 성질이 있어 한번 정착하게 되면 매년 번식한다.
- 꽃이 피기 직전에 수확하는 것이 좋다.
- 수시로 가지를 수확해서 이용하는데 건조에 적합하고 향기와 풍미가 남는다.

식용법

페퍼 허브라 불릴 정도로 매운맛이 있다. 날카로운 쓴맛의 독특한 풍미가 있으므로, 독일에서는 콩(豆)의 허브(Bohnenkraut)라는 이명을 가지고 있으며, 콩요리의 맛을 북돋아 주는 것으로 알려져 있다. 일반적으로는 민트(박하)와 같이 강낭콩, 완두를 데치는 냄비에 가지 하나를 넣어서 이용하는데, 달지 않은 요리라면 모든 것에 이용된다. 소세지, 통요리, 부케가르니에도 이용된다. 또 순무, 양배추 등의 채소를 조리하는데 넣으면 냄새를 빼는데 도움이 된다. 차빌과 파슬리처럼 썰어서 샐러드에 넣어 즐긴다.

█ 윈터세이보리 Satrueja montana

▲ 윈터 세이보리의 잎

생김새　초장 30㎝ 정도의 형태가 고른, 관목으로 자란다. 윤기가 있고 가느다란, 회색이 낀 푸른 잎은 상록성이다. 백에서 엷은 자색의 순변화(脣弁花)가 7~9월에 걸쳐 핀다.

효능과 이용법

카르바클이라고 하는 오일이 독특하고 강한 향을 빚어내면서 동시에 복통, 고장(鼓腸), 현기증, 호흡장애 등에 뛰어난 약효를 나타낸다.

차로 우려내어 마시면 소화를 도우며, 벌에 쏘였을 때에는 응급처치로 잎을 찧어 상처에 문지르면 효과가 있다.

여러 허브와 혼합바여 요리의 조미료로 쓰였으며, 프로방스 지방에서는 '로마의 페퍼'로 불리며 타임과 같이 토끼 고기 스튜나 불고기에 이용되었다.

썸머 세이보리에 비해 향이 강하기 때문에 이용시에 주의하여야 한다.

🏷 윈터세이보리의 재배 방법

* 가을에 파종하며, 척박하고 가벼운 토양과 충분한 태양을 공급한다.
* 모가 충분히 자라면 30~45cm의 간격으로 정식한다.
* 썸머세이보리에 비해 성장에 시간이 걸리므로 봄에 꺾꽂이나 포기나누기를 하여 늘린다.
* 보기 좋은 모양으로 기르기 위해서는 수시로 다듬어줄 필요가 있다.
* 내한성이 있지만 서리의 위험을 피하기 위해서 겨울에 포기 밑을 덮어주는 것이 좋다.
* 가을이나 이른봄에 6~10cm로 가지를 잘라 새싹이 나오는 것을 도울 필요가 있다.
* 수시로 가지를 이용하는데, 꽃이 피기 전이 가지가 목질화되지 않고 향이 높아 사용하기에 적합하다.
* 건조하면 풍미가 너무 강해지므로 겨울에는 실내로 거둬들여 신선한 잎을 이용한다.

11 Nepeta cataria L.

캐트민트

캐트닙, 개박하

▲ 캐트민트의 꽃

생김새 높이 50~100cm까지 자라며, 줄기는 가지를 많이 친다. 잎은 연한 녹색이고 6~7월에는 흰색 꽃이 핀다. 전체적으로 박하향이 나고 말리면 그 향이 더 강해진다. 내한성과 번식력이 강해 기르기 쉽다.

원산지는 유럽, 북아메리카, 서아시아이다.

효능과 이용법 꽃눈에 약효가 풍부하다. 8월에 수확하여 건조 보존한다.

캐트민트차
최면, 발한을 촉진하고 해열효과가 뛰어나며, 불안증, 신경통, 자극이 없으므로 안정되지 않는 어린이에게 자주 마시게 할 수 있다.

캐트민트잼
어린 눈으로 만든 잼은 악몽을 방지한다고 알려져 있다.

* **캐트민트의 여러 이용법**

꽃봉오리가 생기면 가지를 잘라 건조시키고, 억세지 않은 연한 잎과 줄기도 잘라 건조시켜 보관한다. 샐러드, 스프, 소스 등에 넣기도 하고 목욕재와 차로도 이용한다. 특히 '화아(花芽)'에 풍부한 약효가 있다.

캐트민트차는 최면·발한을 촉진하고, 해열 효과가 뛰어나며, 불안증·신경통 치료에도 이용된다. 자극이 없으므로 아동에게도 수시로 섭취하게 한다.
칼페퍼는 "캐트민트는 불임을 치료하고 진통까지도 부드럽게 한다."고 기록하여 여성이 캐트민트의 잎을 넣어 입욕하면 임신이 된다고도 이야기한다.
또한 와인에 띄워 마시면 기분이 가라앉은 사람에게 아주 좋다고 한다.

캐트민트 재배 방법

토질을 가리지 않고 용이하게 재배할 수 있는 허브로, 민트 종류이면서 습지를 좋아하지 않는다. 봄에 파종, 포기 나누기로 증식할 수 있다. 직파로 특별히 신경을 쓰지 않아도 잘 발아하고 잘 자란다.

12 | Thymus spp.

타임(Thyme)

백리향, 사향초

▲ 타임의 꽃

기타

냉증, 저혈압, 통풍 등에 목욕제로 사용해도 좋다.

▲ 타임의 잎

생김새 늘푸른떨기나무로, 높이는 약 25cm이다. 품종이 다양하여 땅을 기듯이 융단처럼 퍼지는 포복형과 높이 30cm로 곧게 자라는 형이 있다. 잎은 달걀모양이거나 긴 달걀모양으로 마주본다. 5~10월에 연분홍색의 작은 꽃이 위쪽의 잎겨드랑이 돌려나기로 모여 난다. 포기 전체에서 향기가 나며 겉모양이 풀처럼 보이기도 한다. 원산지는 유럽 남부이며, 꽃이 필 때 잎줄기를 잘라서 모래흙을 털어내고 그늘에 말린 것을 '타임'이라고 한다.

효능과 이용법 티몰 등의 정유(식물성 휘발유)가 들어 있으며, 약용 향신료로 이용한다. 생잎 줄기(새싹 부분)의 쓴맛은 서양요리의 맛과 향을 내기에 좋으므로 유럽에서 널리 쓰인다. 생잎은 요리에 장식용으로도 이용한다.

살균 작용

타임에 포함된 티몰(thymol) 성분은 살균효과가 크다. 속이 메슥거릴 때, 소화불량이거나 위가 더부룩할 때, 또는 기침 감기에 효능이 크다.

여러 가지 요리에 이용되는 타임

- 마늘, 양파, 토마토, 와인과 맛이 잘 어울리므로 양, 돼지, 닭을 비롯하여 모든 육류 요리에 쓰인다.
- 스페인에서는 올리브를 담글 때 타임을 넣어 베네딕틴주의 풍미를 내는데 쓰인다.
- 레몬 타임은 부드러운 레몬의 풍미를 가져서, 흰살생선, 닭고기와 잘 어울리며 샐러드나 오믈렛에 상쾌한 향기를 더해 준다. 허브차로도 맛있게 이용할 수 있다.
- 전초에서 강한 향을 뽑아낼 수 있으므로 각종 요리에 향신료로 쓰인다.

▲ 섬백리향(Thymus Quinquecostatus var. Japonica)의 꽃

13 | Marrubium vulgare L.
허하운드(Horehound)

▲ 허하운드의 꽃

생김새 높이 약 60cm까지 자란다. 땅 속 줄기가 퍼지면서 자란다. 줄기는 속이 비었고 네모져 있으며 희고 부드러운 털이 빽빽하게 나 있다. 잎은 회색빛을 띤 녹색의 타원형으로 주름이 많으며 마주난다. 줄기의 아래쪽으로 갈수록 잎의 크기가 커져 길이가 약 3cm에 이르며 가장자리에는 불규칙한 톱니가 있고 잎자루가 길어진다. 반대로 줄기의 위쪽으로 갈수록 잎의 크기는 작아지고 잎자루도 짧아진다. 6~9월에 잎겨드랑이에서 흰색의 꽃이 피며 박하향이 진하게 난다. 원산지는 지중해 연안이며, 남유럽과 아시아 대부분의 지역에서 길가의 잡초로 분포하고 있다.

효능과 이용법 털이 많은 잎과 하얀 꽃이 생약으로 사용된다.

거담 작용

맛이 쓴 다른 약제와 마찬가지로 위와 폐에 거담반사를 자극할 수 있기 때문에 경도의 거담 성질이 있다.

진해 작용

기침, 기관지염, 호흡기 감염, 그리고 인후통의 치료에 사용된다.

강장 작용

심부정맥과 당뇨에도 사용되어 왔으며, 장과 자궁의 수축제로, 식욕 감퇴와 복부 팽만감에 그리고 통증과 손상에 외용제로 사용되어 왔다.

허하운드 이용법

- 허하운드로 만든 시럽이나 차는 기침을 멎게 하며, 특히 어린이의 기침에 시럽으로 즐겨 사용했으며 복통에도 효과가 있다.
- 잎은 내복 또는 외과용으로 사용하면 만성피부염을 호전시키며 주된 이용법은 기침, 기관지염, 폐병, 거담등의 치료에 쓰이며 어느 경우에나 1일 3회 1컵씩을 설탕이나 꿀을 타서 먹는다.
- 방충제로 실내에 두면 파리가 꼬이지 않으며, 신경질을 진정시키는 약으로도 사용한다.

14 Hyssopus officinalis L.

히솝(Hyssop)
히서프

▲ 히솝이라는 명칭은 '성스러운 허브'를 뜻하는 히브리어 'esob', 혹은 그리스어 'hussopos'에서 유래된 것으로 보인다.

생김새 높이는 50~75cm 정도이며, 줄기는 네모지고 솜털로 덮여 있다. 나무처럼 딱딱해진 아래줄기 부분에서 수많은 가지가 나온다. 잎은 3~4cm 길이로 칼 모양이고 마주나는데, 줄기의 아래쪽에서 나는 잎은 짧은 잎자루가 있고 위쪽의 잎은 잎자루가 없이 줄기에 붙어있다. 6월에서 9월경에 잎겨드랑이 부위에 남보라 빛의 꽃이 3~7개씩 무리를 지어 수상화서로 핀다. 남유럽과 중앙아시아가 원산지이다.

효능과 이용법 히솝은 예부터 그 약효가 존중되어 약초로서 가치가 높으며, 향수의 원료로도 이용한다.

건위와 류마티스 치료제
히솝의 잎으로 허브차를 만들어 마시면 건위에 효능이 있다고 하며, 류마티스 치료의 가정약으로도 사용되었다.

천식 치료제
히솝 스프는 예부터 천식의 치료약으로 사용되었다.

거담 작용
방향 성분은 주류의 풍미를 더하고, 매운 맛이 있는 말빈 성분에는 거담작용이 있다.

외부 상처 치료제
베거나 까진 상처 등에 잎을 문질러서 치료에 이용하며, 경엽(莖葉)을 입욕제로 이용하면 피부를 정화하고 냉증 개선에 효과가 있으나, 소량(허브로 2~4g 정도)복용한다.

히솝 이용법

- 잎에는 얼얼한 쓴맛과 상쾌한 향이 있어서 푹 삶는 요리나 지방분이 많은 어육요리에 적합하다. 세이지와 함께 소시지나 고기 등에 넣어 사용한다.

- 꽃은 건조 후에도 향기가 있어 잎과 함께 포푸리나 목욕제로 이용한다.

- 교회 등 사람들이 많이 모이는 장소의 마루에 히솝을 뿌려서 소독, 살균, 벌레제거를 겸하여, 향을 즐긴다.

▲ 히솝의 꽃

● 유독식물 2
Poisonous Plant

애기똥풀의 꽃과 잎

❖❖❖ 앉은부채

천남성과에 속하는 여러해살이 풀로 산의 습지에 잘 자라며 키는 30cm 이내이다. 3~4월경에 꽃이 피고 잎이 달린 후, 6~7월경에 열매를 맺는다. 꽃은 크기가 크고, 불꽃모양의 광배 속에 꽃이 피며 썩은 냄새를 풍겨 수분을 한다.

독성이 강하며 잎을 먹은 경우 구토, 복통, 설사, 어지럼증, 시각장애 등의 증상이 나타난다. 뿌리는 진통, 이뇨, 기관지염 천식등의 치료에 사용한다.

앉은부채의 어린 싹

❖❖❖ 애기똥풀

우리 나라 각지의 집근처 담장이나 논두렁 밭두렁에 많이 볼 수 있다. 4~5월에 황색 꽃이 피고 잎이나며, 줄기에 상처를 내면 노란색 아기의 똥처럼 진액을 내며 역한 냄새가 난다. 이질, 위통, 기관지염, 황달, 간염, 간경화증의 치료에 사용하며, 과량 복용하면 어지럼증, 두통, 메스꺼움 등의 증상이 나타난다.

❖❖❖ 천남성

천남성의 키는 성장 년수에 따라 다르지만, 보통 10~60cm정도이며 우리 나라 전역에서 자란다.
잎은 5갈래이며 뿌리는 토란뿌리처럼 구형이며, 독성이 강하다. 뿌리는 중풍, 구안와사, 반신불수, 간질 등과 뱀에 물린 상처의 치료에 사용하는 한약재로 쓴다. 생식으로 중독되면 인후가 타는 듯하며, 입과 혀가 굳으며, 침을 흘리고, 인후가 충혈되며, 어지럼증, 질식 등의 증상이 나타난다.

천남성의 잎과 열매

제 4장

맛과 향이 우러나는
미나리과 참살이

미나리과

● 식용 ●

맛과 향이 우러나는
자연의 건강식품

01
미나리

02
참나물

03
어수리

04
누룩치

| 01 | Oenanthe javanica DC. |

미나리 108 ②

수영(水英), 수근(水芹), 근채(芹菜)

▲ 미나리의 꽃. 영어로 'water dropwort'로 불릴 만큼, 미나리는 물과 연관이 깊으며, 습지에서 잘 자란다.

생김새 줄기는 털이 없고 향기가 있으며 높이가 20~50cm이다. 잎은 어긋나고 깃꼴겹이며 잎자루는 위로 올라갈수록 짧아진다. 작은잎은 달걀 모양이고 끝이 뾰족하고 가장자리에 톱니가 있다.

꽃은 7~9월에 흰색으로 피고 줄기 끝에 산형꽃차례를 이룬다. 꽃차례는 잎과 마주나며 5~15개의 작은꽃자루로 갈라지고 각각 10~25개의 꽃이 달린다. 꽃잎은 5개이며 안으로 구부러지고, 씨방은 하위(下位)이다. 열매는 분과이고 길이 2.5mm의 타원 모양이며 가장자리에 모가 나 있다.

효능과 이용법 한방에서는 대개 가을에 채취한 잎과 줄기를 햇볕에 말려 잘 썬 뒤 약재로 쓰는데, 생즙으로 이용되기도 한다.

▲ 멧미나리의 잎

발한, 보온, 해열 작용

미나리의 주성분은 수분(95%)으로, 감기, 독감, 수족냉증에 효험이 있다. 중국의 의서인 『본초습유(本草拾遺)』에는 "미나리 즙이 어린이의 고열을 내려 준다."는 말이 나온다. 갑자기 열이 난 뒤 내리지 않을 경우에 보리. 도라지와 함께 달여 먹거나 미나리 즙을 마시면 빠른 회복을 보인다.

물 300~400㎖에 말린 약재 10~20g을 넣어 달여 먹거나, 생 미나리 80~150g의 즙을 내 복용한다.

한국인과 미나리

한국인은 특히 미나리를 즐겨 이용한다. 강회, 생채 등 미나리를 주재료로 한 음식이 많으며, 전골매운탕 같은 요리에도 미나리가 빠지면 제 맛이 나지 않는다.

미나리와 궁합이 잘 맞는 식품으로는 복어(맛의 조화, 해독 효과)와 녹두묵(영양학적 균형식), 김이 대표적이다.

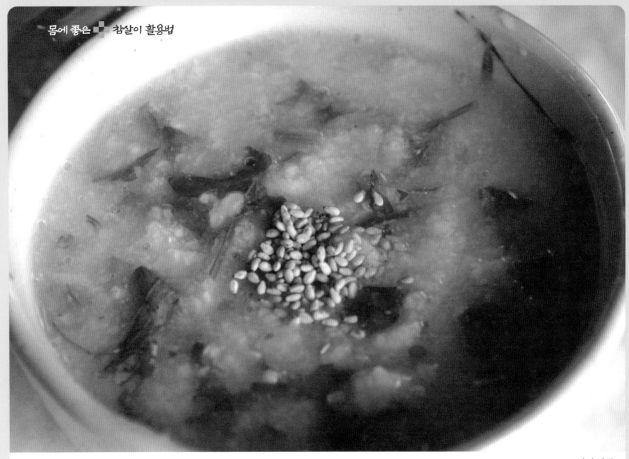

미나리죽

미나리술

재료
미나리(특히 돌미나리) 1단, 생강 300g,
황설탕 600g, 소주 1.8ℓ

효능
피로감을 느끼거나 간장의 기능이 저하된 사람에게 좋다.
소변이 노랗게 나오는 사람이 마시면 좋다.

만드는 법
1. 미나리를 깨끗이 씻어 물기를 말린다.
2. 준비된 재료를 용기에 넣고 밀봉 저장한다.
3. 한 달 정도 숙성시키면 완성된다.
4. 소주잔으로 하루 세 번 마신다.

미나리죽

재료
미나리 100g, 멥쌀 약 1.5컵

효능
위를 깨끗하게 하고, 열을 제거하며, 감기를 치료하고 음
식물을 잘 씹도록 한다고 한다. 특히 간 기능을 회복시키
고, 혈압을 낮추는 역할이 뚜렷하기 때문에 혈압 강하에
쓰인다.

만드는 법
1. 미나리는 잘 씻어 2cm 길이로 썬다.
2. 쌀을 씻어 물 7~8컵을 넣고 죽을 끓인다.
3. 2에 미나리를 넣고 살짝 센불로 끓인다.
4. 불을 끄고 소금으로 간을 맞춘다.

미나리발효액

미나리찜

재료

미나리 200g, 생태 2마리, 팽이버섯 1봉, 홍고추 2개, 파 흰 부분 1대
소스 : 까나리액젓 5큰술, 고춧가루 3큰술, 다진파 1큰술, 다진마늘 1/2큰술, 설탕 1/2큰술, 고추기름 1큰술, 참기름 1큰술

만드는 법

1. 미나리는 뿌리와 잎을 떼고 5cm크기로 썬다.
2. 생태는 내장을 빼고 깨끗이 씻어 5cm크기로 썬다.
3. 홍고추는 어슷썰기 한다.
4. 분량의 재료를 넣고 소스를 만든다.
5. 볼에 미나리, 팽이, 홍고추, 소스를 넣은 뒤 무친다.
6. 식기에 생태를 담고 5를 얹은 뒤, 김이 오른 찜기에서 15분간 찐다.

미나리무침

재료

미나리 200g, 당근, 대파, 양념 간장 약간

효능

비타민이 풍부한 알칼리성 식품이며, 다이어트에 적합한 식품이다.

만드는 법

1. 미나리는 줄기만 골라서 깨끗이 씻는다.
2. 끓는 물에 살짝 데쳐 찬물에 헹군 후 물기를 꼭 짜서 4~5cm길이로 썬다.
3. 당근과 대파도 비슷한 크기로 썬다.
4. 준비된 재료를 양념장으로 골고루 무친다. 먹기 직전에 무치는 것이 좋다.

02 | Pimpinella brachycarpa Nakai

참나물

아니스/ 참반디나물/ 파드득나물

▲ 참나물의 잎

생김새 다년초로 높이 50~80cm로 자라며, 전체에 털이 없다. 뿌리에서 나오는 잎은 잎자루가 길며, 원대 궁에 올라가면서 잎자루가 짧아진다. 참나물은 파드득 나물에 비하여 꽃이 성글게 피는 복산형화서이다. 참 나물의 잎줄기는 붉은 것이 많다.

효능과 이용법 예부터 즐겨 먹어온 산나물의 하나 로, '샐러리' 와 '미나리' 의 향기를 합친 것과 같이 상 쾌하면서도 독특한 향기가 구미를 잃기 쉬운 봄철에 입맛을 되찾아주는 산나물이다.
참나물에는 비타민과 철분, 칼슘 등이 많이 함유되어 있어 영양가가 높다.

잎과 줄기
고혈압, 중풍을 예방하고 신경통과 대하증에도 좋으 며 지혈과 해열제로서의 효과도 있는 약용식품이다.

열매
방향성 정유가 있어 유럽에서는 최유약(催乳藥)으로 사용하며, 일본에서는 소스와 과자의 향료로도 사용 하고 있다.

참나물 식용법

• 주로 생채로 활용하며, 쌈과 샐러드로 이용 한다.

• 김치를 담그기도 하는데, 줄기가 자주색인 참나물로 담근 김치는 발그레한 국물이 우 러나 향기와 더불어 식욕을 증진시킨다.

• 일반적으로는 끓는 물에 살짝 데쳐서 나물 로 무침이나 볶음, 국거리 등으로 향미를 즐긴다.

▌아니스 Pimpinella anisum L.

▲ 아니스의 꽃

생김새 하엽은 넓고 잎가장자리에 결각이 있으며, 상엽은 코스모스 잎같이 얇고 섬모에 덮여 있다. 한 여름 유백색의 꽃이 산형화서로 핀다. 종자는 달걀꼴 모양 또는 장타원형이며 2분과가 밀착하는 상태로 결실한다. 성숙된 종자는 매우 더운 여름에 수확할 수 있는데 녹갈색이다. 중동 지방이 원산지이다.

효능과 이용법

소화 촉진, 월경 개선, 감기 해소

초기 로마 때부터 조미료, 기침 억제, 해독제, 소화제 등 다양한 용도로 이용되었다.

강한 감초향이 있어 오랫동안 향신료로 이용되었으며, 완전히 성숙되었을 때는 잎을 따서 양념 또는 샐러드의 소스로 이용한다. 비누와 스튜의 조미료로도 이용된다.

▌참반디나물 Sanicula chinensis 산근채

▲ 참반디나물의 잎

생김새 다년생 식물로 깊게 갈라지고, 손바닥모양의 잎은 땅밑근경에서 해마다 생겨난다. 작고 하얀 꽃은 날씬한 꽃대에서 태어나고 높이는 0.4m 정도 다음 뒤를 이어 빽빽하게 열매가 나온다.

▌파드득나물 Cryptotaenia japonica 반디나물

▲ 파드득나물의 잎

생김새 다년초로 높이 30~50cm로 자라며, 식물채에 털이 없고 독특한 향기가 있다. 뿌리는 굵고 육질이며 수염뿌리가 많이 난다. 고온과 장일하에서는 추대하는 성질이 있다.

파드득나물의 잎은 윤채가 난다. 키는 참나물보다 작고, 자생지는 계곡이나 늪가 같은 습지이다. 꽃이 빽곡히 원을 이루어 피므로 쉽게 구별된다.

효능과 이용법

건뇌와 시력 향상

파드득나물에는 신경계의 기능을 정상화하는 작용이 있다. 민간에서도 신경통이나 류마티스의 치료에 또 머리의 기능을 좋게 하기 위하여 많이 사용된다. 비타민A와 C의 함량이 많기 때문에 피부의 대사를 활발하게 함과 동시에 눈동자를 아름답게 하고 시력을 향상시킨다.

빈혈과 심장병 예방

조혈을 촉진함과 동시에 혈액을 알칼리성으로 하여 순환을 원활하게 하기 때문에 빈혈이나 심장병 예방도 효과가 있다.

불면증

신경의 흥분을 가라앉히기 때문에 초조감이 없어지고 안면할 수 있게 한다.

파드득나물 식용법

- 부종 : 생잎을 주물러서 환부에 붙인다.
- 숙취 : 생파드득나물을 된장에 찍어 먹는다.
- 류마티스, 신경통, 시력 향상, 조혈, 혈액순환 촉진, 불면증, 해독 작용 :
  여름에 전초를 채집해서 뿌리째 건조해 끓여 마신다.

| 03 | Heracleum moellendorffii Hance |

어수리

단모독활(單毛獨活), 토당귀(土當歸)

▲ 어수리의 꽃

생김새 높이 70~150cm 정도까지 자라며, 원줄기는 속이 빈 원추형(圓錐形)이다. 굵은 가지는 갈라지고 털이 나 있다. 뿌리에서 나는 잎과 밑부분의 잎은 크고 잎자루가 있으며, 깃털 모양이다. 3~5개의 잔잎으로 되어 있고 뒷면과 잎자루에도 털이 나 있다. 꼭대기 찬 잎(頂小葉)은 원심형(圓心形)이며 세 개로 깊이 갈라지고, 옆잔잎(側小葉)은 넓은 계란형 또는 삼각형이며 2~3개로 갈라진다. 길이는 7~20cm 정도이며 열편(裂片)은 끝이 뾰족하고 결각상(缺刻狀)의 톱니가 있다. 겹우산 모양의 꽃차례는 가지 끝과 원줄기 끝에 달리며 20~30개의 작은 우산 모양의 꽃자루로 갈라져서 25~30개의 꽃이 매달려 핀다.

▲ 어수리의 잎

효능과 이용법

항암제

푸로쿠마린이 들어 있는 어수리는 유방암을 비롯한 여러 가지 암에 항암약으로 쓰이고 있다. 또한 항경련약, 항궤양약, 백선치료약으로도 두루 쓰인다.

노화 방지

항산화 효소가 들어 있어 노화 방지에 도움이 된다.

기타

신장과 담을 유익하게 하고, 풍과 통증을 없앤다. 고혈압, 몸에 난 종기, 심한 감기 몸살, 두통, 위장병, 당뇨 등에 약으로 처방한다.

어수리 식용법

- 뿌리를 5월 이전에 채취하여 그늘에 말려 사용하며, 말린 뿌리 10g에 물 약 700㎖를 붓고 달여 마신다.
- 당귀와 비슷한 향이 있어, 입맛 없을 때에 어린잎을 쌈으로 먹거나 된장이나 고추장에 무쳐 나물로 먹는다.

▲ 누룩치의 꽃

| 04 | Pleurospermum camtschaticum Hoffm. |

누룩치

왜우산풀, 개우산풀, 누리대

▲ 누룩치의 줄기와 잎

생김새 호남지방과 경기, 강원도 이북 심산 중턱의 양지에서 자라는 대형의 다년초로서 줄기는 굵고 높이 150cm에 이르며 속이 비어 있고 마디에 격벽이 없다. 밑부분의 잎은 긴 자루가 있으며 길이 20~40cm이다. 소엽은 깊게 갈라지고 가장자리에 잔톱니가 있다. 백색 꽃이 줄기 상부에 지름 15~30cm인 대형의 겹산형 화서를 이룬다. 화서 기부의 총포는 잘게 갈라지고 밑으로 처진다. 5개의 꽃잎은 끝이 안으로 굽으며 수술은 5개이고 꽃 밖으로 뻗는다.

효능과 이용법 연한 잎줄기를 생으로 고추장이나 된장에 찍어 먹거나 무쳐 먹는다. 된장이나 고추장의 맛이 떨어졌을 때, 누룩치 나물로 장아찌를 담가 먹으면 장맛이 좋아진다.

성분을 보면 누룩치와 유사한 양채류인 셀러리에 비해 탄수화물, 회분, 인 그리고 특히 비타민A가 많다. 또한 예부터 소화 및 식욕촉진 효과가 있다고 알려져 왔으며, 복통 치료제로 사용되었다. 산모가 먹으면 젖이 잘 나오게 하고, 소화력을 향상시키며, 콜레스테롤을 생성을 저하시키는 기능도 있는 것으로 확인이 된 우수한 식물이다. 항종양성 푸로쿠마린인 페우세다닌이 함유되어 있어유방암을 비롯한 각종 암 치료제로의 응용도 가능하다.

누룩치 주의점

뿌리는 독성이 매우 강하므로 식용하지 않도록 한다. 약용으로 사용할 때는 반드시 법제를 하여 전문가와 상의해야 한다.

▲ 왜우산풀의 꽃

미나리과

• 약용 •

맛과 향이 우러나는
자연의 건강식품

| 01 강활 | 02 방풍 | 03 바디나물 | 04 시호 | 05 사상자 | 06 천궁 | 07 회향 |

| 08 구릿대 | 09 전호 | 10 고본 | 11 병풀 | 12 피막이풀 | 13 참당귀 |

01 Angelica koreana L.

강활 108 ③

강호리

▲ 강활의 꽃

▲ 강활의 잎

생김새 높이는 약 2m로 곧게 서며 윗부분에서 가지를 친다. 잎은 어긋나고 잎자루를 가지며 3장의 작은 잎이 2회 깃꼴로 갈라진다. 작은 잎은 넓은 타원형 또는 달걀 모양으로 끝이 뾰족하고 가장자리에 깊게 패인 톱니가 있다. 작은 잎자루는 올라가면서 짧아지고 잎자루 밑 부분이 넓어져 잎집이 된다.

효능과 이용법

감기, 두통, 신경통, 류머티즘 관절염, 중풍 치료
한방에서는 뿌리를 뼈마디가 아프고 팔다리가 저리는 (풍습) 통증의 약재로 사용한다.

악성 감기, 두통 등의 염증 치료
뿌리를 잘게 썰어 하루에 6~12g 정도를 달여 세 번에 나누어 마신다.

기타

땀이 나지 않아 갑갑할 경우 땀을 흘리게 하며, 목 뒤와 등허리 등 온몸이 지끈지끈 아픈 듯이 불쾌한 증세에 뿌리를 달여 마시면 몸이 가뿐해진다.

지리강활 Angelica purpuraefolia

생김새 잎은 한줄기에 3개로 갈라지고, 갈라진 줄기에서 다시 3개로 갈라져 갈라진 가지마다 9개의 잎으로 되어 있으며, 잎의 가장자리에 톱니가 있고 잎이 당귀보다 좁다. 잎 뒷면의 색이 앞면의 색보다 흰색이 많다. 상처 난 잎에서는 역겨운 냄새가 난다. '개당귀' 라 부르기도 한다.

▲ 지리강활의 잎

지리강활 주의점

• 뿌리를 먹으면 눈이 충혈되면서 얼굴이 붉어지고 경련을 일으키며 즉사하거나, 1~2시간 정도 지나면 목숨을 잃는다.

• 이때에는 녹두가루를 물에 타서 마시거나, 칡즙이나 칡 줄기즙을 먹으면 해독이 된다. 해독재료가 없을 경우에는 토하게 한다.

02 Peucedanum terebinthaceum Fischer

방풍 108 ❶

기름나물/ 갯기름나물/ 갯방풍

▲ 기름나물의 잎

생김새 양지바른 산기슭에서 자란다. 줄기는 곧추서고 가지가 많으며 높이는 30~90cm이다. 잎은 어긋나고 긴 잎자루가 있으며, 끝이 뾰족하고 넓은 달걀모양이다. 작은 잎은 넓은 달걀모양 또는 삼각형이고, 밑쪽으로 흘러서 날개처럼 되며 다시 깃꼴로 깊게 갈라지고 결각과 뾰족한 톱니가 있다. 7~9월에 백색 꽃이 가지 끝과 줄기 끝에 복산형꽃차례를 이루며 핀다. 열매는 납작한 타원형이며, 길이 3~4mm로서 털이 없고 뒷면의 능선이 실같이 가늘며, 가장자리가 좁은 날개모양이다.

효능과 이용법 잎과 뿌리에 탄닌, 쿠마린, 약간의 사포닌이 있고, 전초에는 정유가 있다. 뿌리를 류마티스, 감기, 상기도 염증, 부자 중독에 독풀이 약으로 사용한다. 방풍의 대용으로 쓰기도 한다.

▌갯기름나물 Peucedanum japonicum
식방풍, 미역방풍

▲ 갯기름나물의 꽃

생김새 줄기는 곧게 60~100cm로 자라며 가지를 친다. 잎은 호생하며 긴 잎자루가 있고 회록색으로 2~3회 우상복엽으로 다소 두텁다. 6~8월에 가지 끝에 흰 잔 꽃이 복산형화서로 핀다. 열매는 8~10월에 익는데 5mm 정도 크기의 납작한 타원형으로 갈색으로 익으며 유선(油線)이 있다. 식물 전체에 향기가 있다. 땅 속 뿌리는 굵고 목 부분은 섬유질이 많다. 제주도, 울릉도, 남부해안의 섬 등에 자생한다.

▲ 갯기름나물의 잎

효능과 이용법

풍증 치료
사지의 근육경련과 중풍으로 인한 반신불수, 마비동통 등에 효험이 있다.

자양강장제
폐결핵, 폐염, 기관지염, 가래, 기침, 간질, 폐암, 불임증, 관절염, 소아마비, 나병, 요통, 신경통 등에 두루 효험이 있다.

감기로 인한 발열, 두통, 안면신경마비, 중풍 치료
물 1.8ℓ 에 약재 한 줌 정도 넣어 달여서 물이 반으로 줄어들면 1일 3회에 나누어 마신다.

▲ 갯방풍의 꽃

갯기름나물 이용법

- 잎과 줄기는 살짝 데쳐서 나물로 무치거나 볶아서 먹으며, 튀김요리, 마요네즈에 샐러드로도 이용한다.
- 잎과 줄기를 썰어 말렸다가 차로 이용한다.
- 열매는 과실주를 담으며, 뿌리는 그늘에 말려 사용한다.

▌갯방풍 Glehnia littoralis Fr. Schm
해방풍, 빈방풍

생김새 잎자루는 길고 잎은 깃꼴겹잎으로 삼각형 또는 달걀 모양 삼각형이다. 작은 잎은 타원형으로 두껍고 윤이 나며, 가장자리에 톱니가 있다. 바닷가의 모래땅에서 자란다. 전체에 흰색 털이 나고 뿌리는 모래 속에 깊이 묻히며 높이는 20cm 정도이다. 열매는 달걀 모양으로 길이 4mm로 긴 털로 덮여 있다.
한국, 일본, 타이완, 중국, 쿠릴열도, 사할린섬, 오호츠크해 연안 등지에 분포한다.

효능과 이용법 땀을 나게 하여 몸의 풍사를 제거하고, 몸속의 습(濕)을 제거하고, 통증을 가라앉히는 효과가 있다. 감모로 인한 두통, 어지러움, 뒷목이 뻣뻣함, 몸이 저리는 증상, 골절이 매우 시리면서 아픈 경우, 사지에 경련이 일어나는 경우, 파상풍 등에 다양하게 이용된다.
단독 처방보다는 복합처방에 매우 다양하게 응용되는 약재이다. 특히 체질이 뚱뚱하다거나 비만한 체질에 많이 응용하고 있다. 뿌리를 말린 것을 '해방풍'이라 하여 한방에서 발한, 해열, 진통약으로 쓴다.

폐기종
갯방풍의 열매 또는 뿌리 5~6g을 1회 분량으로 끓여 1일 2~3회 10일 정도 먹는다. 복용 중에는 황기를 금한다.

뇌일혈
갯방풍의 뿌리 또는 씨 5~6g을 1회 분량으로 달여 하루 2~3회씩 3~4일 복용한다.

피부 가려움증
갯방풍 열매나 뿌리 6g을 1회 분량으로 달여 4~5회 복용한다.

03 Angelica decursiva F. et S.

바디나물

화전호, 독경근, 사향채

▲ 바디나물의 꽃

생김새 전국의 산지 숲 속이나 골짜기 냇가의 응달에서 자라는 여러해살이풀이다. 줄기 높이는 80~150㎝이며 세로로 줄선(조선)이 있으며, 상부에서 가지가 갈린다. 근경이 짧고 뿌리가 굵다. 근생엽과 밑부분의 잎은 잎자루가 길며 삼각상 넓은 난형이고 깃 모양으로 갈라진다. 잎이 흘러 날개모양이 된다. 윗부분의 잎은 작지만 잎자루는 이에 비해 작지 않으며, 도란형의 엽초로 되고 흔히 자줏빛이 돈다. 꽃은 복산형화서로 짙은 자주색 꽃이 산형으로 핀다. 열매는 타원형이며 편평하고 길이가 5㎜되며 좌우에 날개 모양이 있다.

효능과 이용법

발산, 퇴열, 화담, 지해 작용

풍한 또는 풍열 감기로 인해 생기는 해수와 담다(痰多)를 치료한다. 발산과 해열작용은 시호와 유사하다.

마황이나 형개에는 미치지 못하므로 반드시 신온하고 발산력이 강한 약과 배합해 사용한다.

평기, 지구 작용

진피, 지각, 두시를 더해 따뜻하게 끓여 복용하면 산한, 지구, 식욕증진에 효과가 있다.

급성 기관지염

전호에 행인, 길경, 박하를 배합해 사용하면 초기의 급성 기관지염에 좋다.

인후에 열이 있을 때

인후에 종통이 있고 건조하여 진액이 부족할 경우 원삼, 길경, 산두근을 배합해 사용한다.

「본초강목」

"성질이 약간 차고 맛은 맵지만 독은 없다. 모든 허로를 다스리고 기를 내리며, 몸 속에 담이 찬 증상과 속이 막힌 증상을 다스린다. 또한 기침을 그치게 하며 위를 열어 주고 음식을 내리게 한다."

▲ 바디나물의 잎

04 Bupleurum falcatum L.

시호 108 ❶

북시호, 묏미나리

▲ 시호의 잎과 줄기

생김새 줄기는 곧게 서고 가늘고 길며, 털은 없으며 키가 40~70㎝로서 상부에서 많은 가지가 갈라진다. 뿌리에 나온 잎은 밑부분이 좁아져서 잎자루처럼 되며 길이가 10~30㎝이고 줄기에서 나온 잎은 넓은 선형 또는 피침형이며 길이가 4~10㎝로 평행맥이 있다. 꽃은 8~9월에 피며 황색이고 원줄기 끝과 가지 끝에 우산대 모양 같이 방사상으로 갈라진 꽃자루에 소형의 노란꽃이 달린다. 뿌리는 굵고 짧으면서 구부러지고 외면은 암갈색, 내면은 황색이다. 가로로 주름이 나고 잔 뿌리털이 많이 있다.

효능과 이용법

염증 치료

사포닌, 지방유가 들어 있어 종기나 염증을 없애고 알레르기를 개선하는 작용을 한다.

해독 작용

간에 쌓인 독을 풀고 통증이나 기침을 멎게 해 황달, 늑막염, 신장염 같은 질병을 치료하며, 암을 억제하는 기능도 있다.

해열 작용

열의 높고 낮음이 일정치 않고 아침, 저녁으로 변동할 때, 그리고 발열이 수반되지 않는 오한과 오한을 수반하지 않는 발열이 교대로 나타날 때 사용한다.

전염성 간염 치료

두 눈과 피부가 황색이 되고, 경미한 오한, 발열이 있으며 옆구리에 누르는 것과 같은 통증, 전신에 무력감이 들 때 사용한다. 만성간염으로 간이 커지고 붓는데 사용하면 염증과 간의 종대를 없앨 수 있다. 울금, 백작약, 사인 등을 배합해서 쓴다.

개시호

큰시호라고도 한다. 높이 40~150㎝이다. 꽃은 노란색으로 가지 끝에 핀다. 비슷한 종으로는 '시호'와 '좀시호'가 있다. 어린 잎은 식용하며 한방에서는 뿌리를 열감기와 어지럼증 등에 처방한다.

시호는 개시호에 비해 잎이 피침형으로 더욱 가늘며, 잎이 줄기를 감싸지 않는다.

05 | Torilis japonica DC.

사상자 108 ❶

뱀도랏

▲ 사상자의 잎

생김새 마치 뱀들이 웅크리고 있는 형상의 풀이라 해서 '사상자(蛇床子)'라 하며, 새를 뱀이 즐겨 먹는다해서 '뱀밥풀', '배암도랏'이라고 부른다. 키는 30~70㎝이고 전체에 잔털이 있다. 잎은 서로 어긋나고 2~3회 깃 모양으로 갈라지며 잎자루 밑둥은 줄기를 감싼다. 줄기 상부에서 방사상으로 갈라진 가지마다 5~10개 작은 흰꽃이 겹산형화서를 이룬다. 총포엽은 4~8개이며 선형으로 길이가 1㎝ 정도이고 작은 총포는 선형으로 작은 꽃대에 붙어 있다. 꽃잎은 5개로서 바깥 것 한 개가 특히 크며, 수술은 5개이고 암술대가 2개로 갈라져서 밖으로 굽는다. 열매는 분과로서 4~10개씩 달리고 피침형이며 갈고리 모양의 가시털이 있으며 녹색이 도는 흑색이다.

효능과 이용법

양위의 초기

토사자와 오미자를 가미한 '삼자황'을 복용한다.

불임

부인의 체력이 약해 병이 많고 자궁이 차서 생긴 불임에 사용한다.

다뇨, 유뇨

사상자의 수삽 작용이 도움이 된다. 토사자, 보골지, 상표초를 가미한다.

백대하

사상자는 트리코모나스(Trichomonas)균을 죽이는 작용을 한다. 부인의 백대하가 많아지면 사상자를 군약으로 하여 각종 소염, 청습약을 가미해 외부를 잘 닦아주면 좋다.

발기 불능

토사자, 사상자, 오미자 각 같은양을 가루내어 꿀을 넣고 벽오동씨 만한 크기의 환을 지어 1회 30알, 1일 3회 복용한다.

음낭 습진

사상자 19g의 탕액으로 음부를 씻는다.

▲ 사상자의 꽃

사상자 어린 순 무침

사상자주

성기능 감퇴, 피로, 발기 부전 치료에 효능이 있다.

재료
사상자 150g, 소주 1000㎖, 설탕 100g, 꿀 50g

만드는 법

1. 사상자를 그대로 용기에 넣고 20도의 소주를 붓는다.
2. 밀봉하여 시원한 곳에 보관한다.
3. 하루에 한 번 액을 가볍게 흔들어 준다.
4. 1주일 후에 마개를 열어 액은 천으로 걸러 용기에 다시 붓고 설탕, 꿀을 넣어 녹인다.
5. 4에 생약 찌꺼기 약 1/10을 넣고 밀봉한 다음 시원한 곳에 보관한다.
6. 1개월 후에 개봉하여 천 또는 여과지로 액을 거른다.
7. 식사 전이나 식사 사이, 공복에 20㎖ 정도 마신다.

사상자차

습한 기운과 균을 함께 제거하는 작용을 하여, 음위, 자궁허한 뿐만 아니라 낭습증, 냉대하, 음부소양증 등에 두루 쓸 수 있다.

재료
사상자 30g, 물 500㎖

만드는 법

다관에 사상자와 물을 넣고, 달여 3~5번에 나누어 마신다.

주의할 점
조성이 있기 때문에, 피부가 건조하거나 마른 사람이 장기간 복용하는 것은 바람직하지 않다.

06 Cnidium officinale Makino

천궁 108 ❶

궁궁이풀

▲ 천궁의 잎

생김새 높이 30~60㎝이고 곧추 자라며 가지가 갈라진다. 잎은 서로 어긋나고, 2회 우상복엽이며, 근생엽은 엽병이 길고 경생엽은 위로 올라갈수록 점차 작아지며 밑부분이 엽초로 되어 원줄기를 감싸고 소엽은 난형 또는 피침형으로서 결각상의 톱니와 더불어 예리한 톱니가 있다. 꽃은 8월에 피며 가지 끝과 원줄기 끝에서 큰 산형화서가 발달한다. 꽃잎은 5개이며 안으로 꼬부라지고 흰색이며 5개의 수술과 1개의 암술이 있다. 열매가 익지 않는다.

원산지는 중국이며, 한국 및 일본에서 흔히 재배한다.

효능과 이용법

보혈과 조경 작용
천궁에 당귀, 숙지황, 백작약을 배합한 '사물탕'으로 보혈과 양혈을 한다.

혈액 순환
천궁은 혈관을 확장하고 혈액의 유통을 정상화하며, 혈액순환을 좋게 하고 혈소판의 응집을 방지한다.

빈혈, 월경 불순 치료
기혈을 잘 순환시켜 통증을 멈추게 하고 경로가 원활하게 한다. 어혈로 진액이 부족하여 월경 불순이 오면, 천궁에 당귀, 숙지황, 백출, 당삼을 배합해 혈액을 충족시킨다.

뇌일혈, 뇌혈전에 의한 반신불수 치료
적작약, 도인을 배합해 쓰면 어혈을 용해 · 흡수하여 혈류를 원활하게 한다.

좌골신경통 치료
풍습을 일으키는 신경통의 통증을 없앤다. 도인, 홍화, 우슬을 가미해 사용한다.

혈색 이상과 덩어리 출혈 방지
월경 전이나 월경기간 중에 아랫배가 아프고 혈색이 암자색인 경우와 핏덩이가 섞여 나오면, 당귀, 적작약, 향부자를 가미해 사용한다.

▲ 천궁의 꽃

07 Foeniculum vulgare Mill

회향 108 ❶

펜넬, 소회향

▲ 회향의 꽃과 줄기

▲ 회향의 꽃

생김새 원줄기는 둥근 기둥 모양이며 녹색이다. 뿌리에서 모여 나온 잎은 잎자루가 길지만 위로 올라갈수록 짧아지며 잎자루 부분이 넓어져서 칼집 모양이 된다. 줄기에서 나온 잎은 3~4회 깃털 모양으로 갈라지며 갈래는 선형이다. 노란색 꽃은 7~8월에 피고 원줄기 끝과 가지 끝에서 큰 복산형화서가 펼쳐진다. 열매는 9~10월에 달린다.

남부유럽이 원산지로 알려져 있으며, 지중해 연안과 북인도 등에 자생종이 있다.

효능과 이용법 회향에는 비타민C와 카로틴, 무기염류가 많이 함유되어 있다. 한방에서는 주로 열매를 약으로 쓴다.

크기에 따라 종류를 나누는데, 크기가 큰 것을 '대회향' 이라 한다. 이것은 주로 중국 요하성에서 자생한다.

작은 것은 '소회향' 이라 하며, 요하성 이외의 지역에서 나는 것을 말한다. 지금은 중국에서 수입되는 것을 '대회향' 이라 부르고 우리 나라에서 자생하는 것을 '소회향' 이라 한다. 대회향은 구하기가 어렵고 중국 남부나 베트남에서 나는 붓순나무의 '팔각회향 (Illicium verum Hook. F.)' 을 '대회향' 으로 부른다.

시력 보호
눈에 좋다는 것은 정평이 나 있으며, 시력의 감퇴, 염증을 일으킨 눈의 세안액으로 이용된다.

해독 작용
뱀에 물렸을 때에 해독제로 쓰인다.

거담, 진경, 소염 작용
쉰 목소리, 카타르, 입 냄새, 천식, 두통, 현기증, 우울증, 월경이 늦어지는 것 등을 치료하며, 수유기 여성의 젖 분비를 촉진하기도 한다.

▲ 개회향의 잎

회향 이용법

- 회향은 2,000년이 넘게 요리와 약재로 사용 되었다. 초기 그리스에서는 아티카 비밀의식 에 참여한 사람들이 이 식물로 만든 화관을 썼고, 운동선수들은 건강식과 체중 조절용으로 회향의 씨를 복용하였다.

- 순하고 부드러운 진정효과를 지닌 회향으로 차를 만들면, 기침·복부팽만·복부경련· 아동과 유아의 배앓이 등의 치료에 효과가 있다.

- 샐러드, 스프, 소스 등에 부드러운 치즈를 곁 들여 향신료처럼 첨가한다. 또한 소화를 돕 기 때문에 장어, 고등어 등 기름이 많은 생선 의 비린 맛을 없애 준다(프랑스의 프로방스 지방에서는 풍미를 더하기 위해서 생선을 마른 회향 줄기 위에 놓고 익히기도 한다).

- 특유의 향이 있기 때문에 방충제와 화장품으로도 이용되며, 비누·샴푸 등에 넣으면 매우 자극적인 향을 느낄 수 있다.

▌펜넬 Foeniculum Vulgare Mill.

생김새 지중해 연안 원산의 다년초이다. 크게 자라 면 1.5m 정도이며, 딜(Dill)과 닮은 밝은 녹색의 가벼 운 잎, 우산같이 노랗고 큰 꽃이 특징이다. 꽃은 여름 에 피고, 가을에는 아니스와 비슷한 향기가 나며 종 자를 맺는다. 종자·줄기·잎의 식물 전체를 이용할 수 있는 폭넓은 허브이다.

향신료 펜넬(Foeniculum Vulgare var. Dulce)과 채 소용 펜넬(F. Vulgare var. Azoricum)으로 나눈다.

▲ 브론즈펜넬의 잎

향신료 펜넬은 여러해살이 또는 2년생 식물로 높이 는 0.9~2m 정도이다. 주로 종자를 채취하며 정유를 짜는데 이용한다. 종자는 매우 큰 것이 길이 19.4mm, 폭 2.7mm이며 향기가 좋은 것이 특색이 다. 채소용 펜넬은 1년생으로 엽병의 아랫부분 10cm 정도가 폭 5~6cm로 비대하여 구(球) 같은 형태를 이 루는데, 이 부분을 채소로 식용한다. 키는 30~40cm 정도 되면 잎 끝은 몹시 가늘게 갈라져 있다.

효능과 이용법 펜넬의 종자는 약용으로만 사용되 며, 종자를 우려낸 차는 약효가 풍부하여 통증과 감 기 치료제로 널리 사용되었다.

시력 향상
시력 감퇴, 염증을 일으킨 눈의 세안액으로 이용될 정도로 눈에 이롭다.

소아의 복통 치료
어린 아이들의 체증을 치료하고, 소화를 돕는다.

▲ 브론즈펜넬의 꽃

08 Angelica dahurica B. et H.

구릿대 108 ❶

백지, 대활, 흥안백지, 독활, 굼배지

▲ 구릿대의 새싹

구릿대 주의점

너무 많은 양을 달여 쓰면 독미나리와 비슷한 성질이 생겨나서 마비증세를 일으키는 경우가 있다. 또한 구릿대를 말려서 보관할 때에는 해충이 붙는 경우가 많으므로 유의해야 한다.

▲ 구릿대의 꽃

생김새 전체에 털이 없고 땅속줄기는 굵으며 수염뿌리가 많다. 줄기의 높이는 1~2m 정도이고 줄기는 곧게 선다. 뿌리에서 나는 잎과 밑 부분의 잎은 잎자루가 길다. 잎은 어긋나고 깃 모양의 겹잎이 2~3회 나오고, 가장자리에 예리한 톱니가 있고 뒷면에 흰빛이 돌며 위로 올라갈수록 잎이 작아진다. 꽃은 6~7월에 줄기 끝에서 나오며 길이가 같은 꽃자루들이 우산 모양으로 늘어선 꽃차례에 작은 흰 꽃이 촘촘히 핀다. 뿌리는 짧은 주근으로부터 많은 긴 뿌리가 갈라져 대체로 방추형을 이룬다.

효능과 이용법

두통

천궁, 만형자, 백강잠 등을 섞어 복용한다.

유방암

과루인, 몰약, 패모를 배합하여 치료한다.

▲ 구릿대의 씨앗

발열이나 오한이 있고 땀과 두통이 없을 경우

백지에 세신, 방풍, 강활, 박하, 곽향 등을 배합하여 사용한다.

종기 초기에 발적이나 종열로 통증이 일어날 경우

백지, 금은화, 황금 등을 사용한다. 내복과 외용 모두 좋다.

09 Anthriscus sylvestris Hoff.

전호 108 ③

아삼, 자화전호, 백화전호

▲ 전호의 잎

생김새 다년초이며 어린 모종일 때는 당근 잎과 흡사하다. 줄기는 곧게 60~100㎝로 자라며, 녹색으로 듬성듬성하게 가지를 친다. 잎은 잘게 찢어진 우상복엽으로 선록색이다. 6~7월에 줄기 끝에 복산형화서로 흰색 잔 꽃이 많이 핀다. 꽃이 진후에 피침상 원추형의 삭과가 결실한다. 근경은 굵은 육질로써 여러 가닥으로 갈라지며 실뿌리가 난다.

일본과 중국, 사할린, 시베리아, 중앙아시아, 동부 유럽에도 분포한다. 바디나물을 '자화전호', 기름나물을 '백화전호' 라 하여 대용하기도 한다.

효능과 이용법

평기, 지구작용

진피, 지각, 두시를 더해 따뜻하게 끓여 복용하면 산한, 지구, 식욕증진에 효과가 있다.

풍한 또는 풍열 감기로 인해 생기는 해수 치료

전호의 발산과 해열작용은 시호와 유사하다. 마황이나 형개에는 미치지 못하므로 반드시 신온하고 발산력이 강한 약과 배합해 사용한다.

기타

민간에서는 뿌리를 류마티스, 감기, 상기도 염증, 부자 중독에 독풀이 약으로 이용하였다. 방풍의 대용으로 쓰기도 한다.

전호에 함유되어 있는 '페우쎄다닌' 성분을 분리하여 항암약으로 이용한다.

전호 이용법

- 이른 봄에 어린 순과 잎, 줄기 등을 산나물로 이용한다. 전호의 잎은 당근 잎과 흡사한데, 연하기 때문에 꽃이 필 때까지 줄기와 순을 이용한다.
- 생(生)으로 튀김을 만들거나, 살짝 데쳐서 나물로 무치기도 하고, 볶음이나 찌개 국거리 등 다양하게 조리할 수 있으며, 삶아서 말렸다가 묵나물로도 이용한다.

▲ 전호의 꽃

10 | Angelica tenuissima Nakai

고본 108 ❶

미경, 지신, 울향, 귀경

▲ 고본의 꽃이 진 모습

▲ 고본의 꽃

생김새 전국의 깊은 산골에서 자생하고 있는데, 특히 강원도 및 경상북도의 해발 600m 이상의 고랭지대에서 주로 많이 자라고 있다. 여러해살이 초본으로 초장은 40~80㎝정도 곧게 자라며 향기가 강한 약초이다. 잎은 뿌리 잎과 3회 깃털 잎으로 가늘게 갈라지며, 꽃은 백색으로 8~9월에 피고, 종자는 10월에 맺는다.

효능과 이용법

갑작스러운 풍습병

풍습병으로 두통이 매우 심하고 사지가 피곤하고 가슴이 미어지는 증상이 나타나면 고본을 군약으로 쓰고 방풍, 백지, 창출을 배합하여 복용한 후, 발한시켜 통증을 멎게 한다.

풍습성 관절염

초기에 통증이 있을 경우 독활, 방풍, 으아리, 당귀와 배합하여 상복하면 좋다.

위경련

위가 차서 심한 통증이 일어나고, 쓴물을 토하고 딸꾹질을 할 경우에 향부자, 곽향, 후박을 배합하여 복용한다.

「동의학 사전」

"우리나라 중부와 북부에 깊은 산골짜기에서 자란다. 봄 또는 가을에 뿌리를 캐서 물에 씻어 햇볕에 말린다. 맛은 맵고 쓰며 성질은 따뜻하다. 방광경에 작용한다. 풍한을 없애고, 통증을 멈추며, 새살이 잘 살아나게 한다. 풍한두통, 풍한표증, 치통, 창상, 옴 등에 쓴다. 하루 4~8g을 달여서 먹는다. 외용약으로 쓸 때에는 짓찧어 붙이거나 달인 물로 씻는다."

▲ 고본의 씨앗

11 Centella asiatica (L.) urban

병풀

고투콜라, 붕대완, 말굽풀, 적설초

▲ 병풀의 잎

생김새 2mm 정도의 짙은 홍자색 꽃 2~5개가 길이 2~8mm의 꽃자루 끝에 달리나 거의 눈에 띄지 않는다. 마디에서 뿌리도 내린다. 잎은 타원형이고 지름이 2~5cm이며 톱니가 없고 잎자루 길이는 4~20cm이다. 원산지는 아프리카 동부의 마타가스카이며, 인도와 스리랑카 등지에 분포한다.

효능과 이용법

피부궤양과 외상 치료

피부궤양, 광범한 외상치료, 피부정맥, 노장성궤양, 미란성피부궤양, 결핵성피부병변, 한성원형탈모증 등에 효과가 있다.

불안 신경증 치료

정신 기능과 기억력을 증진시킨다.

감기의 예방과 치료

발열과 두통 증상이 있는 경우에, 병풀, 금은화, 연교, 생강과 흑설탕 약간을 전탕하여 복용한다. 가정에서 감기예방용으로 사용된다.

이뇨거습 작용

신장염, 요도염, 방광염으로 인한 소변적색증과 혈뇨 등의 증상이 있는 경우에, 병풀, 차전자, 통초, 금은화를 전탕하여 복용한다.

요도의 자통 진정

병풀, 차전자, 황련을 전탕하여 복용한다.

병풀 추출물

'고투콜라 추출물' 이라고도 불리는데, 상처의 흔적 제거, 여드름, 아토피에 효과적으로 동양에서 약용식물로서 널리 사용되었다. 피부재생효과로 각광받고 있는 성분으로서 상처치유 작용및 혈액순환 촉진 효과, 잔주름 방지효과가 매우 탁월한 것으로 알려져 있다.

▲ 병풀의 잎

12 Hydrocotyle Sibthorpioides Lam.

피막이풀

천호유, 아불식초, 지혈초

▲ 피막이풀의 잎

▲ 피막이풀의 잎

생김새

잎은 호생하며 엽병은 길고 신장상 원형이며 밑은 심장형이고 얕게 7~9개로 갈라지며, 갈래는 이 모양의 톱니로 된다. 꽃은 7~8월에 피고 흰색 또는 자주색이며 엽액에 3~5송이씩 산형화서로 달리고 화축은 길며 잎보다 짧다. 전체에 털이 없고 줄기는 땅 위로 뻗는다. 꽃은 여름에 피고 모여서 둥글게 되며 연한 녹색이다.

효능과 이용법

지혈 작용

피막이풀의 잎은 피를 멈추게 하는 데 탁월한 효과가 있다. 덜 자란 줄기, 잎을 짜낸 즙을 외용한다.

이뇨, 해독, 소종 등의 효능

소변이 잘 나오지 않는 증세와 신장염, 신장결석, 간염, 황달, 인후염 등을 치료하며, 백내장이나 악성 종기에도 잘 든다.

전초를 건조시켜서, 10~15g을 1회 분량으로 해서 물 400cc에 1/3 정도 되도록 달여 복용한다.

폐의 기능 보호

폐의 경락에 풍열이 차서 생기는 모든 증상에 효능을 보인다.

꽃이 피고 있을 때 채취하여 말린 잎을 1회에 3~6g씩 달여서 복용한다.

피막이풀과 병풀

서로 잎 모양이 다르며, 병풀은 마디에서 뿌리가 내리고 비늘잎 겨드랑이에서 잎이 돋는 것이 피막이풀과 다르다.

▼ 병풀의 잎

13 Angelica gigas Nakai

참당귀 108 ①

당귀, 승검초, 신감초

▲ 참당귀의 꽃

▲ 참당귀의 새싹

생김새 당귀는 굵은 뿌리에서 원줄기가 자라며 키는 80~90㎝ 정도이다. 전체에 털이 없고 줄기와 잎자루는 자줏빛을 내며 줄기는 곧게 선다. 잎은 진녹색으로 어긋나고 2~3회 삼출복엽으로 3~5갈래 갈라진다. 갈라진 잎은 긴 타원형으로 끝이 뾰족하고 가장 자리에 날카로운 톱니가 있다. 꽃은 8~10월에 겹으로 된 큰 산형화서(傘形花序)가 가지 끝과 원줄기 끝에서 발달하여 15~20개로 갈라지고 끝에 20~40개의 자주색의 작은 꽃이 평면상으로 총총히 핀다. 열매는 분과로서 타원형이고 날개가 넓다. 뿌리는 짧으나 비대하며 잔뿌리를 많이 달고 있다.

효능과 이용법 당귀는 여성을 위한 약초라고 할 만큼 각종 부인병에 효과적이다. 방풍의 대용으로 쓰기도 한다.

효능과 이용법 뿌리가 약재로 쓰이는데, 방향성 정유와 설탕·비타민E 등이 함유되어 있다.

여성의 월경 이상 조절

월경이 불규칙하거나 모든 무기력증에 치료제로 사용한다. 월경과다에 조절효과가 있는데, 하수오, 지유탄, 측백탄을 배합하여 복용한다.

임산부의 보혈

당귀에는 안태의 효능이 있어 임신 3개월 전에 당귀를 복용하면 보혈로 신체를 건강히 하고 태아발육을 촉진하며 조산을 방지할 수 있다. 임신 후에는 유산의 징후가 없더라도 황기, 백작약, 하수오, 상기생을 배합하여 2주 정도 복용한다.

월경통 치료

어혈을 없애는 효능을 갖고 있어 월경통을 치료한다. 월경의 이틀 전부터 통증이 일어날 경우에 당귀미를 사용한다. 여기에 도인, 백작약, 익모초, 연호색, 금령자를 배합하여 복용한다.

▲ 참당귀의 잎

미용 효과

당귀 삶은 물은 예부터 여성의 피부를 희게 하는 약재로 유명하다.

기타

완화 작용도 있어서 변비를 치료하는데 효력이 크며 당뇨병의 혈당치를 낮추는 작용도 한다.

■ 일당귀 Angelica acutiloba Kitagawa

▲ 일당귀의 꽃

생김새 다년생 초본으로 키는 40~90cm 내외에 이르며, 약간 청량(淸凉)하고 비옥한 토지에서 자란다. 뿌리는 튼실하고 줄기는 자흑색이다. 잎은 어긋나고 2~3회 3출복엽(複葉)인데, 소엽(小葉)은 피침형이거나 또는 난상(卵狀) 피침형이다. 날카로운 톱니가 있고 그 끝은 뾰족하다. 꽃은 백색이며 6~8월에 피고, 복산형 화서이고 과실은 9~10월에 맺는다.

효능과 이용법 뿌리는 가을에 채취하여 건조시켜 생약으로 이용한다. 응용 범위가 넓은데, 최근에는 특히 면역 기능 이용하여 항암제 등에 사용된다.

빈혈과 활혈에도 쓰이는데, 특히 보혈과 구어에 사용되었다. 진통, 부인병 등에도 쓰여졌다. 월경불순, 요슬냉통, 신체동통, 강장에도 사용된다.

■ 안젤리카 Angelica archangelica L.

생김새 강건한 2년생 허브이다. 잎은 크고 복엽인데, 모두 작은 하나하나의 잎들로 덮여 있다. 꽃은 두텁고 윤기가 있으며, 화경은 움푹 패여 있다. 작고 푸른 흰 꽃은 둥근 꽃송이, 열매는 비교적 길고 편편하다. 원산지는 유라시아 대륙으로 추정된다.

효능과 이용법 뿌리 뿐만 아니라 포기 전체에 사향과 같은 향이 난다. 때문에 예부터 향수의 재료로 이용되었다.

건위 작용

식욕을 잃었을 때와 위경련, 헛배 부른 데 뿌리를 사용한다. 말린 뿌리와 뿌리 추출물은 알코올 음료 생산에 쓰이며, 만성 소화 장애 치료제의 조제 성분으로 이용하기도 한다.

감기 치료

잎을 따서 레몬과 꿀을 섞어 차로 마시면 초기 감기 치료에 효과적이다.

▲ 안젤리카의 잎

신선초 Angelica Utilis Makino

생김새 높이 약 1m이다. 뿌리줄기와 뿌리가 굵다. 줄기 윗부분에서 가지가 갈라진다. 뿌리에 달린 잎은 줄기 밑동에서 모여 나며 잎자루가 굵다. 1~2회 3장의 작은 잎이 나온 깃꼴겹잎이며, 작은 잎은 달걀 모양이거나 부정형인데 둘 또는 셋으로 갈라진다. 잎은 두껍고 연하며 짙은 녹색으로 윤기가 난다. 맨 위의 잎은 퇴화하여 부푼 잎집만 남아 있다. 줄기나 잎을 자르면 연한 노란색의 즙이 나온다.

꽃은 8~10월에 연한 노란색으로 피며, 꽃줄기 끝에 복산형꽃차례로 작은 꽃이 달린다. 열매는 타원형으로 길이 6~8mm이며, 좌우에 좁은 날개 모양의 능선이 있다.

▲ 신선초의 가지

▲ 신선초의 잎

효능과 이용법 비타민B1, B2, B12, C, 철분, 인, 칼슘 등이 많이 함유되어 있어 빈혈, 고혈압, 당뇨병, 신경통에 탁월한 효능이 있으며, 이뇨 완하, 강심 작용, 식욕 증진, 피로 회복, 건위 정장 및 신진대사를 도와서 병후, 산후, 냉증 등의 자양 강장 효과도 뛰어나다. 또한 탈모를 방지해주는 약초이기도 하다.

이뇨, 강심 완하 작용
신선초를 자르면 나오는 누런 즙을 복용한다.

보온 효과와 미용 효과
신선초로 목욕제를 만들어 사용한다.

고혈압 예방
5~7월에 딴 잎을 썰어서 말려 1일 20~30g을 달여서 차로 마시면 좋다. 변비에는 음식으로 먹거나 달여서 차로 마셔도 효험이 있다.

기타
모세혈관을 튼튼하게 하고 변통을 좋게하는 작용을 한다. 신진대사가 좋아지고, 산모의 젖이 잘 나오게 한다.

▲ 신선초의 잎

당귀주

당귀차

재료
당귀 10g, 물 300~500㎖

효능

부인의 냉증, 혈색 불량, 산전. 산후의 회복, 월경불순, 자궁 발육부진에 좋으며, 오랫동안 복용하면 손발이 찬 증상을 개선시킬 수 있다.

만드는 법

1. 당귀를 물에 씻어 물기를 뺀 후, 다관에 담고 물을 부어 끓인다.
2. 끓기 시작하면 불을 약하게 줄이고 은근히 오랫동안 달인다(생강을 첨가하면 더욱 좋다).
3. 건더기를 체로 걸러낸다.
4. 국물만 따라 내어 꿀이나 설탕을 타서 마신다.

당귀주

재료
당귀 1 : 설탕(꿀) 2 : 소주 3

효능

월경을 소통시키고, 월경통을 없애주며, 보혈, 활혈 작용이 있기 때문에 여자들에게 특효가 있으며 장복해도 좋다. 또한 각종 신경통을 다스린다.

만드는 법

1. 당귀는 잘게 썰어 사용한다.
2. 준비된 재료를 잘 혼합하여 용기에 넣은 후 밀봉해 저장한다.
3. 약 2개월 정도 지나면 숙성이 된다.
4. 하루 3번 식전, 식후에 데워서 매번 40~50cc씩 복용한다.

미나리과

• 허브 •

맛과 향이 우러나는
자연의 건강식품

01
고수

02
러비지

03
스위트
시슬리

04
시라자

05
챠빌

06
캐러
웨이

07
파슬리

01 Coriandrum sativum L.

고수 108 ❶
호유실, 빈대풀, 코리안더

▲ 고수의 꽃

생김새 고수는 지중해가 원산지인 산형과의 한해살이풀이다. 키는 30~60cm 정도되고, 원줄기는 곧으며 속이 비어있고, 가지가 약간 갈라지며 털이 없다. 근생엽은 잎자루가 길지만 위로 올라갈수록 짧아지며 밑부분이 모두 엽초로 된다.

밑부분의 잎은 1~2회 우상복엽이지만 위로 올라가면서 2~3회 우상으로 갈라지고 갈래가 좁아진다. 5~6월에 10개 정도의 흰색 꽃이 달린다. 열매는 둥글며 10개의 능선이 있고 향기가 난다. 잎에서는 비린내가 난다.

효능과 이용법 고수의 푸른색은 요리의 배색, 향기, 미각을 모두 좋게 하며 식욕을 증진시키기 때문에 음식에 많이 쓰인다. 또한 고수는 비린내를 제거하는 효과도 탁월하다.

유럽에서는 소스를 만드는 데에 향료로 이용하였다. 열매를 '호유자' 라 하여 건위제 · 고혈압 · 거담제로 쓴다.

홍역

마진이 발진하는 징후가 있으면서도 잘 나오지 않으면, 생호유 한 줌을 열탕에 담갔다가 즉시 꺼내 물기를 없앤 후 문지르면 발진을 돕는다.

고수 이용법

- 어린 잎은 말려서 카레 원료로 쓰며, 생선요리에 첨가하기도 한다.
- 열매는 깨소금처럼 이용하고, 고수풀은 초고추장에 찍어 먹는다.
- 줄기와 잎을 고수강회 · 고수김치 · 고수쌈 등으로 먹는다.

고수 이용시 주의점

- 열탕에 데쳐서 사용하며, 많이 먹으면 눈이 충혈되므로 매일 먹지 않도록 한다.

▲ 고수의 꽃

02 | Levisticum officinale L.

러비지
리구스티쿰(Ligusticum)

▲ 러비지의 잎

이뇨, 흥분, 위장 내 가스 배출

기침과 쉰 목소리를 치료하고, 점액으로 막힌 호흡기, 신장, 산, 비장을 풀어 주며, 호흡곤란을 완화해 주고 기관지염을 없애기 위해 사용된다. 편두통, 히스테리, 부종, 심장질환과 관절염 등도 러비지를 사용해 치료한다.

외상 치료

살갗이 까진 목이나 부은 갑상선에 대어 주면 효과가 있다. 방부제와 항생제 성질이 있어서 화농성 상처와 부은 곳에 찜질용으로도 사용한다.

해독제

담배와 술이 과한 경우 치료제로 쓰면 좋다.

기타

심신의 피로를 풀어 주는 목욕 첨가제와 냄새를 없애 주는 세척제, 주근깨 제거 약의 재료로도 쓰인다.

▲ 러비지의 꽃

생김새   지상부는 여러 개의 가지가 생기며 뿌리가 30~40cm 깊이에 달한다. 줄기는 속이 비어 있는데 그대로 자라게 두면 2m까지 달하며 토양조건이 좋은 곳에서는 3m 정도 자란다. 잎은 아주 반들반들하게 윤기가 흐르는 녹색이며, 셀러리 잎과 유사하다. 일반 재배에서는 6~8월에 걸쳐 연록색 도는 노란색의 꽃이 핀다. 씨앗은 익으면 땅에 떨어지므로 알맞은 시기에 채취해야 한다.

지중해 연안이 원산이며, 스코틀랜드, 아일랜드 해안에서도 자생하고 있다.

효능과 이용법   러비지는 잎, 종자, 뿌리 모두를 사용하며, 특히 차로 이용하면 소화기관 장애 치료에 효과적이다.

러비지 이용시 주의점

- 남용하면 신장과 요도에 염증이 생기고, 신장기능이 저하되기도 한다.
- 월경을 유도하고, 수유기 여성들의 젖 분비를 촉진하는 성분이 있으므로 임산부가 먹어서는 안 된다.

03 Myrrhis odorata Scop.

스위트시슬리

미르(Sweet Cicely)

▲ 스위트시슬리의 꽃과 잎

생김새 1.5m까지 자라는 키 큰 식물이다. 하얀 꽃은 한여름에 생기며 가을에는 깊이 19㎜ 정도의 암갈색의 씨가 성숙한다. 고사리 잎과 같은 형태를 가졌으며, 봄에 가장 먼저 녹색을 나타내고 가을에는 가장 늦게까지 녹색을 유지한다. 그늘에서도 잘 자라므로, 그늘 진 화원에 배경 식물로 많이 이용된다.

효능과 이용법

강장, 건위 작용

생약으로는 건위, 거담, 기침에 효능이 있다. 뿌리는 특히 방부력이 뛰어나 삶아낸 물은 뱀이나 광견에 물린 상처에 쓰인다. 생것 그대로 샐러드로 이용하기도 하고, 열탕에 넣어 마시면 강장 효과가 있다.

자연 감미료

당뇨병 환자 등 당분을 줄이지 않으면 안 되는 사람에게는 우수한 단맛을 내는 물질로 이용되며, 다이어트에도 도움이 된다. 잎을 썰어서 넣으면 양배추, 근채류의 풍미를 만들어 주므로 다른 허브와 혼합하여 쓸 수도 있다.

원기 회복

기력이 떨어져 약해진 노인에게 원기를 주는 식물이다. 종자는 잘게 부수고 밀랍과 섞어서 예부터 가구, 상의 광택제로 사용되었다.

스위트시슬리 이용법

- 샐러드, 스프, 소스, 양배추 접시 등에 부드러운 치즈를 곁들여 향신료처럼 첨가할 수도 있다. 또한 소화를 도와주고 장어, 고등어 등 기름이 많은 생선의 비린 맛을 없애 준다.
- 뱀에게 물렸을 때 해독제로도 쓰이고, 방충제와 화장품으로도 사용된다. 비누, 샴푸 등에 넣으면 상당히 자극적인 향이 난다.

▲ 스위트시슬리의 꽃

04 Anethum graveolens L.

시라자
딜(Dill), 소회향

▲ 시라자의 꽃

생김새 노란 우산을 편 것 같은 산형화서, 실과 같이 가는 녹색의 잎이 우아한 분위기를 더하는 1년생 식물이다. 펜넬(회향)과 닮았지만 90cm 정도로 자라, 펜넬에 비하면 작다. 또 꽃은 약간 위로 향하고 있으며, 줄기 안이 비어 있는 것으로 분별이 된다. 늦여름에서 가을에 걸쳐 꽃이 진 뒤에 타원형의 종자가 생긴다. 이것은 캐러웨이 종자와 비슷한 강한 풍미를 가지며, 식물 전체가 향기가 난다. 줄기, 잎, 꽃, 종자 모두 이용할 수 있는 허브이다.

원산지는 지중해 연안의 남러시아이며, 스페인, 포르투갈, 이탈리아 등지에 분포한다. 우리나라에서는 이것을 '소회향'이라 하며, 팔각회향은 '대회향'으로 사용한다.

효능과 이용법

기타
복통과 고창 치료제로도 사용된다.

진경과 살균 효과
시라자의 종자와 캐러웨이 종자는 칼본이라는 에션설 오일을 함유하며 풍미가 비슷하다. 그 에션설 오일은 구풍, 최면, 진정 등의 약효가 뛰어나다. 유아의 소화진정제로 예부터 쓰여 왔으며, 불면증과 신경질환이 있는 어른에게도 좋은 효과를 보인다.

회향과 시라자

회향의 열매인 '회향'과 시라의 열매인 '시라자'는 생김새가 유사하기 때문에 구분하는 데 주의를 필요로 한다.

회향은 시라자보다는 길이가 길며 타원형이고, 시라자는 원형에 가까운 모양을 가지고 있다.

회향은 긴 원주상으로 좌우에 늑선이 뚜렷하지만, 시라자는 계란형에 익연이 넓어서 크기가 회향에 비해서 약간 작은 편이다.

◀ 시라자의 잎

▲ 개회향(Illicium Verum Hook.)의 잎

05 Anthriscus cerefolium L.
챠빌(chervil)

▲ 챠빌의 꽃

생김새   파슬리 같이 생긴 1년생 초본으로 키는 30~62cm 정도 되고 산형화과에 속한다. 줄기의 마디는 약간 털이 나 있고 잎은 3회 우상복엽으로 파슬리와 유사한 향기를 가졌다. 꽃은 4~7월에 걸쳐 피는데, 우리 나라의 고온에 약해 무더운 8월에 들어서면 부패병 등이 걸려 대부분 죽는다. 꽃은 복산형화서로 꽃이 매우 작고, 꽃잎은 5장이며 색깔은 희다. 과실은 가늘고 길이는 5~8mm이고 두께와 폭은 1mm이다.

효능과 이용법   챠빌은 날로 먹는 샐러드뿐만 아니라 수프나 오믈렛에 넣어 먹어도 좋고, 해산물 요리나 닭고기 등의 육류요리에 넣으면 육질의 맛이 좋아지며, 치즈와 함께 먹어도 잘 어울린다.

챠빌 이용법

• 휘발성의 오일을 함유하고 있기 때문에 열을 너무 가하면, 특유의 향과 풍미가 소실될 수 있으므로 주의한다.

차로 마시는 챠빌

따뜻한 물을 부어 은은하게 우려낸 챠빌 티를 마시면 몸 안의 독소를 밖으로 배출하고 신체기능을 정화하는 효과를 얻을 수 있다.

피부미용에 좋은 챠빌

챠빌을 곱게 다져 얼굴 팩으로 사용하면 피부 속 노폐물을 빼내는 클렌징 효과와 함께 피부의 유연성을 유지하는 데 도움이 된다.

저혈압을 치료하는 챠빌

정혈, 이뇨, 응분작용이 있어서 저혈압에 좋다.

기타

소염작용, 주름살방지, 진통작용, 탈모방지 등의 효과를 볼 수 있다.

▲ 챠빌의 잎

06 Carum carvi L.

캐러웨이(Caraway)
갈루자

▲ 캐러웨이의 잎

생김새 60cm 정도 크기로 자라는 2년초로, 새의 털과 같이 가볍고 섬세한 잎으로 여름에 흰산형화서의 꽃이 핀다. 다색이고 초승달형의 종자가 그 화수에 생긴다. 뿌리는 당근을 작게 한 것 같은 모양을 하고 있으며, 식용이 가능하다.
원산지는 유럽, 아시아, 북아프리카 등지로 추정된다.

캐러웨이 이용법

* 어린잎은 스프에 띄우거나, 그린샐러드에 넣어 향신료의 풍미를 즐길 수가 있다.
* 두터운 다육질의 뿌리는 야채로 먹거나, 데쳐서 버터, 화이트소스로 무쳐 식용한다.
* 씨앗은 호밀을 원료로 하는 여러 종류의 빵에 쓰인다.

효능과 이용법

소화 기능 촉진

소화를 높이는 효력은 아니스 씨앗과 같지만, 풍미는 캐러웨이 쪽이 강하고 오렌지나 레몬의 껍질에 있는 것 같은 쓴맛을 품고 있다. 종자뿐 아니고 잎, 뿌리에도 내분비선, 신장의 기능을 촉진시키는데 도움이 되는 성분을 포함하고 있다.

* 캐러웨이의 역사

캐러웨이의 이용 역사는 다른 어떤 허브보다도 길다. 아라비아 사람들이 향신료를 안 것은 12세기경으로 당시 카라웨야(karauya)라 불렀지만, 후에 현재의 '카라웨이'라는 말이 생기게 되었다고 한다. 고대의 이집트에서는 의약, 화장품, 유골의 방부보존, 조미료 등에 사용되었던 것이 『에벨스의 파피루스』에 기록되어 있고, 이중에 캐러웨이, 계피 등 800종의 치료약이 쓰여 있다. 고대 그리스에서는 서아시아의 습관대로, 빵에 카라웨이씨드를 썼고 또 의약품으로써도 이용하고 있다.

07 Petroselinum crispum Nym.

파슬리(Parsley)

향근채

▲ 파슬리의 잎

생김새 파슬리는 2년 또는 다년생으로 씨앗은 2년째 맺는다. 한번 꽃이 핀 식물은 3년째 또는 그 다음해에 꽃이 핀다. 식물의 키는 50~100cm이며 꽃은 6~7월에 핀다. 뿌리는 직근성이고, 곁뿌리가 작다. 뿌리 윗부분의 색은 황백색이나 밝은 갈색으로 황색 또는 적갈색의 둥근 무늬를 갖는다. 그러나 뿌리의 속은 백색이다.

잎을 이용하는 파슬리 종류는 잎 표면이 번들거리며 당근 잎처럼 다소 넓고, 잎을 주로 생으로 이용하는 파슬리는 심하게 오글거린다. 식물 전체가 잔털이 전혀 없고 잎은 진한색이다.

원산지는 지중해로 스페인, 그리스, 모로코, 알제리아 등지에 분포한다.

효능과 이용법 뿌리, 줄기, 잎을 모두 사용한다. 푸른빛이 짙고 선명하며, 잎이 한군데로 뭉쳐있는 것을 선별한다. 파슬리는 향과 신선함이 생명이다.

파슬리생즙

생즙은 몸의 건강유지에 필요한 영양소인 미네랄, 비타민이 많이 함유되어 있어, 빈혈인 사람에게 유효하다. 장기간 복용하면 비타민A, C의 작용으로 기미 등을 없애고 거친 피부에 효과적이다.

육식을 많이 섭취 하여 혈액이 산성으로 되기 쉬운 사람, 야채를 즐기지 않는 사람, 치아가 약해서 생야채를 먹지 못하는 사람이 장기간 마시면 좋다.

기타

파슬리의 성분은 혈관, 특히 모세혈관이나 동맥의 건강을 유지하는 효과가 있다. 또한 갑상선이나 부신의 기능을 정상화하는 산소대사에 없어서는 안 될 물질이다.

비뇨기 계통에도 우수한 식품이므로 신장, 방광결석, 단백뇨, 신장염에 매우 좋은 효과가 있다.

▲ 파슬리의 어린 꽃

파슬리의 향

파슬리 향의 주성분은 아피올과 α-피넨 등에 의한 것이다. 파슬리의 잎은 영양적으로도 철분, 미네랄, 비타민A 및 비타민C 등이 풍부하게 함유되어 있다. 생잎을 먹는 것이 좋고, 기호성이 강하지만 영양분이 풍부하기 때문에 많이 이용되는 향신료이다.

● 유독식물 3
Poisonous Plant

❖❖❖ 투구꽃

미나리아재비과 초오속에 속하는 식물이다.
우리 나라 각처에 자생하며 키는 장소에 따라 다르나
보통 60~100cm정도이다. 잎은 새발가락처럼 갈라져
있고 9월경에 보라색 투구모양의 꽃이 핀다. 뿌리는
새발 모양이며 독성이 강하며 약용으로 쓴다.

투구꽃의 어린 싹과 꽃

예부터 뿌리줄기를 짓찧어서 화살촉에 발라 동물사냥
에 이용할 정도로 독성이 강하다. 뿌리는 마늘쪽 모양
으로 '부자(附子)'라고 하는데, 이것은 작년의 뿌리옆
에 새로운 뿌리가 붙어서(附) 생긴 뿌리라는 뜻이다.

❖❖❖ 할미꽃

들과 산의 이른봄, 양지 바른 곳에서 잘 자라는 마나리
아재비과의 여러해살이풀이다. 노고초(老姑草), 백두
옹, 호왕사자(胡王使者) 등으로 불린다.

할미꽃의 종류로는 제주도에서만 자라는 '가는 할미
꽃', 북부지방에서 자라는 '분홍 할미꽃', 백두산 등지
에서 자라는 '산 할미꽃' 등이 있다.
개화기는 4~5월로 꽃대 높이는 30~40cm 정도로 자
란다. 꽃대 끝에 한 개의 꽃이 머리를 아래로 숙이며
붉은 자주색으로 핀다. 열매는 4mm 정도의 수과이며
암술대가 4cm 정도로 길게 자라고 흰털이 모여 있다.
뿌리는 가을에서 봄 사이에 채취한다.

할미꽃의 꽃

❖❖❖ 현호색

우리 나라 중부이남 지역에 분포하며 산이나 들에 자
란다. 4~5월경에 보라색의 아름다운 꽃이 피며 왜현
호색, 좀현호색, 섬현호색, 괴불주머니, 점현호색, 댓
잎현호색 등 종류가 많으며 모두 독성이 있다.

현호색의 꽃

제5장

연(蓮)을 닮은 식물 참살이

연(蓮) / 수련 / 어리연 / 조름나물 / 순채 / 개연 / 가시연 / 마름

연(蓮)을 닮은
참살이

| 01 연(蓮) | 02 수련 | 03 어리연 | 04 조름나물 |
| 05 순채 | 06 개연 | 07 가시연 | 08 마름 |

01 Nelumbo nucifera Gaertner

연(蓮) 108 ❶
Lotus

▲ 연(蓮)의 꽃

생김새 연못에서 자라는 수련과의 여러해살이풀로서 뿌리가 옆으로 길게 뻗는다. 모양은 원추형이고 마디가 많으며 특히 가을철에 끝 부분이 굵어진다. 불교와 깊은 관련이 있으며, 예부터 잎과 꽃을 감상하기 위해 재배해 왔다.

각 마디에서 긴 잎자루를 내어 약 40㎝가량의 원형인 큰 잎을 물 위에 띄운다. 잎은 물에 젖지 않고 잎맥이 방사상으로 퍼지며 가장자리가 밋밋하다. 7~8월경에 잎자루보다 조금 긴 꽃대를 내서 연홍색의 크고 아름다운 꽃이 한 송이 핀다.

꽃대에는 잎자루처럼 가시가 있다. 열매는 9월에 맺히는데 타원형이고 꽃이 진 후, 벌집처럼 생긴 구멍에 한 개씩 들어있다.

효능과 이용법 연은 식품으로보다는 약재로서의 효용가치가 훨씬 크다. 연잎, 꽃, 줄기, 연밥, 연근 등 모든 부분을 약재로 쓰는데 '연밥과 연근'이 가장 중요하게 쓰인다.

* **연자육(蓮子肉)** : 열매와 종자
  비(脾), 신(腎)의 기능 보강, 잘 놀라고 불면증 있거나 신경이 예민한 사람에 좋다.

* **하엽(荷葉)** : 연잎
  설사, 두통, 어지럼증, 토혈, 코피 등의 출혈증 산후어혈 치료 야뇨증, 해독작용에 쓰인다.

* **우절(藕節)** : 뿌리
  각혈, 토혈, 코피, 치질, 대변출혈 등 지혈 효과가 있다.

* **연방(蓮房)** : 과방, 연밥
  치질과 탈항, 악창, 각종 지혈에 효과가 있다.

* **연수(蓮鬚)** : 암술
  다몽증(多夢症)과 이질 치료에 효과가 있다.

* **연자심(蓮子心)** : 종자속에 있는 배아
  불안하고 번민이 많고 안구출혈 및 지혈작용에 좋다.

▲ 연(蓮)의 뿌리

연잎전

연잎전

재료

연잎가루 2큰술(생연잎 2장), 밀가루 1컵, 물 4/5컵, 소금 1작은술, 식용유 2큰술, 홍·청고추 각 1개

초간장 : 간장 2큰술, 연잎차 1큰술, 식초 1큰술, 매실액 1큰술

만드는 법

1. 풋고추와 붉은 고추는 얇게 어슷썰기를 한다.
2. 연잎가루와 밀가루를 고루 섞어 소금과 물을 넣어 반죽을 한다.

   (어린 생 연잎을 사용할 때에는 깨끗이 씻어서 채를 썰어 믹서기에 물 3/5컵과 같이 넣고 곱게 갈아서 면보에
   즙을 짜서 사용한다)
3. 달구어진 팬에 식용유를 두르고 반죽을 한 숟가락씩 떠서 놓고 썬 고추를 얹어 전을 부친다.
4. 분량의 재료를 섞어 초간장을 만들어 연잎전에 곁들인다.

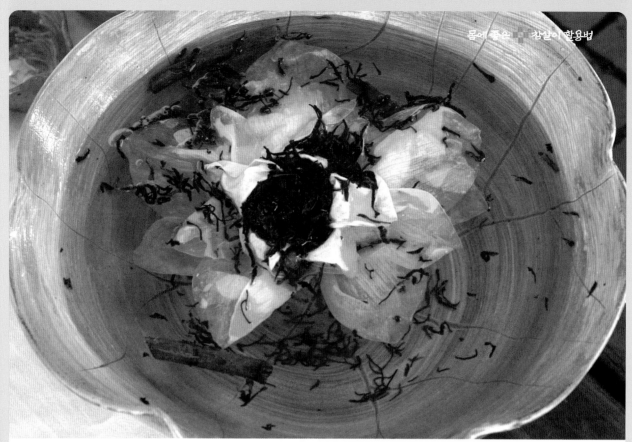

연꽃향차

연꽃향차

재료
연꽃 1송이, 건조된 녹차잎

만드는 법

1. 연꽃을 따서 깨끗이 씻는다.
2. 가로 2cm, 세로 3cm 크기의 천주머니를 만들어 녹차를 7~10g 넣는다.
3. 준비한 연꽃을 벌려 그 속에 녹차 주머니를 넣고 한지로 말아 놓는다.
4. 물에 하룻밤 재워 두었다가 냉동 보관한다.

마시는 법

1. 수반과 같은 용기에 찬물과 얼음을 넣고 연꽃을 띄운다.
2. 연꽃이 다 녹으면 냉차를 마신다.
3. 냉차를 다 마신 후에 따뜻한 물을 부어 온차로 마신다.

연잎죽

재료
연잎 1장, 현미찹쌀 100g

만드는 법

1. 현미찹쌀은 3~5시간 정도 물에 불려 깨끗이 씻은 후에 체에 밭쳐둔다.
2. 연잎은 깨끗이 씻어 잘게 썬 후 물 2컵을 붓고 끓인다.
3. 끓어오르면 불을 줄이고 은근하게 푹 끓여 국물을 우린 후 체에 깨끗한 면포를 깔고 국물만 거른다.
4. 냄비에 불린 쌀, 연잎 삶은 물을 담고 물을 넉넉하게 보충한 후에 센 불에 끓인다.
5. 끓어오르면 불을 약하게 줄이고, 나무주걱으로 저어가며 쌀이 알맞게 퍼질 때까지 죽을 쑨다.
6. 간장이나 소금을 곁들여 간을 맞춰 먹도록 한다.

02 Nymphaea tetragona Georgi

수련(睡蓮)
Water Lily

▲ 수련의 꽃

생김새 풀잎은 뿌리에서 나오고 잎자루가 길며 길이는 약 1m 정도 된다. 풀잎은 대부분 둥근 형태이다. 타원형도 있으며, 밑부분은 화살모양으로 길이는 5~12cm 정도로 가장자리가 밋밋하다. 진흙에서 잘 자라고 풀잎은 모두 뿌리에서 모여 난다. 풀잎은 항상 물 위로 뜨며 물 깊이에 따라 조절되며 자란다. 표면은 녹색이며 뒷면은 암자색을 띤다.

7~8월에 가느다란 꽃줄기가 올라와 그 끝에 지름 5cm 정도의 흰색 꽃이 피고 밤이 되면 오므라든다. 수면 운동을 하는 꽃 같다고 해서 '수련(睡蓮)'이라 하며 꽃은 대개 3일 동안 계속 피고 진다. 붉은색으로 피는 것도 있다. 꽃받침잎은 네 개이고 긴 타원형이며 길이는 3~3.5cm로 색깔은 녹색이다. 꽃잎은 여덟 내지 열다섯 개이다.

효능과 이용법 수련은 한방이나 민간에서 약으로 이용하고 있는데, 여름에 꽃을 채취해 두었다가 진통, 지혈, 강장 등의 목적으로 쓰고, 불면증에도 처방한다고 한다. 또 여름철 더위를 잊게 하고 술독을 해소한다는 기록도 있다.

수련의 재배 방법

어린 묘를 물속에 옮겨 심어 일단 활착하면 특별한 관리가 없어도 때가 되면 꽃을 피우는, 아주 키우기 쉬운 식물이다.
(품종에 따라 재배 온도의 차이가 크기 때문에 여름철에 수온이 너무 올라가지 않게 한다)
증식은 포기나누기로 한다. 봄에 새잎이 자라 나오기 직전에 눈이 달린 상태로 포기를 나누어, 가는 마사나 진흙을 이용하여 심고 물을 가득 채워 주면 좋다.
특별한 관리는 필요 없지만, 좁은 장소에서 화분에 심어 물에 담가 두고 키울 경우에는 몇 년에 한 번씩은 흙을 갈아 주고, 한 달에 한 번 정도 물을 갈아 줘야 한다.

▲ 붉은 수련의 꽃

| 03 | Nymphoides indica (L.)
O. Kuntze |

어리연
금은연화(金銀蓮花), 행채(荇菜)

▲ 어리연의 꽃

생김새 줄기는 가늘며 1m 정도 자라고, 1~3개의 잎이 자라 물 위에 수평으로 뜬다. 잎은 원심형으로 직경이 3~20cm 정도로 비교적 작으며, 기부 쪽에 깊이 들어가 있다. 개화기는 7~8월로 갈라진 잎 기부 사이로 물 위에 나와서 피고, 꽃색은 백색 바탕에 중심부는 황색이며, 10개가 한군데에서 모여 핀다. 꽃받침은 5개로 갈라지며, 녹색으로 넓은 피침형이다. 꽃잎은 백색으로 깊이 5갈래로 갈라지며, 열편 안쪽에는 긴 털이 있다. 꽃의 직경은 1.5cm로 광채가 난다. 열매는 삭과로 길이가 4~5mm이며, 긴 타원형 내지는 난형으로 끝에 길이 2mm 정도의 암술대가 남아 있고, 종자는 넓은 타원형으로 털이 없는데 길이 0.8mm 정도로써 갈색이 도는 회백색이다.

주로 중부 이남 지역의 물에서 자라는 여러해살이풀이며, 중국, 대만, 일본, 소련 등지에도 분포한다.

효능과 이용법 생약명으로는 '행채'라고 부른다. 잎, 줄기, 뿌리를 모두 이용하며, 간과 방광에 이롭고, 해열 · 이뇨 · 해독의 효능이 있다고 알려져 임질 등 여러 증상에 처방한다. 열과 한기를 조절하는 효능이 있으며 부스럼이나 종기가 난 부분에 생잎을 찧어 붙이면 효과가 있다.

노랑어리연과 좀어리연

노랑어리연꽃은 꽃색이 화려하여, 영어로는 'Peltiformis Floating Heart' 혹은 'Marsh Flower'라고 한다.
전초를 약용하는데, 발한, 청열, 이뇨, 소종 그리고 해독의 기능이 있다. 감기로 열이나지만 땀이 나지 않을 때, 홍역에 발진이 돋지 않을 때와 심마진에 효력이 있다. 이뇨작용이 있어 소변을 잘 못보는 증상에도 유효하다.
어리연의 종류 중에 희귀한 것은 좀어리연꽃이다. 좀어리연은 신의주와 남부 습지에서 자라는 희귀식물로 매우 보기 어려운 종이다.

▼ 좀어리연

노랑어리연 ▲

04 Menyanthes trifoliata L.

조름나물

수채

▲ 조름나물의 꽃

생김새 높이 20~35cm까지 자라며 굵은 녹색의 뿌리줄기가 옆으로 길게 뻗는다. 작은 잎은 달걀모양인데 사각형에 가까우며 잎자루는 없고 가장자리에 물결모양이 있으며 밋밋하거나 둔한 톱니가 있고 두껍다.

흰색꽃은 6~8월에 지름 1~1.5cm의 총상꽃차례로 달린다. 꽃줄기가 잎 사이에서 나오며 5개의 꽃부리는 깔때기 모양으로 중앙까지 깊게 갈라지며 안쪽에 긴털이 빽빽이 돋아있다. 화관통에 붙은 5개의 수술, 1개의 암술이 있는데 길이가 포기에 따라 다르며 짧은 수술에 긴 암술대가 있는 포기에 열매가 맺힌다. 7~8월에 익는 삭과의 열매는 지름 5~7mm로 둥글고, 씨는 지름 2.5~3mm의 타원형이다. 산속에 있는 못이나 습기가 많은 곳에서 자란다.

효능과 이용법 잎은 식욕부진, 소화불량에 사용한다. 또한 이담제, 노인성약과 특히 항염증제와 항류마티스 처방에 사용한다. 전통적으로 피부장애, 감기, 열치료에 사용했으며 산업적으로 맥주와 쓴 리큐어 원료의 대용품이다.

식용법

아주 잘게 썬 잎 0.5~1g으로 달지 않은 차를 만들어 식사 1시간이나 30분 전에 마신다. 1일 용량은 1.5~3g이다.

약용법

전체를 위염, 황달, 고혈압, 심계(마음의 불안정), 불면증, 기침, 소화불량 등에 약용하며 잎은 건위, 구충제로 사용한다.

조름나물 재배 방법

- 4~5월에 흙이 담겨져 있는 화분이나 그릇의 끝이 수면에 닿을 정도로 해서 너무 깊지 않게 묘목을 심는다.
- 8~9월에 3개로 갈라진 부분부터 잎 또는 전체를 채취해 씻어서 햇볕에 말린다.
- 종이봉지 등에 넣어서 보관한다.

▲ 조름나물의 잎

05 Brasenia schreberi J. F. Gmel.

순채(蓴菜)

순(蓴)

▲ 순채의 꽃

생김새 연못이나 늪 등에 자생하는 여러해살이풀. 땅속줄기는 진흙 속을 기듯이 뻗으며 물속의 줄기가 가지를 치는데, 잎이 어긋나고 완전히 자라면 물 위에 뜬다. 잎은 타원형으로 길이 6~10cm이고, 표면이 자주색이다. 줄기, 잎자루, 잎 뒤쪽은 털에서 나오는 점액질의 분비물로 덮여 있다. 8월경 잎 사이에서 꽃자루가 나오고, 꽃잎이 6장이며 지름이 약 2cm인 검붉은빛의 자주색 꽃이 물에 약간 잠긴 듯이 물 위에 핀다. 세계 각지에 분포한다.

효능과 이용법 순(싹)을 먹는 채소이기 때문에 순채란 이름이 붙여진 것으로 추측된다. 옛날에는 단오(음력 5월 5일)나 백중(음력 7월 15일)에 순채를 따서 순채국을 끓여 먹었다.

▲ 순채의 잎

물속에 자라나는 어린 잎과 줄기는 채취하여 약으로도 쓰는데 맛이 달고 성질이 차고 무독(無毒)하다.

이뇨·해열·해독 작용
몸속에 있는 내열을 맑게 하고, 소변을 잘 나가게 하며, 종독(腫毒)의 열을 내리고 해독시키는 효능이 크다. 열이 있는 이질(痢疾)에 순채를 끓여 먹으면 효과가 있고 또한 열이 있는 소갈증(消渴症)이나 제독(除毒)에 좋다.

* **순채탕(蓴菜湯)**
  순채의 어린 잎을 끓인 국

* **순채차(蓴菜茶)**
  오미자 달인 물에 순채잎과 꿀을 섞어 만든 차

* **순채회(蓴菜膾)**
  순채의 연한 잎을 데쳐서 찬물에 담갔다가 초장에 찍어 먹는 음식

순채 주의점

성질이 냉하여 열이 있는 체질이나 고혈압에는 좋으나, 손발이 차고 속이 냉한 체질인 경우에는 많이 먹거나 오래 사용하는 것은 좋지 않다.

06 Nupharis japonicum DC.

개연
천골(川骨), 평봉초근(萍蓬草根)

▲ 개연의 꽃

생김새 근경에서 긴 엽병이 나와 잎이 나며, 물 위에 떠 있다. 잎은 넓은 난형 또는 난상 원형 또는 타원형이고, 길이는 6~18cm, 폭은 6~12cm이다. 잎 뒷면에는 잔털이 밀생하며, 잎이 두껍고 광택이 난다.

8~9월로 긴 꽃대가 나와 수상에서 피며, 지름은 2.5~4cm 정도로 황색 꽃이 핀다. 꽃받침은 5개로 꽃잎 같은데 도란형 또는 난형이고, 끝이 둥글다. 꽃잎은 주걱 같은 도란형이며, 꽃밥은 타원형이다. 수술대는 3~10배 길다. 꽃의 중앙부에는 돌기가 있고, 10~20개의 암술대가 있다. 근경에 굵은 뿌리가 내린다.

효능과 이용법 생약명 '천골(川骨)'은 개연꽃을 한자로 한 일본 이름이다. 중국에서는 '평봉초근(萍蓬草根)'이라고 한다.

이뇨, 이수의 효과
부종, 타박상 등에 사용한다.

정혈약
산전(産前)·산후(産後), 월경불리, 혈의 도증(道症) 등에, 또 진정약으로써 부인의 신경흥분상태일 때 응용한다.

월경 불순 해소
천골 5~12g을 400cc의 물에 넣고 반량이 될 때까지 달여, 하루 3회에 나누어 공복시에 복용한다.

기타
체력증진약으로써 피로회복에, 발한약으로써 감기에, 건위약으로써 위장병 등 가정상비약으로 쓰인다. 타박에 따른 붓기와 통증에도 좋다.

> **「본초습유(本草拾遺)」**
>
> 허(虛)를 보(補)하고, 기력을 익(益)하게 하는데 좋다. 오래 복용하면 굶주리지 않는다. 비위를 두텁게 한다.

▼ 왜개연의 꽃

▲ 남개연의 꽃

* **왜개연** Nuphar pumilum DC.
  꽃의 주두반에 직경이 6~8mm의 연황색, 또는 붉은 빛이 돈다.

* **남개연** Nuphar pumilum var. ozeense (Miki) Hara
  주두반이 밝은 적색을 띠고 있다는 것이 왜개연과의 큰 차이점이다.

07 Euryale ferox Salisb.

가시연 108 ②

검인, 검실

▲ 가시연의 꽃

생김새 근경은 짧고 수염뿌리가 많이 나온다. 잎은 뿌리에서 나오며 수상엽은 둥근 방패형으로 지름이 20~120㎝이다. 표면은 주름지고 광택이 나며 뒷면은 흑자색이고 맥이 두드러진다.

7~8월에 가시가 돋은 긴 꽃대가 자라서 끝에 지름 4 ㎝의 보랏빛 꽃이 1개 달리고 낮에는 벌어지고 밤에는 닫힌다. 꽃받침은 4장이고 녹색이며, 밑부분은 통형이다. 꽃잎은 많으며 꽃받침보다 작고 밝은 자주색이다. 열매는 길이가 5~7㎝로서 꽃이 달리는 모양 그대로 익어 주먹만큼 커진다. 타원형 또는 구형이며 곁에 가시가 있고 끝에 꽃받침이 뾰족하게 남아 있다.

효능과 이용법

자양 · 강장 효능

신장 기능을 튼튼히 하고 정액을 거두어 들여서 몽정, 유정, 조루증 등에 효과가 있으며 소변을 가누지 못하고 저절로 찔끔거리는 증세를 다스린다.

비 · 위장, 소화기 기능 보호

피로하거나, 잘 붓거나, 복부가 팽창하며, 식욕이 떨어지고 소화가 되지 않아 그대로 설사하는 증세를 다스린다.

체내의 불필요한 습기를 제거

대하증을 비롯하여 습기에 의한 요통, 하지통, 류머티즘 등에도 보조 약재로 쓰면 통증을 다스리고 이뇨의 효과를 볼 수 있다.

스트레스로 생기는 증세 해소

스트레스를 이겨내지 못해 입이 마르고 피부가 윤택치 못하며, 진땀이 나면서 자꾸 여위어 갈 때 좋다.

강정 작용

정력과 기운을 돋우고, 의지를 강하게 하며, 귀와 눈을 총명케 한다. 오래 복용하면 허기를 느끼지 않으며 노화를 지연시킨다고도 한다.

▲ 가시연의 봉오리

08 | Trapa japonica Flerov.

마름 108 ③

능실(菱實), 수율

▲ 마름의 잎

생김새 마름은 물속에서 자라는 마름과의 한해살이 풀로서 뿌리가 진흙 속에 있고 원줄기는 수면까지 자라나 끝에서 많은 잎이 사방으로 퍼져 수면을 덮고 물속의 마디에서는 깃 모양의 뿌리가 내린다.

잎은 마름모꼴 비슷한 3각형이며 윗 가장자리에 불규칙한 치아상의 톱니가 있고 밑 부분에 넓은 톱니가 있다. 마름의 꽃은 양성화로 7~8월에 피며 흰빛 또는 약간 붉은빛이 돌고 꽃대는 짧고 위를 향하며 열매가 커지면 밑으로 굽는다.

꽃받침은 털이 있고 꽃잎 및 수술과 더불어 각각 4개이며 암술은 1개이다. 10월에 가시가 있는 검은색 마름모꼴의 열매가 열린다.

효능과 이용법 마름은 포도당, 단백질, 비타민B, C 등을 함유하여, 위장이나 몸 상태를 조절하는 역할을 한다.

자양강장제

죽을 쑤어 먹으면 위장이 좋아지고 속에 있는 열을 내려준다. 옛날부터 자양강장, 소화촉진 등에 열매를 생식하거나 쪄서 먹었다.

항종양작용

열매를 우려낸 용액이 복수암, 간암에 강한 항암작용을 한다는 것이 밝혀졌다. 위암, 유선암, 자궁암에도 응용하면 좋은 효과를 볼 수 있다.

기타

열매를 익혀 먹으면, 허약한 기운을 돋우고 속을 편하게 하며 오장을 보한다. 줄기와 열매꼭지(능체)는 위궤양, 다발성 사마귀에 효과가 있으며, 열매껍질(능각)은 설사, 이질, 대변출혈, 위궤양의 증세를 다스린다.

◀ 마름의 꽃
▼ 마름의 씨앗

마름죽

마름 열매죽 1

마름 열매는 영양가가 매우 높은 식품으로, 맛은 달고 성질은 차다. 여름에는 더위 먹는 것을 예방하고 목마름을 해소하며 주독을 풀어 준다. 또한 병후나 산후의 회복에도 효과적이다.

재료
마름 열매 2개, 계란 지단 1개분, 분말용 크림 스프 400cc 밥 200g
조미료 : 소금 2/3작은술, 후추 약간

만드는 법

1. 마름 열매를 반으로 잘라 알맹이를 꺼낸 후 얇게 썬다.
2. 계란은 프라이를 해서 얇게 썬다.
3. 밥에 물을 부어 으깬 후 물기를 뺀다.
4. 냄비에 스프를 붓고 1, 3을 넣은 다음, 약한불로 끓인다.
5. 조미료로 간을 맞춘 후에 그릇에 옮겨 담고 2를 얹는다.

마름 열매죽 2

재료
마름 열매의 가루 30~60g, 쌀 60g

만드는 법

1. 냄비에 물을 붓고 쌀을 씻어 앉힌다.
2. 쌀이 반쯤 익었을 때, 마름 열매의 가루나 그 전분을 넣어 죽을 쑨다.

주의할 점

설사 중인 환자는 복용을 금한다.
1일 1회 아침 또는 간식 시간에 복용한다.
마름을 지나치게 먹으면 복부창만 증세를 일으키는데, 생강즙을 술에 타서 마시면 이를 방지할 수 있다.

식용식물 ①
Esculent Plant

❖❖❖ 무침 (糅)

가볍게 데쳐서 무치는 방법은 튀김에 비하여 영양 손
실이 더 증가되지만, 맛좋은 식품으로서 여러 방법으
로 조리할 수가 있다.

그러나, 가볍게 데치더라도 비타민이 우러나오게 되므
로 그 물을 조리할 때 다시 이용하는 것이 유익하다.

데칠 때에 소금을 약간 넣으면 푸른 색깔이 선명하게
살아나 더욱 입맛을 돋군다. 그리고 잎과 줄기가 담백
하고 부드러운 것은 그 산뜻한 맛이 사라지지 않게 해
야 하며, 고유한 맛과 향이 충분하게 살아나도록 유의
해야 한다. 물기를 제거한 뒤에 기호에 맞추어 양념을
곁들여 무친다.

갯기름나물무침

❖❖❖ 튀김 (炸)

튀김으로 할 경우 전분이나 밀가루를 살짝 묻혀 기름
에 튀겨보면 떫고 쓴 것이 어느 정도 제거되고 고소한
맛이 생긴다.

참살이 식물을 채취하여 어떻게 조리해야 좋을까 망설
이지 말고 우선 튀김으로 하는 것이 손쉽고 무난하다.

단, 튀김옷을 입혀서 180도 정도의 식용유에 넣어 단
시간 내에 튀겨야 하며, 고유의 맛과 향기가 없어지지
않도록 유의해야 한다. 잎이 두껍다든가 향기와 역겨
움이 강하더라도 개의할 필요가 없다.

❖❖❖ 생식 (生食)

참살이 식물은 될 수 있는 한, 자연에 가까운 상태로
먹어야 유익하다. 더욱이 생으로 먹어야 가장 효과적
이다.

날것으로 쉽게 먹는 방법은 흔히 깻잎에 양념장을 발
라 먹듯이, 참살이 식물도 그런 방식으로 먹으면 과히
거부감이 생기지 않는다. 각자의 기호나름이지만, 간
장을 비롯하여 마늘, 고추, 참기름, 깨, 파, 양파 따위
를 소량씩 알맞게 썰고 다져서 싱겁게 섞어 양념장을
만든 것을 야초의 생식에 곁들인다.

편하게 생식하는 방법으로는 배, 사과, 무, 당근을 잘
게 썰어놓고 산나물의 날것을 잘게 찢어서 함께 버무
려 무친다. 여기에 양념장으로 연하게 간을 맞추어야
하며, 그래도 역겨운 듯하면 참기름을 더 첨가한다.

보리와 현미의 방아

제6장

냉이과 식물 참살이

냉이 / 물냉이 / 정력자 / 무 / 순무 / 배추 / 양배추 / 유채 / 겨자 / 겨자무

01 Capsepla bursa-pastoris(L.) Medicus

냉이 108 ❶

제채(薺菜), 나생이, 나숭게

▲ 냉이의 새싹

생김새 전국의 산과 들, 인가 부근이나 논둑, 밭둑 등 어디서나 잘 자라나는 십자화과의 두해살이풀이다. 냉이는 흔히 자라는 풀로서 키가 10~50㎝이고 전체에 털이 있으며 곧게 자라고 가시가 많이 갈라지며 뿌리가 곧고 백색이다.

경생엽은 서로 어긋나고 위로 올라갈수록 작아져서 잎자루가 없어진다. 반면에 근생엽은 많이 돋아서 지면에 퍼지며 새깃처럼 갈라지지만 끝부분이 보다 넓고 길며 길이가 10㎝ 이상이다. 열매는 각과로 편평한 삼각형 모양이며 20~25개의 종자가 들며 도란형이다.

효능과 이용법 채소 가운데 단백질 함량이 가장 많다. 또한 칼슘과 인, 철분이 많은 알칼리성 식품이다. 비타민도 골고루 있으며, 특히 잎에는 비타민A의 함량이 높다.

뿐만 아니라 냉이는 그 독특한 향기로 입맛을 돋우어 주고 소화액의 분비를 촉진시킨다.

는쟁이냉이 Cardamine komarovi Nakai

▲ 는쟁이냉이의 꽃

생김새 전체에 털이 없고, 줄기는 곧게 서며 높이가 20~50cm이다. 뿌리에서 나온 잎은 뭉쳐나고 길이가 8cm이며 긴 잎자루가 있다. 잎자루는 길이가 1~2cm이고 잎몸이 흘러 날개처럼 되며 밑 부분이 귀모양으로 줄기를 감싸고, 가운데에 1쌍의 작은잎이 있는 것도 있다. 꽃은 6~8월에 흰색으로 피고 가지나 줄기 끝에 총상꽃차례를 이루며 달린다. 꽃의 지름은 1cm이고, 꽃잎과 꽃받침조각은 4개이다. 열매는 각과이고 길이가 2~3cm이며 양끝이 좁고 2개로 갈라지고, 종자는 검은 색이다. 어린잎은 식용한다. 한국과 중국(만주) 등지에 분포한다.

미나리냉이 Cardamine flexuose with. Leucantha O.E. Schulz

▲ 미나리냉이의 꽃과 줄기

생김새 산지의 골짜기나 응달의 습지에서 자라는 높이 40~70cm의 다년초이다. 줄기 상부에서 가지가 갈라지며 전체에 부드러운 털이 있다. 잎은 어긋나고 긴 자루가 있으며 소엽은 5~6개인 복엽으로 길이 15cm 정도이다. 소엽은 끝이 뾰족하고 가장자리에 불규칙한 톱니가 있다. 꽃은 6~7월에 피며 흰색이고 여러 개가 가지나 줄기 끝에 총상으로 달리면 꽃받침조각, 꽃잎이 각각 4개이고 길이 8~10mm이다. 수술 6개 중 4개는 길고, 꽃밥은 노란색이며, 암술은 1개이다. 열매인 장각과는 길이 2cm 정도이고 곧게 서며 익으면 2개로 갈라진다.

한방에서는 봄에 땅속줄기의 잔뿌리를 떼어내고 말린 것을 '산규근(山葵根)' 이라 하여 류머티즘·신경통 등의 아픈 부위에 바른다. 생선중독이나 국수중독 치료에도 쓰이며, 향신료나 방부제·살균제로도 사용한다.

잎은 쌈채로, 꽃은 식용화로 또한 잎, 줄기, 꽃은 나물로 이용하는데, 특히 줄기가 붙은 몸통 줄기를 갈아서 회를 찍어 먹는 와사비로 이용된다. 줄기와 뿌리를 함께 갈면 와사비 안에 다량의 단백질을 함유하여 높은 열량의 조미료가 되며, 김치를 담글 때 사용하면 김치가 시지 않게 된다.

▌고추냉이 Wasabia koreana

▲ 고추냉이의 뿌리와 잎

생김새 땅속줄기에서 나온 잎은 심장 모양이며 길이와 나비가 각각 8~10cm로 가장자리에 불규칙하게 잔톱니가 있다. 잎자루는 길이 30cm 정도이며 밑부분이 넓어져서 서로 감싼다. 5~6월에 흰 꽃이 총상꽃차례를 이루며 피는데, 꽃받침잎은 타원형이며 가장자리가 희다. 꽃잎은 긴 타원형이다. 열매는 길이 17mm 정도이며 7~8월에 익는다. 한국(울릉도), 일본, 사할린섬 등 온대에서 난대지방에 분포한다.

효능과 이용법 땀을 내는 발한제로 감기에 효과가 있으나, 몸이 허한 사람이 많이 섭취해서는 안된다. 생즙을 갈아 환부에 바르면 동상에도 효과가 있다.

▌서양말냉이 Iberis amara L. 이베리스

▲ 서양말냉이의 꽃

생김새 '이베리스(Iveris amara)' 라고도 한다. 장방형 톱니모양 잎과 많은 꽃다발로 배열된 흰색 또는 자색 꽃, 독특하게 평평하고 둥근 건과를 가진 1년생 식물이다.

원산지는 유럽이며, 보통 장식용과 상업용으로 재배한다. 약용목적의 재배는 상대적으로 적다.

효능과 이용법 씨가 위액 분비를 자극하고, 이담 효능을 위한 고미 강장제로 이용되었다. 임상실험에서 항경련, 항궤양, 분비억제, 항염증, 항균 작용이 나타났고, 자극성 결장을 가진 환자에게 이롭다는 연구 결과가 있다.

▲ 물냉이의 잎과 줄기

02 | Nasturtium officinale R. Brown

물냉이

크레스(Cresse)

▲ 물냉이의 꽃과 잎

물냉이 주의점

• 물이 흐르지 않는 연못에서 재배하는 물냉이에는 박테리아와 기생충들이 발생하므로, 흐르는 물에서 물냉이를 재배한다.

• 옥살산과 포타슘이 과도하게 들어 있어 민감한 콩팥이나 방광을 가진 사람들에게는 괭이밥의 부작용과 같은 반응을 나타내기도 한다.

생김새 줄기는 높이 30~50cm이며, 지하와 물속에 있는 줄기의 마디에서는 수염뿌리가 생긴다. 잎은 기수 우상 복엽으로 길이 4~12cm이고 넓은 타원형으로 잎 가장자리가 밋밋하며 털이 없다. 꽃은 5~6월에 피며 백색이고 원줄기나 가지 끝에 총상화서가 달린다. 열매는 길이 13~16mm이고 약간 안으로 휘며 종자는 넓은 타원형으로 길이 0.8mm이다.

유럽 원산의 귀화식물로 충북 단양 지역과 전북 전주 지역에 자라며, 유럽, 남·북아메리카, 아시아, 호주 등지에 분포한다.

효능과 이용법 겨자 맛이 나는 방향성 식물로 벌레를 쫓는 효과를 가지고 있다. 아리스토파네스가 『말벌들』에서 추천했던 것처럼 예전에는 물냉이를 먹으면 힘과 용기와 개성이 생긴다고 믿었다.

중세에 널리 알려져서, 프랑스어에서는 '크레스(Kresse)', 영어에서는 '크레스(Cresse)'라고 부르던 물냉이는 아이오다인, 황, 철, 비타민 C가 풍부하여, 외용으로도 사용되었다.

▲ 물냉이의 잎

03 Draba nemorosa L.

정력자 108 ②

꽃다지

▲ 꽃다지의 새싹

생김새 줄기는 곧게 서서 약간의 가지를 치면서 20 cm 정도의 높이로 자라고 온 몸에 잔털이 많다. 근생엽은 많이 나와 주걱꼴로서 둥글게 방석처럼 땅을 덮는다. 톱니가 약간 있고 밑 부분이 좁아져서 잎자루처럼 된다. 줄기에 생겨나는 잎은 길쭉한 타원꼴로 서로 어긋나게 자리 잡고 있으며 가장자리에 약간의 잔 톱니가 있으며 잎은 약간 두텁고 잔털이 덮인다.

꽃은 4~6월에 피고 황색이며 많은 꽃이 달리는데 줄기와 가지 끝에 이삭 모양으로 뭉친 꽃망울이 아래로부터 차례로 피어 올라간다. 열매는 편평하고 긴 타원형으로 7~8월에 맺히는데 각과이다. 열매에 털이 없는 것을 '민꽃다지' 라고 한다.

▌다닥냉이 Lepidium apetalum Willd

▲ 다닥냉이의 꽃과 줄기

생김새 키는 사람의 무릎 정도 높이로, 처음 땅에서 올라오는 잎은 잎자루가 긴 깃꼴겹잎이다. 줄기에서 나는 잎은 어긋나고 밑에서 위로 올라갈수록 점점 가늘어진다. 꽃은 흰색이고 십(十)자 모양이며 촘촘히 달립니다. 봄부터 여름까지 꽃이 피며, 여름이 끝날 즈음 열매가 익는다.

▌황새냉이 Cardamine flexuosa With.

▲ 황새냉이의 꽃

생김새 높이가 10~30cm이고, 밑에서부터 가지가 갈라져서 퍼지며 밑부분은 털이 있고 검은 자주색이다. 잎은 어긋나고 우상복엽이다. 꽃은 20개 내외의 꽃이 총상꽃차례로 달린다. 꽃받침은 4개이고 흑자색이 돌며 꽃잎은 꽃받침보다 2배 정도 길다. 열매는 긴각과이며 털이 없고 곧게서며 익으면 2조각이 뒤로 말리어 종자가 튀어 나온다.

04 Raphanus sativus L.

무
내복자(萊菔子)

▲ 무의 뿌리

생김새 1~2년생 초본으로 1m까지 곧게 자라며, 뿌리는 원주형으로 두껍고 육질이다. 근생엽은 1회 우상 복엽으로 모여 나고, 경생엽은 서로 어긋난다. 4~6월에 담자색 내지 백색꽃이 피고 열매는 6~7월에 열린다.

효능과 이용법 무의 매운맛에는 알릴 화합물 성분이 들어 있는데, 이것은 위액을 높여 주는 효과가 있다.
무의 비타민C는 뿌리보다 잎쪽에 많이 함유되어 있으며, 무기질도 풍부하다. 철이나 마그네슘도 많은데, 이러한 것들이 점막의 병변(病變)을 치유하는 효과가 있다. 무의 비타민A는 뿌리에는 전혀 함유되어 있지 않고, 잎 부분에 다량으로 분포한다.

과식 후의 소화 촉진
육류, 면류의 과식으로 배가 부르고 트림과 위산을 토하면, 내복자 12g, 신곡 12g을 진하게 끓여 복용하면 소화력 증강과 팽만감을 없앨 수 있다.

만성 소화불량
내복자에 계내금, 백출을 가미해 산제나 환제로 하여 저녁 식사 후에 12g씩 복용하면 건위의 효과를 볼 수 있다.

구토와 설사 치료
소화 흡수 기능의 회복이 늦고 식욕이 감퇴되어 그 맛을 모르고 윗배가 부르고 답답할 때는, 내복자 12g에 선사 12g, 지실 8g을 가미해 사용하면 식욕이 증진되고 변통도 순조롭게 된다.

무꽃과 배추꽃, 그리고 유채꽃

배추꽃은 노랗게 피고, 무꽃은 하얗게 핀다. 배추꽃이나 유채꽃을 따로 보면 구별이 안 될 정도로 비슷하다. 그러나 같은 자리에서 보면 배추꽃이 조금 더 큰 것을 알 수 있다.

▲ 무꽃

▼ 유채꽃

▲ 배추꽃

무말랭이무침

무말랭이무침

재료
무말랭이 100g, 말린 고춧잎 100g, 물엿 약간
양념장 : 간장 1큰술, 설탕 1/2큰술, 멸치액젓 1큰술,
　　　　　고춧가루 1큰술, 다진 파 2큰술, 다진 마늘
　　　　　1큰술,　깨소금 1큰술, 참기름 1/2큰술

만드는 법

1. 무말랭이와 고춧잎은 물에 불렸다가 건져 물기를 꼭 짠다.
2. 준비한 재료를 분량대로 섞어 양념장을 만든다.
3. 1에 양념장을 넣고 양념이 골고루 배도록 무쳐낸다.
4. 물엿과 참기름, 통깨를 넣어 맛을 낸다.
   통에 눌러 담아두었다가 먹는다.

무밥

재료
쌀 3컵, 무 1/2개, 쇠고기 100g, 파 1/2뿌리,
마늘 2쪽, 참기름, 진간장 약간

만드는 법

1. 쌀은 씻어 놓고, 무는 굵직하게 채썬다.
2. 쇠고기는 다지고, 파, 마늘도 다진다. 쇠고기에 파,
   마늘과 참기름, 진간장을 넣고 양념하여 살짝 볶는다.
3. 냄비에 채 썬 무를 깐 다음 쇠고기와 쌀을 넣고 물을
   부어 밥을 한다.
4. 그냥 먹어도 좋지만 양념장을 얹어 비벼 먹는 것이
   별미이므로 실파와 고춧가루, 참기름, 깨소금을 넣은
   양념장을 곁들여도 좋다.

야채스프

야채스프

> ## 재료
> 무 1/4개, 당근 1/2개, 연근 1/4개, 생강 1/4개, 양배추 1/6개, 율무 70g

만드는 법

1. 무를 잘 씻는다.
2. 야채를 손으로 잘게 찢고, 무와 당근은 1cm각으로 썬다.
3. 손질한 야채에 3배의 물에 넣고 중간불로 끓인 후, 평상 온도가 될 때까지 식힌다.
4. 키친페이퍼, 소쿠리로 거른다.
5. 냉장고에 보존하고, 2일 이내에 마신다.

증상에 맞추어서 만드는 야채스프

1. 동맥경화 방지에는 콜레스테롤을 낮출 필요가 있으므로 우엉을 첨가하면 좋다.
2. 습열이 관련이 있는 것이라면 식혀서 수분을 배설해야 하므로, 청열과 이수의 효과가 있는 오이를 첨가하면 좋고, 담습이 관련이 있는 것이라면 수분을 배설함과 동시에 몸을 따뜻하게 해야 하므로, 온보와 이수의 작용을 하는 순무를 첨가하면 좋다.
3. 뇌졸중은 기와 혈 양쪽이 부족한 것으로 생각할 수 있다. 이 때문에 기와 혈을 보하는 효과를 지닌 부추를 넣으면 좋다.
4. 마비에다가 당기는 통증이 뒤따르고, 쓰다듬으면 부드럽고, 거무죽죽한 안색으로 입술이 파랗고, 설태가 건조한 증상에는 셀러리나 피망, 우엉을 첨가하면 좋다.

05   Brassica Rapa L.

순무

만청(蔓菁), 무청(蕪菁), 제갈채

▲ 순무의 잎

▲ 순무의 뿌리

생김새 순무는 겨자과에 속하는 한해살이 또는 두해살이 근채 식물로 원산지는 지중해 연안에서 서아시아이며 전세계에 걸쳐 넓게 재배되고 있다. 각지에서 독특한 품종이 많이 생겼으며 종류로는 재래품종군, 유럽계품종군, 잡종군이 있다. 뿌리의 색은 흰색, 담녹색, 보라색, 선홍색의 여러 가지가 있으며 일반적으로 순무는 무보다 섬유질이 적다.

순무 뿌리는 어린 식물의 1차 뿌리와 바로 위의 어린 줄기가 같이 굵어진 것이다. 줄기는 첫해에는 짧게 자라며, 잎은 뿌리 끝에 로제트 같은 다발을 이루는데 연두색이고 거친 털이 달린다. 다음해에 로제트 가운데에서 싹이 나와 튼튼하고 가지를 치는 곧은 줄기로 자라는데, 이 줄기에 엷은 청록색의 부드러운 잎이 난다. 줄기와 가지 끝에 밝은 노란색의 작은 꽃이 무리지어 핀 후, 짧은 부리를 가진 부드럽고 길쭉한 씨 꼬투리가 생긴다.

효능과 이용법 순무는 크기, 모양, 빛깔에 따라서 여러 가지가 있으나 이들의 성분은 대체로 비슷하고 일반성분은 무와 대동소이하다. 당질로는 포도당, 펙틴이 포함되어 있으며 비타민C의 함량은 종류에 따라 약간 차이가 있다. 무의 잎과 마찬가지로 순무의 잎에도 생리활성성분이 많이 들어 있으며 특히 비타민A와 C 그리고 무기질로는 칼슘 함량이 높다.

암의 예방

순무의 뿌리나 잎에는 강력한 항암물질의 하나인 글리코시노레이트라는 화합물이 있는데 동물실험에서 이 화합물은 암을 억제한다고 밝혀졌다. 짙은 녹색의 잎채소에는 엽록소와 베타카로틴, 그 밖의 카로티노이드 색소가 풍부한데 이들은 모두 항암물질이다.

기타

순무는 예로부터 '밭의 화장품'이라 하여, 피부미용에 좋다고 알려졌다. 또 어린이 성장발육에 영향을 주므로, 반찬이나 간식, 과일 대용의 후식으로 좋다.

> ### 순무의 씨앗
>
> 순무씨를 먹으면 눈을 밝게 하며 이뇨의 효능이 있다. 또한 씨를 말려두고 오랫동안 먹으면 건강하게 장수한다고 한다. 급체시에는 순무씨로 기름을 내어 공복에 마시면 즉시 체증이 내린다고도 한다.

06 Brassica campestris subsp. napus var. pekinensis

배추
숭, 숭채, 백숭, 백채

▲ 배추의 잎

생김새 겉잎은 달걀을 거꾸로 세워놓은 모양이고 잎 중앙에 넓은 흰색의 가운데맥이 있으며 녹색, 또는 연한 녹색이다. 뿌리에 달린 잎은 땅에 깔리고 가장자리에 불규칙한 톱니가 있으며 양쪽 면에 주름이 있다. 줄기에 달린 잎은 줄기를 싼다.

꽃은 십자화관이며 짙은 노란색이다. 총상꽃차례를 이루며 밑동으로부터 위끝을 향하여 꽃이 핀다. 열매는 긴 뿔처럼 생겼으며 2실로 되어 있고 그 사이에 얇은 막이 있다. 완숙하면 양쪽의 과피는 앞끝부터 쪼개져서 종자가 떨어진다. 1개의 열매에는 20~28개의 밑씨가 들어 있다.

효능과 이용법

화상과 피부 질환 치료

예부터 화상을 입거나 생인손을 앓을 때에는 배추를 데쳐서 상처 부위에 붙였다. 옻독이 올라 가렵고 괴로울 때에도 배추의 흰 줄기를 찧어서 즙을 낸 다음 피부에 바르고 치료하였다.

감기 치료제

배추는 무엇보다 감기를 물리치는 특효약으로 꼽힌다. 배추를 약간 말려서 뜨거운 물을 붓고 사흘쯤 두면 식초맛이 나는데 이것을 '제수' 라고 한다. 제수는 가래를 없애주는 약효가 뛰어나 감기로 인한 기침과 가래 증상을 해소하는 데 아주 좋다.

배추가 감기에 효과적인 이유는 배추에 풍부하게 함유되어 있는 비타민C 때문이다. 배추 속에 농축되어 있는 비타민C는 열을 가하거나 소금에 절여도 잘 파괴되지 않는 특징이 있다. 이외에도 배추에는 체내에서 비타민A로 작용하는 카로틴을 비롯해 칼슘, 식이섬유, 철분 등이 들어 있다.

때문에 몸이 오슬오슬 춥고 머리가 아프면서 열이 날 때 '배추뿌리차' 를 마시면 아주 좋은 효과를 볼 수 있다.

▲ 배추의 꽃

▲ 양배추의 꽃

07 Brassica oleracea L. var. capitata L.

양배추

단백채(丹白菜), 연백채(蓮白菜)

▲ 양배추의 열매

생김새 잎은 두껍고 털이 없으며 분처럼 흰빛이 돌고 가장자리에 불규칙한 톱니가 있으며 주름이 있어 서로 겹쳐지고 가장 안쪽에 있는 잎은 공처럼 둥글며 단단하다. 꽃은 5~6월에 노란색으로 피고 2년생 뿌리에서 나온 꽃줄기 끝에 총상꽃차례를 이루며 달린다. 꽃받침조각은 4개이고 길이 1cm의 긴 타원 모양이며, 꽃잎은 4개이고 길이 2cm의 달걀을 거꾸로 세운 모양이다. 열매는 각과이고 짧은 원기둥 모양이며 비스듬히 선다. 지중해 연안과 소아시아가 원산지이다.

효능과 이용법

궤양, 변비, 폐암, 결장암 치료

양배추 즙은 신체의 정화와 환원에 큰 효능을 가지고 있다. 이용한 뒤에는 배에 가스가 차기 때문에 불쾌감이 느껴질 때도 있는데, 그것은 장 내에 쌓인 부패물이 양배추 즙에 의해 분해되어 화학 반응을 일으키기 때문이다.

변비는 피부 마찰의 주 원인이 되는 것이 보통이기 때문에, 양배추 즙을 적절하게 마시면 뾰루지 등도 완전히 제거될 수 있다. 또한 양배추는 면역기구를 자극하여 암세포를 억제한다.

양배추 민간요법

- 고대 로마에서는 양배추를 만능약으로 보았다. 고대 희랍의 유명한 수학자인 피타고라스는 양배추를 원기와 안정된 기분을 갖게 하는 채소라고 하였으며, 고대 러시아의 의료서에는 양배추즙을 술과 함께 마시면 황달, 간에 도움을 주고, 뿌리를 태워서 마시면 결석에 효력이 있다고 기록되어 있다.

- 양배추 생즙은 빈혈, 위궤양, 위장장애, 당뇨병에 효과가 있어 계속 마시면 좋다. 또한 피를 맑게 해 주고 몸의 저항력을 높이며 여성의 미용에 한 몫을 한다.

- 현대에는 궤양의 치료에 쓰고 있는데, 양배추는 모든 녹색채소 중 항암물질로 알려져 있는 카로티노이드를 비교적 많이 함유하고 있고 또한 엽록소의 훌륭한 공급원이다.

▌브로콜리 Brassica oleracea var. italica

생김새 '녹색 꽃양배추'라고도 한다. 기원전부터 재배되었다고 하나 현재와 같은 품종은 16세기부터 영국, 프랑스, 이탈리아에서 재배되었고, 19세기에 미국, 동남아시아에 전파되었다. 우리나라는 최근에 와서 재배하기 시작하였다.

▲ 브로콜리의 열매

효능과 이용법

암 발생 억제

브로콜리는 결장암을 억제하는 효능이 뛰어나며 그 작용은 서양 배추보다 훨씬 우수하다. 브로콜리에는 암에 대한 방어물질로 알려진 인돌류, 글루코시노레이트, 디티올치오닌이 풍부하게 함유되어 있다.

또한 브로콜리는 시금치나 양배추와 같이 카로티노이드를 풍부하게 갖고 있으며 그것은 특히 폐암 등의 암에 대해서 한층 더 방어력을 높이고 있다. 엽록소도 풍부한데 아마도 이것이 암의 전조라 할 수 있는 세포의 돌연변이를 억제하는 강한 힘을 주고 있다고 생각된다. 또한 브로콜리는 자궁경부암을 억제하며, 다른 짙은 녹색채소와 같이 담배를 애용하는 사람들을 폐암으로부터 지켜주고 있다.

▌콜리플라워 Brassica oleracea var. botrytis

생김새 '꽃양배추'라고도 한다. 양배추의 일종으로 꽃이 변형된 것을 식용으로 한다. 기원전부터 재배하였다고 전해지나 현재와 같은 품종은 16세기부터 영국, 프랑스, 이탈리아에서 재배하였고, 19세기에 미국, 동남아로 전파되었다. 우리 나라는 최근에 와서 아주 조금씩 재배하기 시작하였으며, 색깔은 순백으로 딱딱한 것이 최상이다.

효능과 이용법 단백질을 구성하는 아미노산으로는 히스티딘과 쌀에 부족한 라이신이 풍부하게 함유되어있다. 비타민C와 칼륨이 다량으로 함유되어 있는 알칼리성 식품이다.

결장암과 위암의 위험 감소

항암채소로 많은 관심을 받고 있는데, 특히 결장암, 직장암, 위암, 유방암, 전립선암, 방광암 등의 위험을 낮추어 주는 채소이다. 꽃양배추가 함유하고 있는 성분 중 인돌(indol)류 등의 화합물이 몸이 지닌 자연의 방어력을 높이는 것이 아닌가 하고 추정되고 있다.

꽃양배추에는 카로틴이나 엽록소가 비교적 많이 함유되어 있지 않아 폐나 그 밖에 담배와 관련된 암에 대해서는 예방효과가 별로 없다.

▲ 콜리플라워의 열매

08 Brassica campestris subsp. napus var. nippo-oleifera

유채
한채, 운대자

▲ 유채의 꽃

생김새 배추과의 두해살이풀이다. 전국에서 재배 혹은 자생하는데, 특히 제주를 비롯한 남부지방에서 잘 자라며, 높이는 약 1m 정도이다. 줄기 기부의 잎에는 엽병이 있고 소수의 열편을 가지고 있으며, 윗면은 선명한 녹색 아래는 흰색이다. 상부잎의 기부는 줄기를 감싸고 엽병이 없으며, 꽃은 황색으로서 4월경 줄기끝에서 총상화서 형태로 피고, 과실은 각과로서 성숙하면 벌어져서 흑갈색의 종자가 나온다.

효능과 이용법 유채는 줄기와 잎을 '예태(藝台)', 한명으로 '호채, 한채, 청채, 예태채' 라고 하고, 종자는 '예태자' 라고 하는데, 유채잎과 종자는 비타민K, 지방, 단백질, 지방산 등이 들어 있어서 우리 몸에 영양분을 공급해줄 뿐만 아니라, 한방에서 파징가결혈, 소종, 단독, 열독창, 유용, 어혈, 산후열풍, 토혈, 행혈, 종기, 명목, 치창 등에 약용으로 사용한다.

한의학에서는 유채꽃씨를 '운대자' 라 하는데 성질은 맵고 따뜻하며, 독은 없고, 간경락에 작용한다.

어혈 해소
한의학에서는 산후오로가 잘 나오지 않거나, 생리불순, 유용, 치질, 종기 등 어혈질환에 많이 응용된다. 어혈 치료에 아주 강력한 효과가 있는 약재 중 하나이다. 그러나 몸이 허약하거나 어혈이 심하지 않은 사람에게는 부작용이 있을수 있다.

정혈 작용
피를 맑게 하여 고지혈증, 고혈압에 일정한 효과가 있다.

유채씨기름

제주에서 유채를 재배하기 시작한 것은 유채를 유료작물로 이용하기 위한 것이었다. 유채기름에는 불포화지방산 즉 산화 방지하는 성분이 많이 들어있어 권장되며, 마가린 식물성 기름으로 만든 버터 대용품엔 대부분 유채씨 기름이 쓰인다. 유채씨 기름은 식용유로 콩기름 다음으로 많이 소비되고 있으며, 무색무취의 기름으로 담백한 풍미가 입맛을 당겨주며 모든 음식에 잘 어울린다.

유채샐러드

유채나물

재료

유채 300g, 된장 1큰술, 다진 파 1/2큰술,
다진 마늘 1작은술, 통깨 1/2큰술, 생강가루
1/2큰술, 들기름 1/2큰술

만드는 법

1. 유채는 씻어 소금물에 데친 후 찬물에 헹구어
   꼭 짠다.
2. 먹기 좋은 크기고 자른 유채에 된장, 다진 파,
   다진 마늘, 통깨, 생강가루를 넣고 버무린 후
   마지막으로 들기름을 넣는다.

유채샐러드

재료

데친 유채나물 120g ,참기름 1큰술, 볶은소금
2/3티스푼, 다진마늘 1/2티스푼, 다진파, 깨소금

만드는 법

1. 참기름에 소금과 다진마늘을 넣어 섞은 후,
   손질한 유채나물을 넣어 조물조물 무친다.
2. 1에 다진파를 넣고 깨를 넣어 마무리한다.

09 Brassica alba (L). Boiss.

겨자 108 ③

백개자, 개채(芥菜), 신채(辛菜)

▲ 겨자의 잎

생김새 높이가 1m에 이르고 윗부분에서 가지가 갈라진다. 뿌리에서 나온 잎은 넓은 타원형이고 잎자루는 짧으며 가장자리에 불규칙한 톱니가 있다. 줄기에서 나온 잎은 긴 타원상 피침형이며 양면에 주름이 지고 흑자색이 돈다. 봄부터 여름까지 총상화서에 황색 꽃이 많이 달린다. 꽃잎은 길쭉한 원형으로 길이가 8mm 정도 된다. 꽃받침은 4개로 연녹색을 띤 긴 타원형이다. 열매는 각과로서 길고 비스듬히 서는 황갈색의 긴 꼬투리로 그 안에 작은 씨가 많다. 종자로 겨자를 만든다. 원산지는 지중해 연안이나 중국이라고 하며, 우리나라를 비롯한 여러 나라에서 널리 재배하고 있다.

효능과 이용법

혈액 순환 증진

몸을 따뜻하게 하는 효능과 세포조직을 발열시켜 노폐물뿐만 아니라 막힌 것을 없애주는 효능이 있으며, 새로운 세포가 형성 되도록 도와준다.

기타

정신에 활력과 생기를 주고 기억력을 높여주며 무력감을 떨쳐 버리고 중풍을 막는 데 탁월한 효험이 있다고 한다.

▌ 갓 Brassica juncea var. integrifolia

생김새 겨자의 변종(變種)으로, 겨자에 비해 잎이 크고 갈라지지 않으며 청자색을 띠는 점이 다르다.

효능과 이용법 갓에 들어있는 카로틴은 흡수된 인체 내에서 비타민A로 바뀌므로 프로 비타민A라고도 한다. 흔히 채소로 심고 있는데, 줄기와 잎으로 김치를 담가 먹는다.
겨자와 갓의 씨를 함께 겨자 또는 '개자(芥子)'라고 하는데 갓 씨는 겨자 씨보다 매운 맛이 덜하며 류머티즘 · 신경통 · 폐렴 등의 치료에 효과가 있다.

▲ 갓의 잎

백개자 Brassicae Semen

생김새 한자로 '개채(芥菜)' 또는 '신채(辛菜)'라고도 한다. 중국에서는 B.C. 12세기 주(周)나라 때 이 종자를 향신료로 사용하였다고 하며, 한국에서도 중국에서 들여온 채소류로 널리 재배한다.

겨자찜질 요법

몸의 표면에 발적을 일으켜서 내부의 울혈이 흩어지게 한다. 세균의 먹이를 몸의 표면으로 빼앗아서 균을 아사시키는 방법으로 인후부, 복부, 흉부 등에 많이 사용한다.
폐렴, 기침, 감기, 요통, 좌골신경통, 관절염, 디스크, 신경통, 견비통, 각종 통증, 중이염, 충수염, 피로회복, 초조감, 히스테리, 월경통 등에 탁월한 효과가 있다.

1. 겨자가루와 감자가루, 거즈, 비닐 등을 준비한다.
2. 겨자가루와 감자가루를 7 : 3의 비율로 혼합하여 용기에 담아 약 55℃ 정도의 따뜻한 물로 끈끈하게 반죽을 한다.
3. 충분한 크기의 거즈 위에 겨자 반죽을 올려, 그 위에 비닐을 덮어 약 3mm 정도의 두께로 환부 크기만큼 납작하게 만든다.

겨자찜질의 주의점

- 한 자리에 20분 이상 붙이지 않는다. 겉으로 발적이 나지 않는다고 하여 계속 붙여두면 내상을 입을 수 있다.
- 보통 1일 1회이지만, 때로는 2회를 해도 무방하다. 겨자가 없을 때에는 생강, 후추, 고추 등을 대용으로 쓸 수도 있다.

겨자목욕

겨자는 몸을 따뜻하게 하는 성분을 갖고 있기 때문에 몸이 찬 사람의 경우 냉증 해소에 크게 도움이 된다. 혈액순환을 좋게 하는데, 냉증뿐만 아니라 류머티즘에도 효과가 있고, 살균소독효과도 있다. 또한 내장의 염증을 없애주고 심한 설사를 멎게 한다.

1. 200g 가량의 겨자 가루를 헝겊에 싼 다음 물에 푼다.
2. 1에 몸을 담그거나, 간단하게 겨자를 우려낸 물에 발을 담그고 있는 것도 효과적이다.

흑개자 Sinapis Semen nigra

생김새 1m 정도 키에 무성한 직립 잎과 열편 잎을 가진 1년생 식물로 노랑꽃과 장방형의 매끄러운 씨주머니가 있다. 솜털 열매 주머니를 가진 것이 특징이다.

효능과 이용법 익은 씨의 종자유는 팅크제로 사용된다. 흑개자는 얼얼한 개자오일의 자원이며 성경에 언급되어 있다. 항균제, 유도자극제로도 쓰인다.
개자 주정제 혹은 개자 고약(씨를 으깨어 미지근한 물에 담가 만든 것)의 형태로 사용한다. 희석된 오일은 통증 있는 근육에 발라 문지른다.

▲ 흑개자의 잎

10 Armoracia rusticana Gaertn.

겨자무
서양고추냉이

▲ 겨자무의 꽃

▲ 겨자무의 잎

생김새 높이는 1.5m까지 자란다. 잎은 잎자루가 길며 긴 길둥근꼴이나 달걀꼴이고 길이 10~23cm이이지만, 80cm까지도 자라고 가장자리에 끝이 둥근 이빨모양의 결각이 있다. 잎은 화아분화가 이뤄지면 결각이 매우 심하게 된다. 꽃은 5월에 흰빛으로 피며 꽃잎은 4개이다. 개화 후에 달걀꼴의 열매가 생기고 그 안에 암갈색의 작은 종자가 생기나 불임성이다. 지중해 및 서아시아 원산의 여러해살이풀이다. '서양고추냉이'라고도 한다.

효능과 이용법 독특한 향기와 매운맛이 특징이다. 뿌리가 매우 딱딱하므로 가늘게 채를 쳐서 고기와 같이 먹는다. 아주 맵고 자극성이 강하기 때문에, 뿌리를 강판에 갈 때는 양파를 다질 때처럼 조심해야 한다.

염증 치료제
겨자기름은 항생물질로 신장과 요도의 염증, 만성기관지염, 폐울혈 등의 치료에 효과가 있다. 비타민C, 칼륨, 황, 칼슘이 많이 들어 있어서 괴혈병과 빈혈을 치료하는데 사용되어 왔다.

감기로 인한 기침
강판에 간 양고추냉이 1티스푼에 꿀 또는 설탕을 같은 양만큼 섞어서 하루에 3회 복용한다.

기타
신진대사장애, 장운동 부진을 치료하고 어린이 뱃속에 있는 기생충을 없애는 데도 사용된다.
신선한 잎으로 만든 즙은 베인 상처나 화상, 동상의 통증을 가라앉혀 준다.

▲ 겨자무의 잎

제7장

명아주과 및 기타식물 참살이

01 **명아주과** : 명아주 / 근대 / 댑싸리 / 번행초 / 함초 / 수송나물 / 나문재 / 시금치

02 **기타** : 어성초 / 삼백초 / 봉선화

명아주과
및
기타 식물

01 명아주
02 근대
03 댑싸리
04 번행초
05 함초
06 수송나물
07 나문재
08 시금치
09 어성초
10 삼백초
11 봉선화

01 Chenopodium album var. centrorubrum Makino.

명아주 108 ③

여(黎), 연지채, 학정초

▲ 명아주의 열매

▲ 명아주의 잎

효능과 이용법 명아주는 잎과 줄기를 약으로 쓴다. 예부터 영양가 높은 약초라고 알려져 있으며, 쓴맛이나 냄새가 없고 부드러우며 삶으면 시금치 같은데 비타민A, B2, C 등이 많이 들어있어서 시금치보다 더 영양이 풍부하다.

어린잎은 반짝이는 하얀 가루를 씻어 내고 여러 가지 방법으로 조리하여 먹는데, 삶으면 시금치 같지만, 시금치보다 비타민이 더 많이 들어 있다.

고혈압, 동맥경화 치료제
콜레스테롤 억제 작용을 한다. 과체중자에게도 좋다.

생김새 명아주는 밭이나 인가 주변에서 전국적으로 흔하게 무리지어 자라는 명아주과의 한해살이풀이다. 줄기는 높이가 1~2cm이르며 굵고 곧게 서며 가지를 친다.

6~7월에 가지 끝에서 이삭 모양이 되고 전체적으로 원추화서를 형성하며 작은 꽃이 많이 달린다. 꽃은 양성으로 황록색이며 꽃자루가 없다. 꽃받침이 5개로 깊게 갈라지고 꽃잎은 없고 5개의 수술과 2개의 암술대가 있다. 열매는 포과이고 꽃받침에 싸인다. 종자는 흑색이고 광택이 난다.

선명한 붉은색을 띤 꽃이 이삭처럼 피는 모양이 연지를 찍은 것 같기도 하고, 학의 정수리 같기도 하여 '연지채'나 '학정초'라고도 부른다.

질병에 따른 이용법

- **천식** : 여름에 명아주를 뿌리째 말린 다음 물을 붓고 달여 마시면 증상이 완화된다.
- **충치로 인한 치통** : 명아주의 마른 잎을 달인 뒤 그 즙을 입에 물고 있으면 통증이 누그러진다.
- **중풍** : 뿌리째 하루 20g씩 달인 다음 끼니 사이에 나누어 마시면 약이 된다.
- **티눈이나 사마귀** : 명아주 줄기를 태워 낸 잿가루에 쑥을 태워 낸 잿가루를 동량으로 섞은 뒤 물을 붓고 계속 졸인다. 나무주걱으로 젓다가 조청 같은 고약이 되면 환부에 바른다.

02 Beta vulgaris var. cicla L.

근대

비트(Beta)

▲ 근대의 잎

생김새 뿌리는 사탕무처럼 비대해지지 않고 원줄기는 1m에 달하며 가지가 많다. 뿌리잎은 난형 또는 긴 타원형으로 두껍고 연하다. 줄기잎은 긴 타원형·바소꼴로 끝이 뾰족하고 굵은 육질(肉質)의 잎자루가 있다. 꽃은 6월에 포(苞) 겨드랑이에 황록색으로 피는데, 작은 꽃이 모여 1개의 덩어리처럼 되며, 원뿔 모양을 이룬다. 화피(花被)는 5개로 갈라지고 그 조각은 긴 타원형이며 꽃이 진 다음 열매를 감싼다. 열매는 크게 자란 꽃턱(花托)과 화피로 된 딱딱한 껍질 속에 1개씩 들어 있다. 수술은 5개이며, 암술대는 2~3개이다. 유럽 남부가 원산지로 밭에 심는 채소식물이다.

효능과 이용법 근대는 국거리용으로 주로 이용이 되며, 잎은 약간 데쳐서 쌈으로도 이용이 되지만 주로 겨울과 봄에 국거리용으로 이용된다.

근대에는 각종 알카로이드가 함유되어 있으나 독은 없다. 그 중 베타인은 뿌리에 주로 함유되어 있는데 이뇨제로서의 효과가 있다. 씨앗은 발한제로서 몸을 차게 하는데 쓰인다. 신선한 잎은 화상이나 타박상에 쓰인다.

* **적근대** (Red Rhubarb Chard)
잎이 넓고 줄기가 붉은색을 띤 근대로 광택이 있으며 선이 매끄럽다.
적근대에는 카로틴, 칼슘, 철을 풍부하게 함유되어 있어 소화기능을 촉진하고, 피부의 혈액순환을 도와 피부미용, 다이어트에 효과를 준다. 또한 뼈를 튼튼하게 하고 산후 요통에도 도움을 준다.

비트(Beta)

비트는 갯근대(야생비트)를 비롯해 사탕무, 근대, 사료비트와 유사한 근연식물로, 뿌리를 자르면 나이테같은 둥근 겹무늬가 있다. 뿌리를 자르면 비트만 속이 붉고 다른 종은 백색이다.

비트는 유럽 남부 지중해 연안에 야생상태로 분포하는 갯근대(Beta maritima)로부터 순화된 것으로 추정되고 있다. 원산지는 유럽과 아프리카 북부이다.

03 Kochia scoparia schrader

댑싸리 108 ②

지부자(地膚子), 지백, 소추

▲ 댑싸리의 꽃과 줄기

생김새 높이는 보통 30~100cm이고, 기부에서 많은 가지가 갈라지며 갈색털이 있다. 잎은 어긋나고 피침형으로 양끝이 좁고 가장자리가 밋밋하며 뚜렷한 3맥이 있다. 길이는 1~5cm이다.

꽃은 7~8월에 피며, 작고 담녹색으로 잎겨드랑이에 몇 개씩 모여 달린다. 꽃자루는 없으며 꽃 밑에 잎 같은 포가 있다. 꽃받침은 5개로 갈라지고 꽃이 핀 다음 자라서 열매를 둘러싸며 뒷면에서 날개 같은 돌기가 발달한다. 수술은 5개로 길게 꽃 밖으로 나오고, 씨방은 원반형이며 끝 부분의 암술대가 2개로 갈라진다.

열매는 포과로서 납작한 구형으로 끝에 암술대가 달리고 그 속에 종자가 1개 들어있다. 8~10월에 열매가 열린다.

효능과 이용법 한방에서는 댑싸리 익은 열매를 '지부자, 지백, 소추' 라 하며 약으로 쓴다. 어린 줄기와 잎도 '지부묘' 라 하여 약용한다. 가을철 열매가 익을 시기에 베어 말린 후 열매를 털어 모아 잡질을 제거하고 그대로 사용한다.

갑상선 비대와 관련된 증세를 치료하고, 신경계와 심장 심계항진에 사용한다. 또한 유방통 치료에도 이용된다.

댑싸리의 씨

좁쌀만한 씨를 불려서 삶으면 3~4배로 불어나 도루묵알 같으며, 씹으면 톡 터지는 맛이 별미이다. 파란색이 식욕을 돋구며 자양 강장 이뇨제의 약효도 있으므로 상품으로 각광받을 수 있는 건강식품이다.

댑싸리 씨를 불린 것은 식물의 씨라고 생각되지 않고 생선알 같아서 맛도 있으므로, 철갑상어알 같다고 하여 '캐비아' 라고 불린다. 술안주나 조림, 계란찜, 샐러드에도 좋고 무채와 함께 초간장에 버무려 먹어도 맛있다.

▲ 댑싸리의 잎

04 Tetragonia tetragonoides O.Kuntze

번행초(蕃杏草) 108 ③

▲ 번행초의 잎

생김새 우리나라 바닷가 어디에나 자라며, 특히 따뜻한 남쪽 해안가에 많다. 따뜻한 곳에서는 여러 해 동안 살지만 추운 지방에서는 겨울철에 시들어 죽는다.

줄기는 50cm 정도의 높이로 자라나 약간의 가지를 치면서 한 뿌리에서 둥그렇게 땅에 붙어서 사방으로 퍼져 나간다. 잎은 두껍게 살이 찌고 서로 어긋나게 자리하고 마름모꼴에 가까운 모습을 하고 있다. 잎 가장자리는 밋밋하다. 꽃은 잎겨드랑이에 한두 송이가 꽃대 없이 바짝 달라붙어서 천마꽃처럼 핀다. 꽃잎이 없고 다섯 갈래로 갈라진 종꼴의 꽃받침이 꽃잎처럼 보인다.

효능과 이용법

청열작용
눈이 충혈되고 아픈 것을 풀어주며, 피부가 헐어 불그스름하게 부어 오른 발진을 다스린다.

건위작용
위염, 위궤양, 위산과다, 소화불량 등 갖가지 위장병에 치료 및 예방 효과가 높다. 번행초를 꺾을 때 나오는 흰 유즙이 위벽을 보호하고 염증을 치료한다.

자양강장의 효과
원기회복, 식욕증진 등의 효능이 있으며, 고혈압, 빈혈, 허약체질에도 효과가 좋다. 병을 앓고 나서 기력이 부족한 사람이나 산후에 미역국처럼 국을 끓여 먹으면 빨리 몸이 회복된다.

기타
고등어나 다랑어처럼 변하기 쉬운 생선은 잡는 즉시 내장을 꺼내고, 번행초를 가득 채워 넣어 두면 오래 두어도 변질되지 않으며 식중독에 걸릴 위험이 없다.

번행초 이용법

- 잎과 줄기를 그늘에서 말려 두었다가 차로 이용하면 소화불량, 숙취로 인한 메스꺼움, 위염 등이 예방 또는 치료된다. 말리거나 생것 20g을 적당한 양의 물로 달여서 복용하거나 생즙을 내어 마신다.

- 가루 옷을 입혀 튀김으로 만들어 먹거나, 날것을 국을 끓여 먹기도 한다. 또 나물로 무치거나 된장국에 넣어 먹을 수도 있고, 샐러드나 녹즙으로 만들어 마시기도 한다. 맛이 부드럽고 담백하며, 씹히는 맛이 좋다.

05 | Salicornia europaea L.

함초(鹹草) 108 ③

퉁퉁마디

▲ 함초의 줄기

생김새 서남해안지대의 개펄이나 염전주변 등에서 자라는 명아주과의 1년생 초본식물이다. 바닷물과 가까운 곳에서 소금을 흡수하면서 자라기 때문에 맛이 매우 짜며, 줄기에 마디가 많고 가지가 1~2번 갈라지며, 잎과 가지의 구별이 거의 없다.

봄(4월 초순경)에 싹이 터 여름 내내 진녹색으로 성장하다가 8~9월경에 흰색의 아주 작은 꽃이 피며 곧 열매를 맺는다. 이 무렵부터 진녹색의 함초는 빨간색으로 변하며 초가을(9~10월경)에 많은 열매를 맺게 되는데, 납작하고 둥근 열매가 바람에 날려 무리지어 자란다.

효능과 이용법 함초는 바닷물 속에 들어 있는 칼슘, 칼륨, 마그네슘, 철, 요오드, 인 등 수십 가지의 유익한 미량 원소와 효소를 흡수하면서 자란다.

고혈압, 저혈압 치료
함초는 혈액순환을 좋게 하고 피를 맑게 하고 혈관을 튼튼하게 하므로 고혈압, 저혈압을 동시에 치료한다. 또한 비만을 치료한다.

축농증, 신장염, 관절염에 효과
함초에는 화농성 염증을 치료하고 갖가지 균을 죽이는 작용이 있으므로 갖가지 염증과 관절염으로 인한 수종 등을 치료한다.

피부미용 효과
함초는 피부 미용에 효과가 탁월하다. 기미, 주근깨, 여드름 등이 대개 치유된다.

위장 기능 촉진
함초는 장의 기능을 활발하게 하여 변비, 숙변, 탈항, 치질 등을 치료한다.

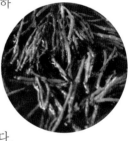

기관지 천식 치료
함초는 기관지 점막의 기능을 회복하여 기관지 천식을 완화하거나 완치한다.

함초로 인한 명현 반응

함초를 먹고 나면 일시적으로 가려움증 같은 증상이 나타나기도 하는데, 이것은 간장이나 신장 기능이 허약해 몸 안에서 분해된 독소를 처리하지 못하고, 피부를 통해 밖으로 배출되기 때문에 일어나는 증상이다.

06 Suaeda Komarovi Iljin.

수송나물(水松)

가시솔나물, 저모채

▲ 옆에서 본 수송나물의 줄기

▲ 위에서 본 수송나물의 줄기

생김새 해안 모래땅에서 자라는 명아주과의 한해살이풀로서 높이가 10~40cm이고, 털이 없으며 밑에서 가지가 많이 갈라져서 비스듬히 자란다.

잎은 서로 어긋나고 육질이며 원주형으로서 길이가 1~3cm이다. 처음에는 연하나 나중에는 딱딱해지며 특히 끝은 가시로 변한다.

꽃은 7~8월에 피고 연한 녹색이며, 잎겨드랑이에 한 개씩 달리고 밑부분에 2개의 작은 포가 있다. 꽃받침은 5개로 갈라진 좁은 피침형으로서 얇다. 수술은 5개이며 꽃밥은 황색이고 꽃잎같이 보인다. 암술은 1개이고, 수술은 5개이며, 끝부분의 암술대가 깊게 2개로 갈라진다. 열매는 포과이며 싸이고 난형으로 암술대가 남아 있으며 1개의 종자가 들어 있다.

효능과 이용법 수송나물에는 비타민A, B1, B2, C 등이 많이 함유되어 있고, 단백질, 칼륨, 칼슘, 철, 나트륨 등 많은 영양소가 고루 풍부하게 들어 있다.

어린순과 잎을 따서 삶거나 데쳐서 나물로 무쳐서 이용하며, 마요네즈에 찍어 먹거나 볶아도 좋다. 또 찌개나 국거리, 튀김으로도 다양하게 이용할 수 있다.

수송나물은 혈압을 내리며, 해열, 해독의 약효도 알려져 있다. 또 재배가 쉽고 수확기도 짧으므로, 건강 식품으로서의 활용도가 높은 식물이다.

수송나물은 장 속에 쌓인 중성 지방질을 분해하여 밖으로 내보내는 작용을 하므로 숙변을 제거하고 비만증을 치료하는 데에도 효과가 있다.

말려서 가루 낸 것을 하루 30~40g씩 꾸준히 먹으면 보통 한 달에 5~10kg쯤 몸무게를 줄이는 것이 가능하다.

유사한 식물들

수송나물과 유사한 식물로는 나문재, 칠면초, 해홍나물, 솔장다리 등이 있다.

우리나라 갯펄이나 모래밭에 자라는 식물들로, 가을이 되면 잎 색깔이 빨갛게 변하는 것이 특징이다(단, 칠면초는 보랏빛으로 변한다). 약초로서의 쓰임새 또한 수송나물과 흡사하다.

07 Suaeda glauca(Bunge)Bunge

나문재

갯솔나물

▲ 나문재 무리

▲ 나문재발효액

나문재는 단백질, 지방, 함수탄소, 무기질, 인, 석회, 철, 나트륨, 비타민 등 많은 영양소가 고루 함유되어 있는 건강식품이다.

봄에 어린 순을 나물로 먹는데, 사각거리며 씹히는 독특한 맛이 있다. 끓는 물에 데쳐 무침으로 이용하며, 기름에 볶거나 국거리, 찌게에도 이용한다.

생김새 갯벌이나 바닷가의 모래 땅에서 전국적으로 자라는 명아주과의 한해살이풀이다. 줄기는 높이 50~100cm이고 가지가 많이 갈라지나 가을에 밑에서부터 적색으로 변한다. 잎은 총생하고 길이가 1~3cm로서 가늘고 다육질이며 조밀하게 뭉쳐난다. 7~8월에 잎겨드랑이에 1~2개의 꽃이 달리지만 윗부분의 것은 잎이 없으므로 꽃만 조밀하게 이삭화서를 이룬다. 꽃받침은 5개로 깊게 갈라지고 막질이며 꽃잎은 없다. 수술은 5개이고 암술대는 깊게 2개로 갈라진다. 열매는 지름이 약 3mm이고 꽃받침에 싸이며 종자는 1개씩 들어 있는데 둥글납작한 모양으로 흑색을 띤다.

효능과 이용법 해안의 갯벌 모래사장에 나는 맛있는 해양성 봄나물이다.

나문재와 유사한 식물들

- 나문재 : 잎이 솔잎처럼 좁고 가늘어서 '갯솔나물' 라고도 하며, 아랫부분이 붉게 물든다.
- 해홍나물 : 나문재와 생김새가 유사하여 '갯나문재' 라고도 한다. 줄기가 곧게 서고 잎이 넓은 선형이다.
- 칠면초 : 해홍나물과 비슷하지만 가지가 갈라지고 딱딱하다.

▼ 칠면초   ▼ 해홍나물

08 Spinacia oleracea L.

시금치(Spinach)

▲ 시금치의 꽃

▲ 시금치 무리

생김새 높이 약 50cm이다. 뿌리는 육질이고 연한 붉은색이며 굵고 길다. 원줄기는 곧게 서고 속이 비어 있다. 잎은 어긋나고 잎자루가 있으며 밑부분이 깊게 갈라지고 윗부분은 밋밋하다. 밑동의 잎은 긴 삼각 모양이거나 달걀 모양이고, 잎자루는 위로 갈수록 점차 짧아진다. 꽃은 5월에 연한 노란색으로 핀다. 열매는 포과로 작은포에 싸인 2개의 뿔이 있다. 번식은 종자로 한다. 아시아 서남부 원산으로 한국에는 조선 초기에 중국에서 전해진 것으로 보이며 흔히 채소로 가꾼다.

효능과 이용법 시금치에는 여러 가지 비타민이 골고루 함유되어 있으며, 특히 비타민A가 많이 함유되어 있다. 또한 칼슘, 철분 등이 많을 뿐만 아니라 소화가 잘 되어 환자, 발육기 어린이나 임산부에게 좋다.

일반 곡류에 부족한 라이신, 트립토판이 다량으로 함유되어 있으며 시스틴도 풍부하다. 엽록소 이외에 다량의 카로틴을 함유하고 있어 비타민A의 원천이다.

시금치에는 또한 사포닌과 질이 좋은 섬유가 들어 있어 변비에도 효과가 있고, 철분과 엽산이 있어 빈혈 예방에도 좋다. 뿌리에는 구리와 망간이 들어 있다.

암 예방
시금치에는 베타카로틴을 포함한 카로티노이드가 다량으로 함유되어 있으며, 강력한 암 저지물질인 엽록소를 또한 다량으로 함유되어 있다.
시금치는 강력한 발암물질의 하나인 니트로스아민의 생성을 완전히 억제한다는 사실이 확인되었다.

혈중 콜레스테롤치 감소
시금치는 체내의 콜레스테롤을 코프라스타놀로 전환시켜 체외로 빨리 배출되도록 한다.

기타
혈액순환을 활발하게 하며 조혈, 지혈, 고름을 없앤다. 또한 갈증을 멎게 하며 혈기를 순조롭게 한다.
시금치에는 철분이 함유되어 있어 빈혈에도 좋으며, 혈맥을 통하게 하고, 가슴이 막힌 것을 트이게 하며, 기를 내리고 속을 고르게 한다.

> **「본초」**
>
> "시금치는 오장을 이롭게 하고 장의 열을 없애 주며 술독을 풀어 준다. 그러나 많이 섭취하면 다리가 약해진다."

시금치나물무침

사금치죽

당뇨병에 효과적인 죽으로, 중국에서 많이 이용한다.

> **재료**
> 시금치의 잎과 뿌리 25g, 계내금(鷄內金) 10g,
> 쌀 적당한 양

만드는 법

1 시금치를 잘 씻어 잘게 썬다.
2 계내금을 냄비에 넣고 30분 정도 끓인다.
3 2에 쌀을 넣어 죽을 쑨다.

주의할 점

'계내금'이란 닭의 모래주머니를 쪼개 속에 있는 막을 벗겨 내고 물에 잘 씻은 후 그늘에 말린 것이다. 때문에 죽에 넣을 경우에는 물에 불려 부드럽게 만들고, 잘게 썰어 이용한다.

사금치숙주샐러드

> **재료**
> 시금치 100g, 숙주(통통하고 길이가 긴 것) 100g
> **땅콩 겨자 소스 :** 땅콩 2큰술, 배즙 1/2컵, 꿀 2큰술,
> 갠 겨자 2작은술, 볶은 소금 1작은술

만드는 법

1. 시금치를 손질하여 불순물이 남지 않도록 여러 번 씻는다.
2. 체에 밭쳐 물기를 뺀다.
3. 먹기 좋은 크기로 자른다.
4. 숙주는 머리와 꼬리를 떼어내고 씻어서 물기를 뺀다.
5. 소스는 재료를 섞어 믹서에 넣고 곱게 간다.
6. 넓은 볼에 시금치를 담고 숙주를 그 위에 살짝 얹은 다음, 땅콩 겨자 소스를 충분히 끼얹어 이용한다.

169

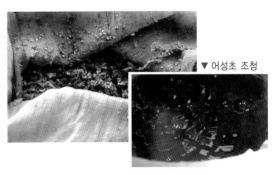

▼ 어성초 조청

09 Houttuynia cordata Thunb.

어성초 108 ❶

약모밀, 십자풀

▲ 어성초의 꽃과 봉오리

생김새 땅속줄기는 흰색으로 연하며 옆으로 길게 뻗는다. 원줄기에는 털이 없으며 키가 20~50cm 정도로 곧게 자란다. 몇 개의 능선을 갖고 있으며 잎은 어긋나고 잎자루는 길다. 잎은 넓은 심장형이며 길이는 3~8cm 정도로 뚜렷한 다섯줄의 맥이 있다.

표면은 연한 녹색이며 뒷면은 흰색이고 끝이 뾰족하고 가장자리가 밋밋하다. 5~6월에 원줄기 끝에서 짧은 꽃자루가 나와 그 끝에서 길이가 1~3cm 정도의 이삭화서가 발달하여 흰색의 양성화가 달린다. 포는 4개이고 꽃차례 밑에 십자형으로 달려 꽃같이 보이며 타원형이다.

꽃은 화피가 없고 세 개의 수술이 있어 노란색으로 보인다. 9월에 씨앗이 여물고 삭과는 암술대 사이에서 갈라져 연한 갈색의 종자가 나온다.

효능과 이용법 '어성초'는 잎과 줄기에 특이한 독취가 마치 생선 비린내를 연상시킨다하여 붙여진 이름이다.

어성초에는 항암성분인 '쿠에르치트린'이 함께 함유되어 있어 해독 작용을 한다. 특히 여드름에 뛰어난 효과를 보이고 있다. 또한 '먹기도 하고 바르기도 하는' 약초로 노폐물을 순화 해준다. 즉, 체내 정화에 특효가 있다.

질병에 따른 이용법

- 축농증 : 어성초잎을 흐르는 물에 깨끗이 씻은 후 비벼서 부드럽게 만든 다음 둥글게 말아서 30분 정도 콧속 깊이 넣어 둔다.
- 무좀 : 식초에 어성초를 담가 10일 정도 두었다가 뜨거운 물에 약하게 타서 환부를 담근다.
- 여드름 : 잎을 물에 깨끗이 씻은뒤 즙을 짜낸 다음 마시면서 하루 몇 차례씩 발라 준다.

어성초 주의점

- 어성초를 달여서 먹을때는 물이 끓고 나서 5분 정도 더 달이도록 한다.
- 약의 기(氣)를 쓰는 약이므로 오래 끓이면 약기운이 날아가 약효가 없다.

10 Saururus chinensis Baill.
삼백초(三白草)
삼점백, 백화연, 송장풀

▲ 삼백초의 꽃과 잎

생김새 습지에서 자라며 키는 30~90cm이고 땅속줄기는 옆으로 뻗으며 흰색의 수염뿌리이다. 줄기는 직립하거나 아랫부분이 땅에 눕고 세로로 모서리가 있으며 털이 없다. 잎은 어긋나고 긴 난상 타원형이며 끝이 뾰족하다. 잎은 통상 초여름에 백색으로 변한다. 잎에 5~7맥이 있으며 가장자리는 밋밋하고 표면은 연한 녹색이며 뒷면은 흰색이다. 윗부분에 달린 2~3장의 잎은 표면이 흰색이다. 잎자루는 밑부분이 약간 넓어져 줄기를 감싼다. 꽃은 양성화이고 흰색이며 이삭화서는 밑으로 처지다가 곧게 선다. 개화기는 5~8월이고 결실기는 6~9월이다. 우리나라 제주도를 비롯하여 일본, 중국, 필리핀 등지에 자생한다.

효능과 이용법 삼백초는 뿌리와 잎, 꽃이 모두 흰색이기 때문에 붙여진 이름이다. 삼백초의 잎과 줄기를 말려 약용으로 쓰는데, 맛은 맵고 쓰며 성질은 차다. 몸이 붓고 소변이 잘 나오지 않을 때 쓰면 효과가 좋으며, 10~20g을 5컵의 물에 끓여 물 대신 늘 마시면 각종 성인병 예방에도 도움이 된다.

원활한 출산 조력
자궁의 원래 기능을 회복시켜 주고, 태반을 안정시켜 주며, 생체 프로그램에 따라 출산이 정교하게 진행될 수 있도록 하는 효능이 있다.

임산부의 감기 치료제
삼백초의 수용성 탄닌 성분이 유행성 감기의 바이러스 감염을 막아주므로, 감기약을 먹을 수 없는 임신부의 감기예방약으로 탁월한 역할을 한다.

말초 혈관의 보호 및 강화 작용
삼백초의 잎과 줄기에는 쿠에르체틴, 쿠에르치트린, 이소쿠에르치트린, 루틴 및 수용성 탄닌 등의 성분이 출혈이 일어나기 쉬운 모세혈관의 탄력성을 높여주고 심장의 수축력도 증가시킨다.

기타
변비 해소, 활발한 이뇨 작용, 요독증 예방 등에도 효과가 좋다. 또한 간의 해독력을 도와 각종 유해독소를 빠른 시간 안에 분해시킨다.

▲ 삼백초 장아찌

삼백초차

재료
삼백초 10~15g, 물 600㎖

만드는 법

1. 삼백초의 지상부(뿌리를 뺀 전체)를 베어 물에 깨끗이 씻는다.
2. 그늘에서 완전히 건조시킨다.
3. 건조시킨 삼백초를 잘게 썰어 방습제와 함께 용기에 보관한다.
4. 차관에 삼백초와 물을 넣고, 물의 양이 절반으로 졸아들 때까지 은근한 불로 달인다
5. 하루에 4~5회로 나누어 마신다.

주의할 점

1. 햇볕에 건조시키면 차의 색이 좋지 않다.
2. 변비가 심할 때는 삼백초의 양을 늘린다.

삼백초건조

삼백초발효액

11 | Impatiens balsamina L.

봉선화
봉숭아, 효성사, 금사화, 지갑화

▲ 봉선화의 꽃과 잎

생김새 봉선화는 봉선화과에 속하는 1년생 초본 식물이다. 봉선화과는 주로 열대 아시아와 아프리카에 약 500종 이상이 자생하고, 온대에도 수종이 있으며 우리나라에는 2종이 분포하고 있다. 산이나 계곡 습지에 자생하는 물봉선은 순수 토종 식물이다.

봉숭아에는 흰 꽃, 붉은 꽃이 피는 것과 노란 꽃이 피는 것, 자주색 꽃이 피는 것 등 여러 가지가 있다.

인도, 말레이시아, 중국. 지금은 널리 재배되고 있으며, 우리나라도 오래전부터 가정에서 원예 식물로 재배하고 있다.

효능과 이용법 씨에 들어있는 지방산의 약 50%는 불포화도가 높은 파리나르산이다. 꽃에는 라우손과 그의 메틸에테르, 시아니딘, 델피니딘, 펠라르고니딘, 말비딘 등의 안토시안과 켐페롤, 쿠에르세틴이 있다.

▲ 봉선화의 씨앗

봉선화의 뿌리(봉선근)는 맛이 달면서도 쓰고 매우며, 약간의 독이 있다. 혈액 순환을 촉진시키고, 경락을 통하게 하며 단단한 덩어리를 연하게 하고 붓기를 가라앉힌다. 풍습성 관절통과 근육통, 수종, 타박상, 종통, 목에 생선 가시가 걸렸을 때 등의 증상을 치료한다. 뿌리를 가루내어 먹거나 술에 담가 이용한다. 외용시에는 찧어서 붙인다.

씨를 달인 액

자궁 수축 작용이 있어 불임증에 쓰며, 예부터 해독과 월경불순에 사용하였다.

줄기

'투골초' 라하여 아픔멎이약, 염증약, 통경약으로 류마티즘, 타박상, 폐경에 쓴다.

해독 작용

물고기, 고기를 먹고 중독되었을 때는, 봉숭아 달인 약을 3~6g을 달여서 하루 3번 나누어 먹는다.

소화기 암 치료

씨 30~60g을 달여 먹는다.

기타

꽃, 잎, 줄기, 뿌리 즙은 무좀에 바른다.

▲ 봉선화의 씨앗

▌물봉선 I. Textori Miquel

생김새 봉선화과에 속하는 한해살이풀이다. 완전히 자라면 어른 무릎보다 좀 더 키가 커진다. 줄기에는 볼록한 마디가 있고, 잎의 끝은 뾰족하고 가장자리에는 톱니가 나 있다. 열매는 가을에 익는데, 작은 꼬투리처럼 생긴 열매가 익으면 작은 자극에도 금새 터지면서 속에 있는 서너 개의 씨앗이 튀어 나간다. 진분홍색 꽃을 가진 물봉선과 비교해서 노란색 꽃잎을 가지고 있으며, 잎도 끝이 뾰족하지 않고 둥근 것은 노랑 물봉선이고, 하얀 꽃잎에 자주빛 점이 박힌 꽃을 가진 것은 흰 물봉선이다. 가야산에서 처음 발견되었다고 해서 이름 붙여진 '가야 물봉선' 은 자주빛 꽃을 가지고 있다.

효능과 이용법 한방에서는 줄기가 해독과 소종 작용을 한다 하여 종기 치료와 뱀에 물렸을 때 사용한다. 뿌리는 강장효과가 있고 멍든 피를 풀어 주는데도 활용한다.

봄에 어린 순을 나물로 무쳐 먹기도 하지만 유독성분이 있으므로 충분히 우려낸 다음 먹어야 하는 조심스러운 풀이다.

노랑물봉선아(Impatiens noli-tangere L.)

높이 약 50cm 되는 한해살이풀이다. 잎은 긴 타원형이고 성긴 톱니가 있다. 노란색 꽃이 핀다. 각지의 산기슭, 습한 곳에서 자란다.

봉선화꽃물

봉선화차

봉선화차는 요도결석과 비만, 생리불순, 불임을
치료하는데 효과가 있으며, 항암의 효능도 탁월한
것으로 알려져 있다.

재료

봉선화 꽃 3송이, 물 200㎖

만드는 법

봉선화의 꽃을 생채로
뜨거운 물에 우려내어
마신다.

봉선화염색

재료

실크 · 인조 · 무명 · 광목 따위의 천, 봉선화, 명반, 소금

만드는 법

1. 봉선화의 꽃과 잎, 줄기를 믹서에 갈아 고운 망주머니에
   넣어 염액을 추출한다.
2. 추출한 염액에 소금 2% 정도를 넣는다.
3. 실크 · 광목 · 인조 · 무명을 명반에 15분간 선매염 한다.
4. 봉선화 염액에 원단을 넣고 가볍게 주물러 준다.
5. 깨끗하게 헹구어 낸다.
6. 명반에 10분 정도 매염한다.
7. 반복하여 염색한다.

제8장

널리 쓰이는
식용식물 참살이

식용식물
참살이
● 곡류 ●

음식에 널리 쓰이는
식물들

01 콩류	02 녹두	03 메밀	04 팥	05 율무	06 참깨

07 들깨	08 현미	09 수수	10 옥수수	11 보리

01 | 콩류

대두콩/ 작두콩/ 해녀콩

▌대두콩 Glycine Max.(L.) Merril.

▲ 대두콩의 꽃

생김새 줄기는 높이가 60~100cm이고, 곧게 서며 덩굴성인 품종도 있다. 잎은 어긋나고 3장의 작은 잎이 나온다. 꽃은 7~8월에 자줏빛이 도는 붉은색 또는 흰색으로 피고, 잎겨드랑이에서 나온 짧은 꽃대에 총상꽃차례를 이루며 달린다. 열매는 협과이고, 줄 모양의 편평한 타원형이며 1~7개의 종자가 들어 있다. 종자는 품종에 따라 둥근 모양과 편평하고 둥근 모양 등 다양하고 크기도 매우 다양하다.

효능과 이용법 대두는 밭에 나는 쇠고기라고 불릴 정도로 영양가가 많아 몸이 쇠약한 사람의 원기를 회복시키는 효능이 있다. 특히 단백질이 풍부하기 때문에 어린이의 발육 부진에 매우 효과적이다.

▲ 대두콩의 열매

참살이 ✚ 활용법

대두황권

1. 성숙하고 알찬 대두의 불순물을 제거한다.
2. 껍질이 주름이 생길 때까지 물에 침포시켜 건진다.
3. 배수가 가능한 용기에 넣고, 젖은 천으로 덮는다.
4. 매일 2~3번씩 물을 뿌려 습도를 유지한다.
5. 싹이 0.5~1cm 정도 성장했을 때 꺼내어 건조시킨다.

"대두황권은 싹이 있는 황두(黃豆) 또는 흑두(黑豆)이며, 표면은 주름에 의해 약간 수축되어 있고 싹은 황색이며 말라서 굽어 있다. 제대두황권(製大豆黃卷)은 약간의 검은 반점이 있다."

▌작두콩 Canavalia gladiata DC.

생김새 작두콩은 콩과 해녀콩속에 속하는 덩굴성 한 해살이풀이다. 해녀콩속은 전세계 특히 열대 지방에 약 50종이 분포하고 있으며, 우리나라에는 1종에 작두콩(줄작두콩), 해녀콩이 있다. 잎은 삼출겹잎이고 잎자루는 길고 잎과 원줄기에 털이 없다. 8월에 꽃은 나비 모양의 연한 붉은색 또는 흰색으로 핀다. 잎겨드랑이에 10여 송이가 이삭화서로 달리고 화축은 길며 활처럼 구부러져 있고 열매는 협과이며, 작두 모양으로 너비 5cm가량에 길이는 30cm이다.

씨는 10~14개 정도 들어 있으며 납작하고 황색, 검은색, 흰색의 종류가 있다. 열대 지방에 분포한다.

▲ 작두콩의 잎

효능과 이용법 작두콩은 종자인 도두(刀豆), 뿌리인 도두근(刀豆根), 작두콩 꼬투리 껍질인 도두각(刀豆殼)을 모두 약용한다. 콩 중에서 약효가 높은 콩으로, 맛이 달고 성질은 따뜻하며 독은 없다.

성분
작두콩의 씨앗에는 우레아제, 혈구응집소, 글루코시다제, 카날린, 나바린 등의 아미노산과 녹말 단백질 등이 풍부하게 들어 있다.

비타민은 일반 콩과 비교가 되지 않을 정도로 다량 함유되어 있는데, 특히 일반콩에는 극소량만이 들어 있는 비타민A와 C가 다량 들어 있다.

암세포 억제 작용
작두콩으로 담근 된장, 간장, 고추장 같은 발효 식품은 암, 위궤양, 염증, 심장병, 신장병, 간장병 등의 질환에 큰 효력을 발휘한다. 특히, 작두콩에 들어 있는 혈구응집소는 콘카나발린A 등 여러 가지 글로블린 성분으로 되어 있는데, 이 성분은 암세포를 억제하는 작용이 있어 연구가 계속되고 있다.

작두콩의 효과는 매우 빨라서 비염, 알레르기 질환, 축농증, 중이염, 치조농루, 치은염, 입 냄새 등의 질병은 10여일 만에도 효과를 볼 수 있다.

기타
작두콩은 염증을 삭히고 어혈을 풀어주는 데 탁월한 약리 작용을 하는 것으로 이해되며 원기를 북돋아 주는 보약의 효능도 있다.

남녀노소를 불문하고 복용 시에 부작용이 없으며, 1년 내내 장복을 해도 좋은 가장 이상적인 식품인 동시에 약이다.

작두콩 이용법

- 가루를 만들어 율무차를 마시듯 복용한다.
- 콩을 약간 볶은 다음 물 1ℓ에 콩알 10여개를 넣고 약한 불로 물이 반으로 줄어들 때까지 달인 후 차 마시듯 복용한다.
- 된장, 간장, 콩고물 등 다양한 방법으로 섭취하며, 어성초, 짚신나물, 한련초 등 다른 약초와 같이 혼합하여 사용하면 더 좋은 효과를 볼 수도 있으나, 이러한 방법은 신중을 기해야 한다.

작두콩과 해녀콩

작두콩

해녀콩

작두콩과 닮은 것으로 해녀콩이 있다.
해녀콩은 작두콩보다 훨씬 더 커서 콩깍지
의 길이가 4~5m나 되고 콩 1개의 무게가
1kg이 넘는 것도 있다. 우리나라에서는 자
라지 않고 동남아시아 아프리카 중남미의
열대지방에 자란다. 우리나라
에는 제주도 토끼섬에
해녀콩의 한 종류
가 자란다.
민간에서 해독약
으로 또는 낙태용
으로 쓴다.

참살이 ✚ 활용법

두향차

두향차는 흰콩을 재료로 만든 차로서 여름철에
더위를 많이 타는 사람에게 적합한 약차이다.

> 재료
> 흰콩 500g, 대추 20개

만드는 법

1. 흰콩은 하룻밤 물에 불려 껍질을 벗긴다.
2. 물기를 빼고 찜통에서 푹 찐다.
3. 찐 콩은 바싹 말려 약한 불에 볶은 다음 빻아
   가루로 만든다.
4. 방습제를 넣은 통에 보관한다.
5. 대추는 잘 씻어 물기를 뺀 후 채 썰어 보관한다.

끓이는 법

1. 찻잔에 콩가루 2큰술을 넣고 끓는 물을 붓는다.
2. 꿀이나 설탕을 넣어 잘 섞은 다음 대추채를
   띄워 마신다.

콩떡

콩떡

재료

검은콩 1컵, 강낭콩 1/2컵, 설탕 8큰술, 떡 반죽(멥쌀가루 4컵, 설탕 1/3컵, 소금물 1/3컵), 소금 적당량

만드는 법

1. 멥쌀은 씻어 5시간 정도 충분히 불린 후 체에 건져 물기를 빼고 떡집에서 떡가루용으로 곱게 빻는다.
2. 검은콩은 따뜻한 물을 붓고 불린 후 건져 냄비에 담는다. 여기에 콩이 잠길 만큼의 물을 붓고 삶는다.
3. 2의 검은콩이 익으면 설탕 5큰술을 넣어 윤기 나게 조린다.
4. 강낭콩은 콩이 잠길 정도로 물을 부은 후 살짝 삶아 설탕 3큰술을 넣고 윤기 나게 조린다.
5. 멥쌀가루에 소금물을 고루 뿌리고 양손으로 비빈 후 체에 내린다.
6. 5에 조린 검은콩과 강낭콩을 넣고 멥쌀가루가 뭉치지 않도록 가볍게 버무린다.
7. 찜틀에 젖은 베보자기를 깔고 6의 가루를 가만히 담아 평평하게 펴준 후, 김이 오른 찜통에 얹어 30분간 찌고 약한불에서 10분간 뜸 들인다.
8. 7을 꼬치로 찔러보아 쌀가루가 묻어나오지 않으면 익은 것이므로, 꺼내어 한 김 식힌 후 베보자기를 떼어내고 칼에 물을 묻혀가며 먹기 좋은 크기로 썬다. 떡이 뜨거울 때 썰면 모양이 흐트러진다.

콩잎물김치

콩잎물김치

재료

콩잎 60장, 무 1/5개(중간 크기) 마늘 10알, 생강 마늘의 1/3 분량, 건고추 4개
풀 : 밀가루 2큰술, 물 2ℓ , 소금 2작은술

만드는 법

1. 콩잎은 깨끗이 씻어 물기를 제거한다.

2. 건고추, 마늘, 생강, 무를 준비한다.

3. 2의 속재료(무는 약간만, 생강, 마늘, 건고추)를 채 썰어서 콩잎을 3~4 겹쳐서 채를 채운다.

4. 겉은 조금 크기가 있는 콩잎으로 감싼다.

5. 풀을 끓여 간을 맞춘다.
   (콩잎이나 여타 재료에 소금 간을 전혀 하지 않았기 때문에 약간 간간한 맛이 들게 해야 익었을 때 싱겁지 않다)

6. 실온에서 7시간 정도면 콩잎의 향이 우러나온다.

7. 익혀서 냉장 보관한다.

02 Phaseolus radiatus L.

녹두 108 ❸

안두(安豆), 길두(吉豆)

▲ 황포묵

각종 피부질환 치료제

녹두는 땀이나 여드름 등에 좋은 식품이다. 땀띠나 여드름으로 고민하는 사람은 녹두를 갈아 미지근한 물에 풀어서 잠자기 전 깨끗이 세안 후 얼굴에 골고루 계속해서 바르면 효과적이다.

▲ 녹두의 꽃

생김새 녹두는 팥과 비슷한 한해살이 재배작물이다. 빛깔이 이름처럼 고운 초록색이며 알이 잘다. 일년생 초본으로 30~50cm쯤 자라며 많은 가지를 치며, 전체의 담갈색의 털이 난다. 잎은 서로 어긋나고 한 꼭지에 3개씩 난다. 8월에 노란 꽃이 피고 잎겨드랑이에서 총 상화서가 나오며 열매는 9월에 열린다. 열매는 둥글고 긴 꼬투리로 되어 있는데, 익으면 검어지고 그 안에 녹색의 작은 씨가 들어있다. 원산지는 인도이며 중국을 거쳐 우리나라에 유입되었다.

효능과 이용법 녹두는 단백질을 구성하는 아미노산으로는 로이신, 라이신, 발린 등의 필수 아미노산이 풍부하다.

피로회복제

입안이 마르고 헐었을 때 먹으면 효과가 있다. 눈을 맑게 하고 마음을 안정시키며 위를 이롭게 한다. 계절적인 질병과 약 중독도 치료할 수 있다.

참살이 ✚ 활용법

녹두음료수

만드는 법

1. 녹두를 물에 넣어 약한 불 위에 얹고 녹두가 다 풀어질 때까지 삶는다.
2. 자루나 천에 놓고 짜면 녹두 물이 나온다.
3. 꿀을 넣어 먹거나 약간의 박하를 넣으면 맛이 훌륭하다.

주의할 점

녹두는 몸을 차게 하는 힘이 강하기 때문에 혈압이 낮은 사람이나 냉증이 있는 사람은 피한다.

03 Fagopyrum esculentum Moench

메밀 108 ③

교맥(蕎麥)

▲ 메밀의 꽃

생김새 메밀은 각지에서 재배한다. 높이는 60~90cm이고 줄기 속은 비어 있다. 뿌리는 천근성이나 원뿌리는 90~120cm에 달하여 가뭄에 강하다. 잎은 원줄기 아래쪽 1~3마디는 마주나지만 그 위의 마디에서는 어긋난다. 꽃은 백색이고 7~10월에 무한꽃차례로 무리지어 피며, 꿀이 많아 벌꿀의 밀원이 되고 타가수정을 주로 한다. 열매는 성숙하면 갈색 또는 암갈색을 띠며 모양은 세모지다.

원산지는 야생종이 발견된 지역인 바이칼호(湖), 중국 북동부 · 아무르강(江) 일대를 중심으로 한 동부아시아의 북부 및 중앙아시아로 추정하고 있다.

효능과 이용법 메밀은 쌀이나 밀가루보다 아미노산이 풍부하며 필수아미노산인 트립토판, 트레오닌, 리신 등이 다른 곡류보다 많다. 따라서 단백질이 풍부하며, 비타민B1, B2는 쌀의 3배, 그리고 비타민D, 인산

등이 많은 것이 특징이다. 성질은 차고 맛은 달며 독이 없다.

고혈압과 중풍 예방
메밀국수나 메밀냉면을 많이 섭취하는 사람들은 고혈압, 동맥경화, 중풍으로 고생하는 확률이 현저히 적다.

변비 치료
메밀은 대소변을 수월하게 하는 한편 모세혈관을 강화시키므로 성인병으로 고생하는 환자들을 위한 권장식품이 된다. 볶은 통메밀에 뜨거운 물을 부어 보리차처럼 이용하면 변비 치료에 효과적이다.

기저 작용
메밀은 약리실험에서 모세혈관 투과성을 낮추는 작용, 혈중 콜레스테롤을 낮추는 작용, 혈압을 낮추는 작용, 열과 기를 내리고 해독작용 등이 있는 것으로 밝혀졌다.

간 기능 강화
메밀의 플라보이드 성분은 손상된 간세포의 재생을 촉진시키고, 간의 해독기능을 강화하며 소화를 돕는다.

기타
위열(胃熱)로 오는 설사, 식은땀, 편두통, 자반병, 창상, 간염, 치루, 수은중독, 대하증 치료

메밀 이용시 주의점

- 돼지고기, 양고기, 조기 등과 같이 먹으면 풍을 유발하거나, 모발이 빠질 염려가 있다.
- 무김치는 해독제 역할을 하므로 메밀 냉면에 꼭 무김치를 곁들여 먹으면 소화뿐 아니라 해독력을 더욱 증강시킨다.

메밀국수

메밀묵

재료

메밀묵 가루 2kg

만드는 법

1. 메밀묵 가루 1컵, 물 3컵 비율로 거품에 생기지 않게 충분히 저어준다.
2. 중간불에서 계속 저으면서 걸쭉해 지면 불을 줄이고 3~4분 뒤에 불을 끈다.
3. 그릇에 따라 식히면 메밀묵이 된다.
4. 각종 야채와 간장, 참기름, 김치를 넣고 버무려 먹을 수 있다.

메밀국수

재료

국수 100g에 물 1ℓ , 300g에는 물 4ℓ

만드는 법

1. 국수를 센불로 삶아, 물이 끓어 넘치면 찬물을 살짝 부어준다.
2. 삶은 후에는 재빨리 찬물에 식혀 국수 표면에 묻은 미끈한 전분기를 씻어낸다.

주의할 점

1. 국수를 삶는 물은 넉넉해야 한다.
2. 물이 부족하면 온도 유지가 어렵고 국수끼리 서로 들러붙기 때문에 주의해야 한다.

메밀묵무침

김치메밀묵무침

재료

메밀묵, 배추김치, 돼지고기 편육, 미나리
양념장 : 간장, 다진 파, 깨소금, 다진 마늘, 참기름,
　　　　　 설탕, 고춧가루

만드는 법

1. 송송 썬 김치를 참기름, 깨소금, 설탕을 넣고 고루
   무친다.
2. 메밀묵은 1cm 두께로 납작하게 썰고, 삶은 돼지
   편육은 굵은 채로 썬다.
3. 미나리를 끓는 소금물에 넣고 파랗게 되도록 살짝
   데친다.
4. 메밀묵 위에 무친 김치와 편육, 미나리를 얹는다.
5. 양념장을 넣어, 먹기 직전에 살짝 무쳐 상에 낸다.

메밀묵전골

재료

메밀 1모, 김치 100g, 돼지고기 100g, 김 2장,
오이 1개, 들깨가루 50g, 깻잎 10장, 마늘, 참기름,
멸치다시국물 1컵, 고추 2개

만드는 법

1. 메밀묵은 곱게 채 썰어둔다.
2. 돼지고기, 김치, 오이, 깻잎은 채 썰고, 김은 살짝
   구워서 채 썬다.
3. 돼지고기와 김치를 볶다가 멸치다시국물을 붓고
   끓이다가 메밀묵을 얹고, 오이, 깻잎, 들깨 가루,
   다진 마늘, 다진 고추를 넣고 한번 끓인다.
4. 다 끓으면 김과 참기름을 넣어 섞어서 먹는다.

185

04 Phaseolus angularis wight

팥 108 ❸

소두(小豆), 적소두(赤小豆)

▲ 팥의 꽃과 잎

생김새 높이는 보통 50~90cm인 것이 많고 줄기는 녹색이나 붉은빛을 띤 자주색이다. 잎은 어긋나고 3개의 작은잎으로 된 겹잎이며, 긴 잎자루의 밑부분에 작은 턱잎이 있다.

여름에 잎겨드랑이에서 긴 꽃자루가 나와 4~6개의 노란색 접형화(蝶形花)가 달린다. 성숙하면 연한 노란색, 연한 갈색, 검은 갈색으로 되며 속에 3~10개의 종자가 들어 있다. 종자는 길이 4~8mm, 나비 3~7mm의 원통형이고 양끝은 둥글다. 색깔은 팥색이며, 그 밖에 흰색, 연한 노란색, 검은색, 연한녹색, 검은색 무늬가 있는 것 등이 있다.

효능과 이용법

배뇨 이상 치료

오줌을 시원하게 보지 못하면 적소두에 의이인, 복령을 가미해 끓여 마신다.

풍습으로 인한 관절통증 치료

급만성 염증, 근육염, 말초 신경염으로 환부에 통증이 오고 저리며 부기가 있고 굴신하기 어려운 경우에 적소두에 오가피, 진교, 모과 등을 배합해 쓴다.

심각한 중증 종기 치료

발열, 동통이 있고 이미 화농된 경우에는 적소두에 금은화, 천화분, 생지황을 더해 쓴다. 아직 화농이 안 되었으면 적소두, 대황을 잘게 부수어 식초와 혼합하여 환부에 바르면 좋다.

갑작스러운 설사 완화

물똥을 자주 싸고 오줌이 황백색이라면, 적소두 40g, 편두 20g을 찧어서 끓인 것을 먹는다. 또한 곽향 20g, 향유 1g에 적소두를 가미한다.

유행성 이하선염 치료

적소두의 분말을 계란 흰자에 죽 쑤듯이 끓여 환부에 붙이는데, 매일 한 번씩 갈아 붙인다.

중국에서의 '팥죽'

『일용본초』에는 "팥죽은 수종을 없앤다."라고 쓰여 있고, 『본초강목』에는 "팥죽은 이뇨에 좋고 각기에 의한 수종을 없앤다."라고 쓰여 있다. 또 팽조의 『복식경』에는 "동짓날 팥죽을 먹으면 역병신이 그 사람을 싫어하여 피한다."라는 이야기도 나온다.

---

05 | Coix lachryma. jobi var. mayuen

율무

의이인(薏苡仁)

▲ 율무의 열매

생김새 높이 1~1.5m이다. 속이 딱딱하며 곧게 자라고 가지가 갈라진다. 잎은 어긋나고 바소꼴이며 너비는 약 2.5cm로서 밑부분은 잎집으로 된다. 꽃은 7~9월에 피고 잎겨드랑이에서 나온 꽃이삭 끝에 길이 3cm 정도의 수꽃이삭이 달린다. 씨방이 성숙하면 잎집은 딱딱해지고 검은 갈색으로 된다. 열매는 견과로서 10월에 익는다. 원산지는 중국이다.

효능과 이용법

이뇨 작용

율무는 이뇨효과가 뛰어나서 체내의 수분이 제대로 대사되지 못하여 물살이 찐 경우에 좋다. 또한 이물질과 노폐물을 배출하여, 비위를 튼튼하게 한다.

해독 작용과 배농 작용

피부의 염증성 질환(대표적으로 화농성 여드름)에 아주 탁월한 효과가 있다.

기타

근육경련, 척추디스크질환, 진통작용, 신진대사작용에 효과가 있다.

힘이 없을 때 기력을 돋우어 준다.

몸이 붓고 천식 증상이 심할 때 치료제로 쓰인다.

참살이 ✚ 활용법

율무죽

재료
율무 300g, 쌀 100g

만드는 법

1. 율무 300g을 반나절 정도 물에 불린 후, 쌀 100g을 섞어 죽을 쑨다.
2. 밥 대신 먹으며 변비가 심한 사람은 피한다.

주의할 점

지나치게 많이 복용하는 것은 해로우며, 특히 임신 중인 여성은 태아에게 유해하므로 피해야 한다.

06 Sesamum imdicum L.

참깨

지마(脂麻), 호마(胡麻)

▲ 참깨의 꽃과 잎

생김새 뿌리는 곧고 깊게 뻗으며, 줄기는 단면이 네모지고 여러 개의 마디가 있다. 높이가 1m에 달하고 흰색 털이 빽빽이 있다. 잎은 마주나고 줄기 윗부분에서는 때때로 어긋나며 잎자루가 길고 길이 10cm의 긴 타원 모양이다. 잎 끝부분은 뾰족하고, 밑부분은 거의 둥글거나 뾰족하며, 가장자리는 밋밋하다. 꽃은 7~8월에 연분홍색으로 피고 줄기 윗부분에 있는 잎겨드랑이에 1개씩 밑을 향해 달린다. 열매는 삭과이고 길이 2~3cm의 원기둥 모양이며, 약 80개의 종자가 들어 있다.

인도에서 시작하여 페르시아·메소포타미아·소아시아·이집트 등으로 퍼져 유럽에 전해졌다고 한다.

효능과 이용법 참깨는 볶아서 양념으로 쓰기도 하고 짜내어 참기름을 만드는, 영양가가 매우 높은 강정 식품이다. 흰깨와 검은깨가 있으며 약용으로는 검은깨를 주로 사용한다.

참깨는 검은깨와 약효가 거의 같으나 다만 모발을 좋게 하는 효력이 없다. 약으로는 검은 깨가 강하고 기름을 짠 것으로는 참깨가 좋다.

날것으로 기름을 짜면 성질이 차나 병을 치료하고, 볶은 것으로 기름을 짜면 성질이 뜨거워서 열이 생긴다. 찐 것으로 기름을 짜면 성질이 따뜻하여 크게 보신한다.

성분

지방, 단백질, 비타민B1, E, 리놀산과 리놀레산을 함유하고 있으며 콜레스테롤의 침착(沈着) 방지, 자양, 강정, 강장의 묘약이다.

뇌종양 개선 효과

흑지마, 구기자, 하수오 각 45g과 백국화 9g을 다려서 복용하며 장기적으로 내복하면 증상의 개선에 효과를 본다.

폐암 개선 효과

상엽(서리 맞은 것), 흑지마를 반반 섞어 분말을 만들어서 꿀로 환으로 지어 3g씩 1일 3회 복용한다.

각종 종양 치료

흑지마 5g, 쌀 100g로 죽을 쑤어 먹는다. 암환자의 기혈을 보하며 근골을 튼튼히 하는 효과가 있다.

▲ 참깨의 열매

타작한 참깨

참깨술

귀 울음을 막아 주며, 하루에 한 잔씩 마시면 피로 회복 및 어지럼증에 도움이 된다. 뇌 기능 저하 및 치매를 예방한다.

재료
검은 참깨 200g, 소주 1800㎖

만드는 법

1. 검은 참깨를 깨끗이 씻어 물기를 없앤 뒤 프라이팬에 담고 타지 않게 주걱으로 저으며 강한 불로 볶는다.

2. 참깨가 톡톡 튀면서 고소한 향이 나면 불을 줄여 5분 정도 더 볶는다.

3. 참깨를 식혀 내열병에 넣고 소주를 붓는다.

4. 참깨가 든 병을 큰 냄비에 넣고 병이 반쯤 잠길 정도의 물을 부어 끓인다.

   (병속의 소주가 끓게 되면, 검은 참깨에 들어 있는 성분이 충분히 추출되지 않고 보존력도 약해지므로 병 속의 소주가 끓지 않도록 주의해야 한다)

5. 병을 냄비에 넣은 상태에서 1~2시간 정도 그대로 식힌다.

6. 냄비의 물이 식으면 병을 꺼내 뚜껑을 닫아 하룻밤 재워서 시원하고 그늘진 곳에 보관하며 복용한다.

주의할 점

설사가 있는 사람은 복용을 금하며, 과음하지 않도록 한다.

| 07 | Perilla frutescens var. japonica Hara |

들깨

백소(白蘇), 수임(水荏), 야임(野荏)

▲ 들깨의 열매

생김새 꿀풀과에 속하는 한해살이 재배식물로, 예전에는 구황식품으로 이용되어 왔다. 높이는 60~90cm이다. 줄기는 네모지고 곧게 서며 긴 털이 있다. 잎은 마주나고 달걀 모양 원형으로 뾰족하며 밑부분은 둥글다. 잎은 길이 7~12cm, 너비 5~8cm로 톱니가 있고 앞면은 녹색이지만 뒷면에는 자줏빛이 돈다. 꽃은 8~9월에 총상꽃차례를 이루고 흰색이며 작은 입술 모양의 통꽃이 많이 핀다. 열매는 분과(分果)로서 꽃받침 안에 들어 있으며, 둥글고 지름 2mm 정도로 겉에 그물무늬가 있다.

원산지는 인도, 말레이시아, 이집트 지방이며, 우리나라, 중국, 일본, 이집트 등지에서 재배된다.

효능과 이용법 들깨는 성질이 평범하고 맛은 달며 향기롭고 독이 없다. 들기름의 섭취량은 하루에 한 스푼이면 충분하다.

혈관의 노화 방지
혈중 콜레스테롤치를 낮추어 동맥경화를 예방한다. 쇠기름이나 돼지기름 같은 동물성지방은 혈중 콜레스테롤치를 높여 고혈압이나 동맥경화를 일으키기 쉽지만, 식물성지방인 들깨기름은 리놀렌산을 함유하고 있다. 이는 혈관을 막히게 하는 콜레스테롤의 침착을 감소시켜주는 작용이 있으므로 혈중콜레스테롤치를 낮게 하며 혈관의 노화를 방지하고 동맥경화를 예방한다.

피부 미용에 효과
들깨는 피부가 거칠어지는 것을 방지하여 피부를 윤택하게 한다. 햇볕에 타서 회복이 좀처럼 되지 않는 사람이 들깨기름을 먹거나 피부에 문지르면 좋은 효과를 얻게 되며, 머리카락에 영양을 준다.

변비 치료와 중풍 예방
들깨를 그대로 씹어 먹으면 심한 변비를 치료하는데 효과가 있다. 특히 고혈압 환자에게 변비가 생겼을 때 생들깨를 씹어 먹으면 윤장작용을 도와 변통이 잘 되게 하며, 중풍의 예방에도 도움을 준다.

▲ 들깨의 잎

들깨죽

깻잎나물무침

깻잎은 칼슘과 철분, 비타민A, C가 풍부한 반면, 단백질
과 지방이 부족해 육류와 함께 먹으면 균형 잡힌 영양소
섭취에 좋다.

재료
> 깻잎, 간장, 소금, 다진 마늘, 참기름, 깨소금

만드는 법

1. 생강을 잘 씻어 물기를 뺀 후 강판에 곱게 간다.
2. 곱게 간 생강을 찻잔에 1큰술을 넣고 끓는 물을 붓는다.
3. 1~2분 후 꿀을 넣어 마신다.

들깨죽

숙취예방 및 술 해독에 좋다.

재료
> 들깨 30g, 백작약, 택사, 각 10g, 현미 50g, 계피 5g, 소금

만드는 법

1. 들깨는 볶아서 가루로 만든다.
2. 약재는 달여서 약재물을 만든다.
3. 약재물에 현미를 넣어 끓인다.
4. 죽이 익을 무렵 들깨가루를 뿌려 넣고 조금 더 끓인다.
5. 소금으로 간을 한다.

08 Oryza sativa L.

현미(玄米) 108 ③

곡아(穀芽)

▲ 추수를 앞둔 벼

생김새 벼의 왕겨를 벗겨낸 상태로 도정되지 않은 쌀(핍쌀)이다. 아직 씨의 형태이기 때문에 재배하면 싹이 나온다. 구조는 바깥쪽부터 과피(果皮)·종피(種皮)·호분층(糊粉層) 등의 쌀겨층과 쌀알의 기부(基部)의 작은 부분을 차지하고 있는 배(胚)와 나머지의 대부분을 차지하는 배젖으로 이루어졌다.

효능과 이용법 현미는 벼에서 왕겨(겉껍질)만 벗긴 쌀로, 색이 거무스름하기 때문에 현미(玄米)라고 하며, 지방과 단백질, 비타민, 미네랄, 철분, 인, 칼슘, 섬유질이 풍부하게 들어있다. 각종 암과 변비, 각기병을 예방하는 효과가 있으며, 수분을 잘 흡수하여 내장을 튼튼하게 하고, 혈행을 좋게 해주는 작용을 한다. 심한 설사로 탈수증이 있거나 안색이 나쁘거나 체력이 떨어져 있는 사람에게 적합한 식품이다.

급성 위염 및 소화기계 질환 치료
복부창만, 동통, 위산 구토, 변비 등이 나타난다. 이때는 곡아, 맥아에 내복자, 신곡 등을 가미해 쓴다.

어린 아이의 소화 이상
소아의 만성 소화불량은 과식이나 영양실조로 일어나는 일이 많다. 안색이 토색이 되고 점액변이 나오며, 복창 등이 있으면 곡아, 맥아를 함께 복용하면 좋고 편두, 백출, 사군자를 가미한다.

초곡아(炒穀芽) 포제법

곡아를 초제용기에 넣고 **약한 불**로 지속적으로 번동시키면서 곡아가 **진황색**을 띨 때까지 볶은 후 대부분 터져서 갈라지고 향기가 날 때 꺼내어 식힌다.

초곡아(焦穀芽) 포제법

곡아를 초제용기에 넣고 **중간 불**로 지속적으로 번동시키면서 곡아의 표면이 **초황색**이 되고 대부분 터져서 갈라지고 초향기가 풍길 때 꺼내어 식힌다.

초곡아 이용법

초곡아를 뜨거운 물에 우려내면 '곡아차'가 되며 따뜻한 성질이 있으므로, 병후 회복기에 먹는다.

▼ 현미의 싹

현미죽

현미차

재료
현미 180cc, 물 1500cc

만드는 법

1. 현미를 짙은 갈색이 되도록 볶는다.
2. 1500cc의 물에 현미를 삼베주머니에 싸서 넣고 센불로 끓인 후 약한 불에서 약 20분간 끓인다.
3. 적당히 식힌 다음 걸러서 현미차만 용기에 넣어 냉장고에 보관한다.

주의할 점

야채스프와 함께 복용할 때에는 야채스프를 먼저 먹고 15~30분의 간격을 두었다가 현미차를 마셔야 효과가 반감되지 않는다.

현미죽

재료
현미 1컵, 콩 1/5컵, 건조 다시마 5㎝

만드는 법

1. 다시마는 물 4컵을 붓고 하룻밤 정도 불린다.
2. 콩은 물을 부어 삶아 체에 물기를 뺀 후 곱게 간다.
3. 현미는 흐르는 물에 살짝 씻은 후 프라이팬에 갈색이 날 때까지 볶는다.
4. 콩과 현미를 냄비에 넣고 우려낸 다시마 국물을 부어 15분간 달인 후, 체에 받쳐 걸러낸다.

09 Sorghum bicolor Moench

수수

고량(高粱), 촉서

▲ 수수의 씨앗

생김새 재배하는 한해살이풀이며 줄기 속은 비어 있지 않고 꽉 차 있으며, 마디가 뚜렷하다. 잎은 어긋난다. 처음에는 잎과 줄기 모두 녹색이지만 점점 적갈색으로 변해간다. 큰 원추화서에 많은 꽃이 밀생한다. 수수는 고온, 다조(多照)를 좋아하고, 내건성(耐乾性)이 강하여 열대와 그에 준하는 건조지대에서 가장 많이 재배된다.

원산지는 열대아프리카이며, 이디오피아와 동부아프리카에 분포한다.

효능과 이용법

수유와 자궁 강화

수수는 위의 소화 작용을 도와주어 산모의 젖이 잘 돌게 하고, 태반을 강하게 해주는 효과가 있다. 출산 후 떨어진 소화력을 회복시켜 주며 출산으로 허해진 배를 따뜻하게 보호하는 기능을 맡는다.

돼지고기 먹고 체했을 때

뿌리 12~15g을 1회분 기준으로 달여서 3~4회 복용한다. 또는 수수 20~25g을 1회분 기준으로 3~4회 생식한다.

쇠고기 먹고 체했을 때

뿌리 12~15g을 1회분 기준으로 달여서 3~4회 복용한다. 또는 수수로 밥이나 떡을 해서 먹는다. 생수수 20~25g을 1회분 기준으로 3~4회 생식해도 좋다.

미역을 먹고 체했을 때

오래 묵은 수수깡 40~60g을 1회분 기준으로 달여서 3~4회 복용한다, 또는 수수로 밥이나 떡을 해 3~4회 양껏 먹는다.

찰수수와 메수수

찰수수는 단백질과 지질의 함량이 적지 않아 팥과 섞어서 오곡밥이나 떡을 만들어 식용으로 이용하고, 메수수는 식용으로 알맞지 않아 가축의 사료나 공업용 원료, 맥주나 음료수의 원료로도 이용한다.

| 10 | Zea mays L. |

옥수수

옥촉서

▲ 옥수수의 열매와 잎

생김새 1.5~3.5m가량 자라며, 원줄기 끝부분에 수 이삭이 피고 윗부분의 잎겨드랑이에 암 이삭이 핀다. 각각의 작은 이삭은 2개의 작은 꽃으로 되어 있으며, 1개의 작은 꽃은 불임화이다.

옥수수 알을 수분 후, 유숙기-호숙기-경화기-황숙기-성숙기에 이르며, 품종과 지역에 따라 차이는 있으나 성숙까지 45~60일이 걸린다. 바람에 의해 다른 그루의 화분이 옮겨져서 수정한다. 수염이라고 불리는 것은 암술머리이다.

효능과 이용법 옥수수차는 소화에 좋고 고혈압을 예방하며 피로회복에도 좋다. 옥수수수염은 한방에서 신장염과 당뇨병에 효능이 있는 것으로 인정되었다.

옥수수 배아는 고급불포화지방산이 많아 당뇨병이나 고혈압에 좋고, 배아에 들어있는 비타민E는 노화방지와 불임예방에 효과가 있다.

급성신장염으로 인한 소변불통 치료

옥수수는 이뇨작용을 촉진하고 신장에 의한 부종을 제거하는 데 효과가 있다.

노화 방지

옥수수는 비타민E의 함유량이 높아 피부 건조를 막고, 면역력을 좋게 한다.

다이어트와 부기 제거

옥수수는 칼로리가 낮으면서 포만감을 주기 때문에 뛰어난 다이어트 음식이며, 글루타민산이 함유되어 있어 뇌세포의 호흡을 도와 뇌조직 속의 암모니아를 제거하는 효과가 있다. 때문에 배에 가스가 차거나 부기가 있을 때 먹으면 좋다.

옥수수씨눈

옥수수 씨눈에는 영양가가 높은 기름이 25~27% 들어 있으며, 신경조직에 필요한 레시틴, 피부 건조와 노화 · 습진 등을 예방하는 것으로 알려진 비타민E가 들어있다.

옥수수전

옥수수전

옥수수는 낮은 칼로리에 비해 포만감을 주기 때문에 다이어트에 좋다. 영양성분의 흡수를 최대화하려면 통조림보다는 신선한 옥수수를 사용한다.

> **재료**
>
> 옥수수 5개(또는 통조림 옥수수), 밀가루 2큰술, 팥 1/2컵, 꿀 3큰술, 소금 조금, 식용유 3큰술

만드는 법

1. 옥수수는 껍질과 수염을 떼내고 물을 넉넉히 부어 2~3시간 푹 삶는다. 옥수수가 없을 때는 통조림을 준비해 건더기만 건져서 이용한다.
2. 삶은 옥수수가 한김 나가면 알알이 떼어서 믹서에 간다.
3. 팥은 깨끗이 씻어서 푹 무르도록 은근히 삶는다.
4. 볼에 믹서에 간 옥수수와 삶은 팥을 담고 소금으로 간한 후 꿀을 넣어 잘 섞는다.
5. 팬에 식용유를 두르고 반죽을 한 숟가락씩 떠넣어 도톰하게 앞뒤로 지진다.

수수경단

수수가루와 찹쌀가루를 섞어 찰수수가루를 만들어 반죽을 하면 경단이 찰지고 삶아도 잘 풀어지지 않는다. 수수가루는 쌉쌀한 맛이 나는데 생강즙을 약간 섞어서 반죽하면 좋다.

> **재료**
>
> 수수가루 1컵, 찹쌀가루 1컵, 볶은 소금 약간, 팥고물 200g

만드는 법

1. 볼에 수수 가루와 찹쌀가루를 담고 소금을 조금만 넣어 심심하지 않게 간한 후 뜨거운 물을 조금씩 부어가며 질지 않게 반죽한다.
2. 1의 반죽이 알맞게 완성되면 손으로 비벼 가래떡처럼 길게 늘인 후 밤톨만 하게 조금씩 떼어 둥글게 경단을 빚는다.
3. 끓는 물에 2의 경단 빚은 것을 넣고 삶는다.
4. 경단이 물 위로 떠오르면 체로 건져내 바로 찬물에 담가 식힌 후 물기를 뺀다.
5. 넓은 쟁반에 팥고물을 펼쳐 담고 물기를 뺀 3의 경단을 얹어 굴려가며 고루 고물을 묻혀 접시에 담아낸다.
6. 팥고물 외에 시판하는 콩가루를 묻혀내도 좋다.

옥수수전

몸에 좋은 찹쌀이 활용법

11 | Hordeum vulgare L.

보리 108 ③

맥아(麥芽), 동맥(冬麥)

▲ 보리의 알갱이

생김새 주요 재배식물의 하나로 높이 1m 정도이다. 마디가 높고 원줄기는 둥글다. 속이 비어 있고 마디 사이가 길다. 잎은 어긋나고 넓은 줄 모양의 바소꼴로, 뒤로 젖혀지지 않는다. 너비 10~15mm이고, 녹색 바탕에 다소 흰빛이 돈다. 잎자루는 잎집으로 되어 원줄기를 완전히 둘러싸고 있다. 녹색으로 털이 없으며, 잎혀는 짧다.

효능과 이용법

어린 아이의 만성 소화불량 개선

음식물이 소화되지 않고 설사변에 잡물이 혼합되어 있으며 안색이 누렇게 뜨고 복창이 있게 된다. 이때 맥아 20g에 산약, 백출, 진피, 편두 등을 가미해 쓴다.

소화흡수가 좋지 않은 환자가 설사를 할 때

지사약에 맥아를 20g 정도 끓여 복용시키며 곡아, 산사를 가미해 쓴다. 위산이 많이 나오면 산사는 안 쓴다.

과식을 했을 때

쌀 음식이나 국수의 과식으로 위나 장이 창통하면 맥아에 신곡, 진피를 넣어 끓여서 복용한다. 대변이 굳고 배설하기 어려울 때는 내복자 12g을 더한다.

만성 위통 치료

따뜻한 음식을 먹으면 통증이 감해지고, 찬 음식을 먹으면 복부가 늘어나고 위부에 냉감을 느낄 때는 맥아 40g, 황기40g, 백출 12g, 건강 4g을 환제로 하여 하루에 8g을 복용한다.

초맥아(炒麥芽) 포제법

대맥아를 뜨거운 솥에 넣고 약한 불로 지속적으로 번동 시키면서 표면이 진황색을 띨 때까지 볶은 후, 부풀면서 향기가 있을 때 꺼내어 식힌다.

초맥아(焦麥芽) 포제법

대맥아를 초제용기에 넣고 중화로 끈임 없이 번동 시켜서 터지는 소리가 날 때까지 볶아 표면이 초황색을 띠고 부풀어 오르면서 초향기가 날 때 꺼내어 식힌다.

식용식물 참살이
• 과실류 •
음식에 널리 쓰이는 식물들

| 01 감나무 | 02 배나무 | 03 복숭아 나무 | 04 수박 | 05 복분자 | 06 무화과 |
| 07 모과 나무 | 08 뽕나무 | 07 꾸지뽕 나무 | 10 대추 나무 | 11 호두 나무 | 12 닥나무 |

01 | Diospyros kaki Thunberg

감나무

시수(柿樹)

▲ 가을에 익어가는 단감

생김새 낙엽이 지는 큰키나무로써 10여m에 이르며 어린 가지에는 부드러운 털이 있다. 잎은 서로 어긋나며 타원형 또는 도란형으로 끝이 뾰족하다. 꽃은 오뉴월에 황백색 꽃이 피며, 꽃받침 아래에 통 모양으로 달린다. 열매는 10월에 노랗게 익는다. 잎을 '시엽'이라 하고, 꽃을 '시화' 라 하여 모두 약용한다.

효능과 이용법 감은 우리와 아주 친숙한 과일로, 잎과 과실에는 많은 비타민이 들어 있으며 켐페롤, 쿠엘세틴 성분이 혈압을 낮추는 작용을 한다. 감잎에는 여러 영양소가 많지만, 그 중에서도 비타민C의 함유량이 100g 중 100mg이나 된다. 비타민C가 많다고 알려진 레몬의 약 20배 분량이다. 특히 5~6월경에 수확한 어린잎에 비타민이 가장 많이 있으며 칼슘 또한 많아 임산부와 어린이에게 매우 효과적이다.

어린잎은 달여 차(茶) 대신 마시고, 단감은 그냥 먹으며, 덜 익은 감은 껍질을 벗겨 곶감을 만든다.

괴혈병, 빈혈, 고혈압에 뚜렷한 효과가 있다.

감식초 담그기

만드는 법

• 떡시루나 소쿠리를 깨끗이 씻어 햇볕에 말린 후 바닥에 천을 깔아 놓는다.

• 항아리 위에 떡시루를 얹고 익은 감이나 떨어진 홍시를 차곡차곡 넣는다.

• 감이 무르면 감의 원액이 한 방울 두 방울 떨어지며 항아리를 가득 채우게 된다.

• 항아리에 감의 원액이 가득 차면 천으로 밀봉한 후 발효시킨다. 발효온도는 섭씨 18도 내지 22도, 1년간 발효시킨다.

주의할 점

• 감이나 용기에 물기가 있으면 발효과정에서 부패할 우려가 있으므로 감과 용기의 물기를 완전히 제거한 후 감식초 제조에 들어가야 한다. 감은 되도록 물에 씻지 않는 것이 좋다.

• 발효할 때 실내온도를 섭씨 18도에서 22도 사이로 유지시켜 주지 않으면 발효가 제대로 되지 않아 풍미나 약성이 떨어지므로 적정온도 유지에 신경을 써야 한다.

• 공기가 통하지 않는 물질로 밀봉을 하면 미생물의 활동이 불가능해 부패할 우려가 있다. 그러므로 반드시 공기소통이 가능한 천으로 밀봉한 후 발효시켜야 한다.

여러 가지 식초 중에서 가장 좋은 것이 감식초이다. 생식할 때 채소에 감식초를 쳐서 먹으면 맛도 좋고 소화도 잘 된다. 특히, 갈증이 심할 때나 변비가 있을 때는 생수나 꿀물, 과일즙, 에 감식초를 타서 마시는 것도 효과가 있다.

곶감 건조

곶감죽

재료
곶감 2~3개, 쌀 60g

만드는 법

곶감을 잘게 썰어 처음부터 쌀과 함께 죽을 쑨다.

주의할 점

위가 찬 사람은 먹지 않도록 하며, 곶감죽을 먹은
후에는 게를 먹지 않도록 한다.

감꼭지차

천식과 만성 기관지염, 딸꾹질에 좋다.

재료
감꼭지 말린 것 3개, 끓는 물 1잔

만드는 법

1. 찻잔에 감꼭지를 넣고 끓는 물을 붓는다.
2. 1~2분 정도 엑기스를 우려낸 후 건더기는 건져 내고
   꿀을 타서 마신다.

감잎차

감잎차

싱싱한 감잎의 많은 영양분을 흡수할 수 있는 차로, 옛 조상들의 기호와 영양을 겸한 건강차이다.

만드는 법

1. 5~6월경에 어린잎을 따서 깨끗이 물에 씻은 후 물기를 뺀다.
2. 폭 5mm 정도로 얇게 썰어 천으로 만든 포대에 넣고 끈으로 입구를 묶은 후 찜통에서 약간 찐다.
3. 김이 두어 번 나온 후 불을 끄고 따뜻한 기운이 남아 있을 때 포대를 손으로 잘 주무른다.
4. 포대에서 재료를 꺼내 바람이 잘 통하는 그늘에서 채반에 널어 2~3일간 바싹 말린다.
5. 감잎 2~3g을 400㎖의 뜨거운 물에 넣어 3분간 우려내어 마신다.

감술

혈압 강하와 진해(鎭咳) 작용을 한다.

재료
감의 어린 잎, 땡감, 곶감 적당량, 소주 1000㎖,
설탕 10~15g

만드는 법

1. 어린 잎은 용기 가득히 넣고, 땡감이나 곶감은 용기의 1/3 정도 넣는다.
2. 소주를 가득히 붓고 얼음 설탕을 넣는다.
3. 밀봉하여 시원한 곳에서 6개월 이상 숙성시킨다.
4. 마실 때 벌꿀을 약간 넣고 3배의 물의 타서 마시는 것이 좋다.

02 Pyrifolia Nakai var. culta Nakai

배나무 108 ③

Pear Tree

▲ 배나무의 열매와 잎

생김새 높이는 10~15m 정도 이르며 나무껍질은 흑갈색이며 세로로 갈라진다. 어린 가지는 갈색이다. 잎은 어긋나며 둥글고 가장자리에 바늘 모양의 톱니가 촘촘히 있다. 열매는 둥글고 8~10월에 황갈색으로 된다. 돌배나 산돌배는 재배하는 배나무에 비해 잎, 열매가 콩알만하고 붉다.

효능과 이용법 배의 당분은 과당이 대부분이며 포도당이 적다. 또한 사과와는 달리 주석산, 구연산 등의 유기산이 적어 신맛이 거의 없다. 그래서 사과와 같이 잼이 잘 만들어지지 않는다.

훌륭한 소화, 건위제

배 속에는 효소가 많은 편이어서 소화를 돕는 작용을 한다. 불고기를 잴 때나 육회 등에 배를 섞으면 고기가 효소의 작용으로 연해 질 뿐 아니라 소화성도 좋아진다.

변비 치료제

배는 옛날부터 변비에 좋고 이뇨작용도 있다고 알려져 왔는데 변비에 좋은 것은 소화가 안 되는 석세포 때문이라고 볼 수 있다.

갈증해소

배는 갈증이 심하거나 술 먹고 난 다음의 조갈증에는 매우 좋은 과일이다. 근육통, 두통 증세에도 쓰인다.

여러 나라의 배

- **일본배:** 돌배나무(P. pyrifolia)를 기본종으로 개량한 품종군이다. 열매는 둥글고 육질은 서양배보다 질이 떨어지지만 과즙이 많고 신선한 맛이며 저장성도 강하다. 현재 한국에서 주로 재배하는 품종이다.

- **중국배:** 산돌배(P. ussuriansis)를 기본종으로 하여 중국에서 개량한 것이다. 열매는 대체로 크며 녹색이고 약간 떫은맛이 있다.

- **서양배:** 유럽 중부로부터 터키 일대에서 야생한 배를 기본종으로 하여 여름에 비가 적은 곳에서 개량한 것이다. 열매는 보통 병 모양의 원뿔형이다. 성숙한 것을 따서 후숙하여 먹는다. 향기와 맛이 매우 좋다.

▲ 배나무의 꽃

배즙

배주

재료
배 1kg, 설탕 100g, 소주 1ℓ

만드는 법

1. 완전히 익은 것을 채취하여, 깨끗이 씻어 물기를 없앤다.
2. 열매가 익지 않은 것을 사용하면 맛과 향취가 약하다.
3. 배의 껍질을 벗기고 4등분하여 용기에 설탕과 3배 정도 소주를 담근 후 밀봉한다.
4. 1개월 정도 지나 배의 건더기를 건져낸다.
5. 3개월 정도 보관 후, 마시는 것이 좋다.

주의할 점

배는 자체 당분이 많아 설탕을 첨가하지 않는 수도 있으며, 수분이 많아 알코올 도수가 높은 소주가 좋다. 신맛을 싫어 하면 씨를 빼내고 껍질을 벗겨서 만든다.

배죽

목안을 부드럽게 해주며 타액을 충분하게 하고 진액 거담작용을 한다.
감기로 인해 목이 타고 가슴이 답답할 때, 소갈증, 소아의 신열로 인한 경풍, 만성 인후염, 쉰 목소리, 객혈, 변비 등을 치료한다.

재료
배 500g(중간 크기 2개), 현미찹쌀 100g

만드는 법

1. 충분히 불린 현미찹쌀을 먼저 팔팔 끓이다가 약한 불로 천천히 끓인다.
2. 죽이 다 되면 껍질을 벗겨, 강판에 갈은 배즙을 넣고 휘저어서 먹는다.

03 Prunus persica Batsch
복숭아나무
Peach Tree

▲ 나무의 열매와 잎

생김새 높이가 6m 정도 자라며, 나무 껍질은 암홍갈색을 띤다. 가지와 줄기에 나무진이 많이 나온다. 상처가 나면 맑은 액체가 분비된다. 잎은 어긋나고 긴 바늘모양이며 타원형이다. 4~5월에 잎보다 꽃이 먼저 피고 색은 분홍색, 흰색과 붉은 색이 있다. 과실 속에는 매우 단단한 씨가 들어 있는데 오목한 점과 깊은 홈이 그려져 있다.

효능과 이용법 사과산과 구연산이 함유되어 있는 알카리 식품으로 식욕증진과 피로회복에 도움이 된다. 식이섬유도 함유되어 있어 변비와 이뇨 작용에도 효능이 있다. 비타민 종류로는 비타민A, B1, B2, B6, C, E 나이아신 등이 각각 함유되어 약해진 위의 기능이 원활하게 되고 위의 운동이 부드럽게 되어 안색을 좋게 한다

하복통 치료
복숭아 씨를 '도인(桃仁)' 이라 하며 약성이 온순하여 부작용이 적고 임부를 제외하고 두루 쓴다. 혈관벽 응고로 생기는 하복통, 생리통에 효과가 좋다.

부드러운 장운동 촉진
윤장하는 작용도 있어 노인의 변비나 수술 후에 생기는 일시적인 변비에 쓰인다.

중풍 개선
중풍으로 인한 반신불수에 효과가 있다.

해독 작용
염증을 미리 없애고 농이 생성되는 것을 방지한다. 니코틴 해독제로 권장되기도 한다.

혈전 용해
관상동맥을 확장하고 혈류 저항을 감소시키고 혈류 속도를 가속시켜 혈전을 용해하여 협심증의 치료에 쓴다.

진통 완화
신경통, 관절통 등이 오랫동안 낫지 않는 거풍습약에 효과가 있다. 또한 생식기의 만성 염증으로 인한 통증에 쓴다.

▲ 복숭아나무의 꽃 건조

복숭아잼

도인죽

혈액순환을 원활하게 하여, 어혈을 제거하고 통증을
멈추게 한다.

> **재료**
> 복숭아 20g, 멥쌀 50g

만드는 법

1. 복숭아를 절구에 찧은 다음 물에 갈아서 고운 앙금을
   걸러낸다.
2. 앙금 물에 멥쌀과 적당량의 물을 붓고 죽은 쑨다.

주의할 점

임산부와 평소 대변이 묽은 사람은 과다하게 복용하지
않도록 한다.

복숭아꽃술

> **재료**
> 복숭아꽃 200~250g, 소주 1ℓ, 설탕 5~10g

만드는 법

1. 꽃은 9할 쯤 핀 것이 좋고 손을 깨끗이 씻고 따낸다.
   (씻은 꽃잎은 곰팡이가 잘 피므로 씻지 않도록 한다)
2. 꽃을 용기에 넣고 분량의 소주와 설탕을 넣는다.
3. 밀봉하여 시원한 곳에 6개월 이상 숙성시킨다.

주의할 점

복숭아는 품종에 따라 색과 모양이 다르므로 품종(백도
계열인가 황도 계열인가)에 대한 특성을 이해하면 보다 효
율적으로 고를 수 있다.

04 | Citrullus vulgaris Schrad

수박

서과(西瓜), 수과(水瓜), 한과(寒瓜)

▲ 여름 햇빛에 익어가는 수박

생김새 줄기는 길게 자라서 땅 위를 기며 가지가 갈라진다. 잎은 잎자루가 있고 달걀 모양 또는 긴 타원형이며 길이 10~18cm이고 깃꼴로 깊게 갈라진다. 갈래조각은 3~4쌍이고, 녹색빛을 띤 흰색이며 불규칙한톱니가 있다. 암수한그루이다. 꽃은 5~6월에 연한 노란색으로 피고 잎겨드랑이에 1개씩 달리며 화관은 5개로 갈래진다. 열매는 5~6kg까지 비대하는 것이 보통이다. 종자는 달걀 모양이고 검은 갈색이다.

효능과 이용법 수박은 성질이 차고 맛은 달고 싱거우며 독은 없다.

이뇨 작용

수박은 이뇨 효과가 크며 각기. 신장병. 방광염 등에도효과가 있다.

소변의 양이 적은 경우, 몸이 부을 때 신장 기능이 약한 사람은 수박을 먹는 것이 아주 이롭다. 콩팥을 건강하게 하려면 수박을 즐겨 먹는다. 수박에는 아미노산의 일종인 '시트르닌'이라는 성분이 있어 체내에서 소변 생성을 촉진시켜 이뇨작용을 원활하게 해준다.

변비 해소

섬유질이 많아 장(腸)운동을 활발하게 하고, 칼륨이풍부해 몸을 상쾌하게 한다.

피로 회복

수박 속의 당분은 대부분이 과당과 포도당이어서 쉽게 흡수되고 피로회복에 도움이 된다.

기타

해열, 해독 작용이 있어 따가운 햇볕을 받아 메스껍거나 토하려고 할 때 먹으면 효력이 있다.

수박의 씨

수박은 원래 씨를 식용하기 위해 재배되었다. 지금도 중국과 아프리카에서는 수박씨로짠 기름을 식용유로 쓴다.

수박씨에는 단백질, 지방, 비타민B 등 영양소가 많다. 수박씨의 칼로리는 땅콩보다 많고, 단백질 함유량이 씨앗 가운데 최고 수준으로 해바라기씨, 땅콩, 잣보다도 훨씬 많다.

---

05 Rubus coreanus Miquel

복분자 108 ❷

곰의딸, 곰딸

▲ 복분자의 열매

생김새 보통 키는 3m 정도 자란다. 줄기는 붉은 빛이 있는 갈색이며 흰 가루로 덮여 있어 줄기 전체가 하얗게 보인다. 갈고리 모양의 가시가 있다. 잎은 서로 어긋나 피며 깃꼴겹잎이다. 꽃은 산방화서로 5~6월에 피며 꽃잎 5장으로 연분홍색이다. 꽃잎이 꽃받침 갈래보다 짧다. 열매는 7~8월에 모여서 달리며 검붉은 색이다. 여름에 익지 않은 열매를 따서 끓는 물에 잠시 삶은 후 꺼내어 볕에 말린다.

효능과 이용법
신정을 보강하며 아이를 가질 수 있게 한다. 남자의 정액 부족 여성의 자궁병으로 인한 불임증 등에 좋다.

콩팥으로 오는 음위증, 유정몽설 치료하고, 혈액을 맑게 해주며 간을 보하고 눈을 맑게 하는 효능이 있다.

참살이 ✚ 활용법

복분자술

기운을 돕고, 몸을 가볍게 하며, 머리털을 희지 않게 한다. 허한 것을 보하며, 성기능을 높인다.

재료
복분자 200g, 설탕 50g, 소주 1.8ℓ

만드는 법

1. 복분자는 초여름에 완전히 익기 전에 채취하여 찌고, 그늘진 곳에서 완전히 말려서 사용한다.
2. 준비된 재료를 용기에 넣고 소주와 설탕을 붓고 시원한 곳에 밀봉 저장한다.
3. 저장된 용액을 3~4일 동안 1일 1회로 가볍게 흔들어 준다.
4. 3개월 후에 개봉하여 건더기를 건져내고, 소주를 1/5 정도 더 넣은 다음 밀봉 저장한다.
5. 6개월 후 완전히 개봉하여 여과지로 걸러 복용한다.

마시는 법

1일 2회 매회 20cc 정도를 식후에 복용한다.

06 | Ficus carica L.

무화과 108 ❷

천생자(天生子)

▲ 갓 익은 무화과의 열매

생김새　잎은 어긋나고 잎겨드랑이에 봄부터 여름에 걸쳐 열매 같은 꽃 이삭이 달리는데, 마치 큰 항아리 모양의 꽃받침 같다. 그 안에 작은 꽃이 피는데 잘 안 보인다. 열매는 다양한 모양을 띠며 열매 껍질의 색은 다양하다. 가지 끝의 작은 열매는 겨울을 나고 6~7월 에 커지며 이것을 '여름 무화과' 라 한다. 봄에 새 가지 에서 자라는 것은 '가을 무화과' 라 한다. 관개(灌漑)가 잘 되지 않는 빈약하고 더운 토양에서 자란다.

원산지는 아라비아 반도의 남부지역이며, 지중해 연안 에 분포한다.

효능과 이용법　무화과는 소화 효소를 가지고 있어 건위, 소식의 효능이 있는 온화한 자양 · 윤장약으로서 소염 작용을 겸하고 있다.

또한 구충보조 작용과 모유 분비를 촉진하며 소염 퇴 종의 작용이 있다.

참살이 ✚ 활용법

무화과주

기운을 돕고, 몸을 가볍게 하며, 머리털을 희지 않 게 한다. 허한 것을 보하며, 성기능을 높이고, 속을 덥게 하며, 기운을 세게 한다. 허로(虛勞) 손상을 보하며, 간을 보하여 눈을 맑게 한다.

> 재료
> 무화과 3~4개, 소주 1ℓ , 설탕 5~10g

만드는 법

1. 무화과를 잘 씻어 물기를 완전히 제거한다.
2. 재료를 용기에 넣고 밀봉한다.
3. 6개월 이상 시원한 곳에서 숙성시킨다.
4. 취침 전 30㎖ 정도를 복용한다.

주의할 점

무화과를 썰지 않고 통째로 넣어야 색깔이 탁해지지 않으며, 오래 익힐수록 맛이 부드러워진다.

07 | Chaenomeles sinensis Koehne

모과나무 108❷

풀명자

▲ 모과나무의 잎사귀

모과나무의 꽃 ▲ ▶

모과나무의 잎 ▲

생김새 높이가 10m에 달하며, 어린 가지는 윤기가 흐르고 털이 있으며 가시는 없다. 오래된 줄기는 봄이 오면 껍질이 비늘조각으로 벗겨지며 매끄럽다. 잎은 어긋나 달리고 타원형이다. 가장자리에 뾰족한 톱니가 있다. 꽃은 5월에 연분홍색으로 가지 끝에 한 개씩 달려 핀다. 열매는 긴 타원형으로 울퉁불퉁하고 자루도 없이 바싹 달리고, 9~10월에 황색으로 익는다. 원산지는 중국이다.

효능과 이용법

소화촉진, 구갈제거

소화가 잘 되게 하며, 이질 뒤에 나는 갈증을 멎게 한다. 곽란으로 몹시 토하고 설사하는 데에 쓴다.

간, 신장의 원기 회복

장기의 활동을 원활하게 하고 주독을 풀어준다. 피곤하고 식욕이 부진할 때도 효과적이다.

기타

가래와 기침해소

경련 진정 효과

위장 평활근과 사지 근육에 대한 진경작용이 있으며 항이뇨작용도 있다.

▲ 잘 익은 모과의 열매

모과발효액

모과주

재료
모과 600~700g, 소주 1.8ℓ , 설탕 5~20g

만드는 법

1. 모과는 표면이 끈적끈적하므로 정성껏 씻고, 물기를 완전히 제거해야 한다.
2. 모과를 3~4 조각으로 자른다.
3. 재료를 용기에 넣고 설탕과 소주를 넣는다.
4. 밀봉하여 그늘에서 6개월 이상 숙성시킨다.
5. 천에 걸러 보관한다.

주의할 점

모과는 물에 닿아서는 안되며 숙성된 후에 이용할 때에도 물에 닿지 않도록 한다.

모과차

모과차는 여름에 더위를 먹어 식욕이 부진할 때, 원기부족으로 쉽게 피로하고 체력 보충을 요할 때 이용하며, 기침과 변비를 해소한다.

재료
모과 3개, 설탕 500g

만드는 법

1. 모과를 깨끗이 씻는다.
2. 물기를 뺀 후 여러 토막으로 자른 다음, 씨를 제거하고 약 2mm 정도의 두께로 썬다.
3. 용기에 모과를 한 겹 깔고 설탕을 뿌린 후, 다시 모과를 한 겹 깔고 설탕을 뿌린다.
4. 냉장 보관하여 모과청을 만든다.

끓이는 법

1. 10일 이상 숙성시킨 모과청 1작은술을 찻잔에 담는다.
2. 끓는 물을 부어 2~3분 우려낸 후 마신다.

08 Morus alba L.

뽕나무 108 ❷

상목(桑木)

▲ 뽕나무의 열매

▲ 뽕나무의 열매와 잎

뇌일혈

뽕나무뿌리 4~6g을 1회분으로 달여 하루 2~3회씩 4~5일 복용한다.

산후 기침

뽕나무 뿌리껍질과 잇꽃을 각각 5g씩을 물로 달여서 하루 두 번 먹는다.

생김새 잎이 둥근 달걀 모양이며 3~5개로 갈라진다. 길이는 10cm 정도이며 가장자리에 둔한 톱니가 있다. 녹색의 꽃이 피는데 암수가 따로 있다. 암술머리는 둘로 갈라진다.

효능과 이용법 뽕나무는 주로 심경과 폐경에 작용한다. 잎, 열매, 가지, 뿌리를 모두 약용 또는 식용으로 쓴다.

기관지염

뽕나무껍질과 복숭아나무 작은 가지를 잘개 썰어 넣고 달임약으로 먹는다.

폐기종

삼뽕나무 뿌리껍질 5~7g을 1회분 기준으로 달임약이나 알약, 또는 산제로 하여 1일 2~3회씩 1주일 정도 먹는다.

* **잎**

'상엽' 이라고 하는데, 이른 봄에 새로 싹이 트는 작은 잎과 서리를 맞은 묵은 잎을 쓴다. 뽕잎에 들어 있는 폴리페놀은 활성산소를 없애 주어 노화를 억제한다.

* **가지**

'상지' 라 하는데, 풍습제거의 효능이 있어 풍습관절통의 경우 초기나 오래된 증상을 막론하고 효과가 좋다.

* **열매**

'상심자'라고 하며, 그 맛은 시고 달며 성질은 따뜻하거나 약간 차다. 자양강장약으로 다른 보익약과 배합하여 쓴다. 풍부한 영양분이 함유되어 소화기관의 만성 질환을 치료하는데 좋다.

* **뿌리**

'상백피' 또는 '상근백피(桑根白皮)' 라고도 한다. 폐의 열을 식히고 기침을 멈추게 하며, 폐기를 깨끗하게 한다. 소염성 이뇨, 해열, 진해약으로 기관지염, 천식에 사용한다.

09 Cudrania tricuspidata (Call.) Bureau

꾸지뽕나무

천파석, 자목, 돌·활·가시뽕나무

▲ 꾸지뽕나무의 열매

▲ 꾸지뽕나무장아찌

생김새 높이가 8m 이상 되는 것도 있으며, 작은 가지는 검은 녹갈색으로 광택이 있고 부드럽고 털이 없으며 단단한 가시가 나 있다. 길이는 5~35mm이다. 홑잎은 어긋나고 가죽질에 가까우며 달걀 모양으로 길이가 5~13cm이다. 꽃은 단성이고 암수 딴그루이며, 모두 두상 화서로 꽃자루는 짧고 단일하게 나거나 쌍을 지어 액생한다. 개화기는 6월이고, 결실기는 9~10월이다. 햇빛이 잘 드는 험한 산이나 산비탈, 구릉, 계곡에서 잘 자란다.

효능과 이용법

부인병 치료

인의 붕중혈결(崩中血結)을 다스리고, 월경을 통하게 하며, 어혈을 풀고, 신장의 결석을 없앤다. 또한 근골을 튼튼하게 하고 혈액을 맑게 하는 작용이 있다.

기타

목재의 재질이 몹시 질기고 단단하여 지팡이를 만들면 오래 쓸 수 있다.

참살이 ✚ 활용법

꾸지뽕나무 기름

여성의 자궁암, 자궁근종, 자궁염 등에 효과가 있다. 기름을 바르면서 복용하면 효과가 더욱 크다.

만드는 법

1. 항아리를 2개 준비한다.
2. 작은 항아리에 꾸지뽕나무를 잘게 썰어서 담고, 항아리 입구를 삼베나 광목으로 두 겹 덮은 다음 명주실로 단단하게 묶는다.
3. 땅을 파고 큰 항아리를 입구만 땅 밖으로 나오도록 묻는다.
4. 작은 항아리를 큰 항아리 위에 거꾸로 엎어놓고 공기가 들어가지 않도록 진흙을 물로 이겨 틈을 봉한 다음 위의 항아리를 굵은 새끼줄로 감는다.
5. 새끼줄 위에 진흙을 물로 이겨 손바닥 두께쯤으로 잘 바르고 그 위에 왕겨를 10가마니쯤 쏟아 붓고 불을 붙여 태운다.
6. 일주일쯤 지나서 불이 다 꺼지고 항아리가 식은 다음에 밑의 항아리에 고인 기름을 약으로 쓴다.

주의할 점

기름을 낼 때에는 반드시 생나무를 사용하여야 한다.

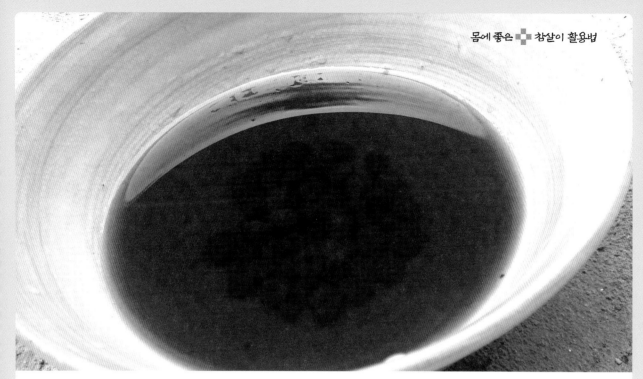

꾸지뽕나무발효액

뽕잎차

뽕잎차는 혈관에 좋고, 당뇨병 예방, 동맥경화를 막아준다. 누에는 당뇨에 특효가 있는 것으로 알려졌는데, 누에의 주식인 뽕잎에는 혈압을 낮추면서 신경전달 기능을 하는 '가바(gava)'라는 성분으로 모세혈관을 강화해 출혈성 질환이 있는 병에 좋다.

재료
뽕잎 100g, 꿀 25g

만드는 법

1. 뽕잎을 깨끗이 물에 씻어 물기를 뺀다.
2. 솥에 뽕잎을 넣고 꿀과 끓는 물을 약간 부어 잘 섞는다.
3. 약한 불로 줄여 손으로 만져 끈적끈적하지 않을 정도로 고은 뒤에 꺼내어 식힌다.
4. 냉장고에 보관해 둔다.

끓이는 법

1. 뽕잎 10g을 찻잔에 담는다.
2. 끓는 물을 부어 2~3분 우려낸 후 마신다.

오디주

포도당과 사과산이 들어있어 여름에 더위를 먹었을 때나 빈혈증세가 있을 때 먹으면 좋은 약효를 낸다.
꾸준히 마시면 흰머리가 생기는 것을 막고, 저항력을 높여주며, 노화 방지의 효과가 있다.

재료
오디 600g, 소주 1.8ℓ, 꿀350g

만드는 법

1. 6월에 신선한 오디를 따서 깨끗이 씻은 다음 체에 건져 물기를 뺀다.
2. 물기가 완전히 빠지면 밀폐 용기에 적당량의 오디와 소주를 담고 뚜껑을 닫아 서늘한 곳에서 2개월 정도 숙성시킨다.
3. 술이 익으면, 베 보자기나 체를 이용해 건더기를 건져낸다.
4. 술만 걸러내어 입이 작은 유리병에 옮겨 술의 1/5 정도의 꿀을 넣어 서늘한 곳에 보관해 둔다.
5. 1회에 15~30㎖씩 잠들기 전에 마시면 좋다.

10 Zizyphus jujuba Miller var. nermis Rehder

대추나무 108 ②

건조(乾棗), 홍조(紅棗)

▲ 갓 익은 대추 열매

불면증 해소

대추의 단맛은 완화작용이 있어 신경이 예민하고 날카로워지거나 불면증에 시달릴 때 복용하면 효과적이다. 특히 여성들에게 흔한 정신적, 심리적 히스테리 증세를 치료하는 데 효과가 크다.

간 기능 보호

간 기능을 활성화시켜주고 담즙의 분비량을 높여주는 기능이 있으며, 체중이 과소한 사람은 체중을 높여주기도 한다.

> 『동의학사전』
>
> "맛은 달고 성질은 평하다. 비경 위경에 작용한다. 비, 위, 심, 폐를 보하고 진액을 불려주며 완화 작용을 한다."

▲ 대추나무의 껍질

생김새 키가 5m 정도 자란다. 잎 아랫부분에는 가시가 있다.

4월에 작은 잎이 나오고 6~7월에 연한 녹색의 꽃이 핀다. 9~10월에 열매가 암갈색으로 익으며 타원형이다. 외과피는 얇은 가죽 같은 겉감이고 점착성이 있으며, 내과피는 딱딱하고 속에 종자가 들어있다.

효능과 이용법 대추는 천연종합비타민이라 불리는 과실로, 중국에는 '하루에 대추 세알만 먹으면 늙지 않는다.'는 속담도 있다. 신체 내의 혈액과 체액, 정기부족을 보충하고, 비장과 위를 건강하게 한다.

▲ 대추나무의 열매와 잎

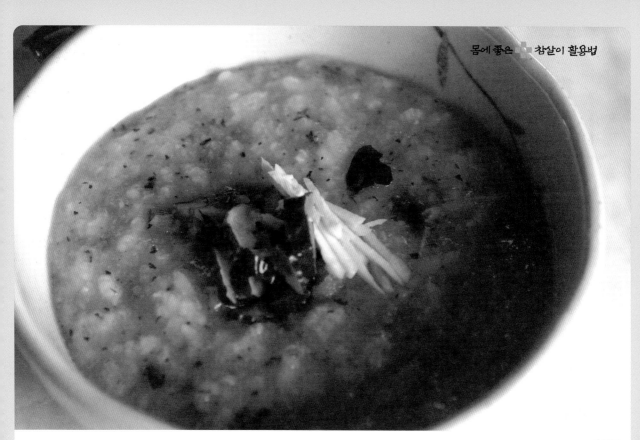

대추죽

대추죽

재료
> 대추 30g, 찹쌀 50g, 닭 국물

만드는 법

1. 생닭을 고아 닭 국물을 만든다.
2. 씨를 뺀 대추와 찹쌀을 넣어 죽을 쑨다.

대추차

재료
> 대추, 꿀이나 설탕

만드는 법

1. 대추를 반으로 썰어 꿀이나 설탕과 함께 겹겹이 재워둔다.
2. 한 달 정도 지나 대추청이 되면, 끓는 물 1컵을 부어 마신다.

대추술

관절염, 비염, 기관지염 ,소화불량, 신경쇠약, 허약체질, 해열, 인후염, 불면증, 피로회복, 이뇨, 조갈, 식욕증진, 강장 등에 효능이 있다.

재료
> 대추 150~250g, 소주 25~35도 1.8ℓ

만드는 법

1. 과실 성숙기인 9~10월에 채취한다.
2. 대추 150~250g을 소주 25~35도 1.8ℓ 에 넣고 밀봉한다.
3. 3~5개월 숙성시킨 뒤 거리지 않고 그대로 사용한다.
4. 숙성 기간이 길수록 약효가 좋다.

마시는 법

1. 하루 2~3회 공복에 소주잔으로 한두 잔씩 먹는다.
2. 3일에 하루 정도 쉬어가며 복용하는 것이 좋다.

11 Juglans sinensis L.

호두나무 108 ❷

호도인(胡桃仁)

▲ 호두나무의 꽃

생김새 높이 20m에 달하고, 가지는 굵으며 사방으로 퍼진다. 수피는 회백색이며, 세로로 깊게 갈라진다. 잎은 어긋나고 우상복엽이며 5~7개의 작은 잎으로 되어 있다. 꽃은 4~5월에 피고, 열매는 둥글고 털이 없으며 핵은 도란형이고 연한 갈색이며 봉선을 따라 주름살과 파진 골이 있다.

중국이 원산이며, 중부 이남에서 재배하고 있다.

효능과 이용법

만성 기관지염, 기관지 천식 치료

온보약과 함께 호도인을 쓴다. 호도인은 허약성인 만성 천식을 치료하는 보조약으로 보골지(補骨脂), 토사자, 파극천, 자하거(紫河車) 등의 온보약에 배합하여 사용한다.

호두나무 이용시 주의점

급성 천식 환자는 사용하지 말고 고지혈증을 가진 노인은 먹지 않는다.

허약체질의 변비

노화로 신체가 쇠약해지고 진액이 부족해서 생기는 변비에 찬 약성을 가진 사하약을 함께 사용한다.

산후 변비

산모의 혈허에 의한 변비에는 당귀, 육종용을 배합하여 쓰면 허약증을 치료하면서 장을 원활하게 한다.

심한 불면증

호도 씨앗을 장기간 복용하면, 수면을 증진시킬 뿐 아니라 다몽(多夢), 현기증을 해소시킬 수 있다.

호두주

곡주를 빚을 때 호두를 넣어 발효시킨 술로 약으로도 효과가 있어 '수운잡방'에는 오로칠상(五勞七傷)을 치료하고 기를 보한다고 기록되어 있다.

호두죽

호두죽

콩팥을 보강하고 살을 윤택하게 하며, 기침과 변비에 효과가 있으며, 소변이 잦은 증상, 야뇨증, 허리와 무릎이 약한 증상 등에 사용한다.

재료

호두 과육 10g, 멥쌀 40~50g

만드는 법

1. 호두 과육의 껍질을 잘 벗겨서 빻는다.
2. 멥쌀과 함께 죽을 쑨다.
3. 하루 2~3번, 따뜻하게 먹는다.

주의할 점

가래가 많고 몸이 뜨거운 어린이는 삼간다.

호두주

두 번 빚는 이양주로 멥쌀로 만든 떡에 누룩과 호두를 가루 내어 밑술을 빚고 다시 멥쌀로 지은 고두밥에 다시 호두와 누룩 가루를 버무려 덧술을 한다.

재료

호두 적당량, 소주(호두 알맹이의 3~4배 정도)

만드는 법

1. 호두를 잘 까서 적당한 크기로 자른다.
2. 호두를 용기에 담고, 3-4배 정도의 소주를 부어 밀봉하여 보관한다.
3. 3개월쯤 지나면 재료를 걸러내고 보관한다. (가끔 한 번씩 흔들어 재료가 잘 섞이게 한다)

12 Broussonetia kazinoki Sieb.

닥나무 108 ③

곡실(穀實)

▲ 닥나무의 열매와 잎

생김새 높이는 3m에 이르며 껍질은 회갈색이며 거의 갈라지지 않는다. 줄기가 여러 개 휘어져 올라온다. 잎은 어긋나 피고 달걀 모양이며 가장자리에 톱니가 있고 표면이 거칠다. 꽃은 5~6월에 피며 암꽃은 위쪽에서 실 같은 붉은 암술대가 둥글게 모여 피고 수꽃은 아래쪽에서 달리는데 미색 꽃밥을 가진 수술을 가진다. 꽃은 6~7월에 공처럼 둥근 주홍색의 열매로 변한다. 가지가 계속 3개로 갈라지는 것은 팥꽃나무과의 삼지닥나무이고, 싸리 비슷하게 생긴 것은 산닥나무이다. 애기닥나무는 잎과 열매가 작고 줄기도 덩굴처럼 가늘게 이어진다.

효능과 이용법 닥나무의 열매가 익기 시작하면 채취하여 볕에 말렸다가 물에 넣고 달이거나 가루로 만든다.

신양을 보하고 간열을 내리며 눈을 밝게 한다
허로, 눈이 잘 보이지 않는 데, 예막, 음위증, 허리와 무릎이 시리고 붓는 데 등에 쓴다. 하루 3~9g을 쓴다.

자양강장 효과
간, 비, 신경에 작용하여 신체허약증, 정력 감퇴, 불면증, 시력 감퇴 등에 효과가 있다.

식용할 때
어린잎을 나물로 무치거나 쌀과 섞어 밥을 짓기도 하고 익은 열매를 말려 두었다가 먹거나, 반쯤 익었을 때 꽃에 절여 두었다가 먹기도 한다.

참살이 ✚ 활용법

닥나무꽃차

재료
닥나무 열매와 잎

만드는 법
1. 열매와 잎을 함께 딴다.
2. 그늘에서 말려 프라이팬에 살짝 볶아 낸다.
3. 찻잔에 꽃봉오리 하나와 잎, 열매를 넣고 끓는 물을 부어 1분 정도 우려내어 마신다.

● 식용식물 ②
Esculent Plant

❖❖❖ 다양한 방법으로 조리해서 먹는다

산나물을 미리 썰어 두거나 물에 그냥 담가두면 영양
분과 특유의 향취가 약해지기 때문에 조리하기 직전에
썰어야 하며, 크고 굵게 끊어야 한다. 잘게 끊으면 공
기와 접촉하는 면이 많아져 비타민 등의 영양 손실이
크다. 칼로 썰어도 영양 손실이 생기므로 손으로 적당
히 끊든지 찢는 것이 좋다.

튀김을 하면 쓴맛이 담겨 있으므로 별로 느끼지 않게
되며, 잎이 큰 것은 생으로나 살짝 데친 것으로 간을
하여 상추처럼 쌈으로 싸서 먹기도 한다.

때로는 더덕처럼 뿌리를 먹는 종류는 잘게 찢어서 고
추장에 무치거나 꼬치에 꿰어 산적으로 한다.

또한, 산나물을 위주로 하여 당근, 파, 양파, 미나리 등
을 색색으로 가미하여 전골을 만들기도 한다.

참기름으로 산나물을 볶은 다음 간장과 고춧가루와 다
진 마늘을 첨가하여 담백하게 먹는 방법도 있다.

❖❖❖ 떫은 맛을 없애야 좋다

산나물로 쓰이는 산야초는 향기가 강하고 쓴맛, 신맛,
떫은맛 각각 맛의 개성을 지니고 있다. 그 중에는 맛이
담백하여 그대로 먹을 수 있는 것도 있으나, 조리하기
전에 떫은 기운을 제거해야 할 종류들도 많다.

떫은 것이 강하면 입속이 곤란하게 하고 다량을 먹으
면 입안이 헐어버리는 경우도 있다. 때문에 예부터 식
용하는 산야초를 입맛에 좋도록 처리하는 것을 강구해
왔다. 그 대표적인 방법이 떫은맛을 제거하는 것인데,
떫은 기운을 지나치게 없애버리면 오히려 산나물의 풍

미를 죽이게 된다. 곧, 떫은 기운이 전혀 없으면 산나
물의 매력이 사라지는 것이니 주의한다.

가지무침

들깨죽

꾸지뽕나무발효액

❖❖❖ 아름다운 양념을 만든다

음식은 영양섭취만을 위해서 먹는 것이 아니라 즐겁고
맛있게 먹는 데 뜻이 있다. 맛있는 음식을 즐겁게 먹기
위해서는 갖가지의 맛과 향기가 조화되어야 하며 보기
에도 아름다워야 한다.

식물의 열매, 씨앗, 잎, 줄기, 뿌리 등을 자연 그대로
활용하여 음식에 색다른 풍미를 돋우어 내는 방법 중
에는 연구할 분야가 매우 많다.

식용식물
참살이
● 채소류 ●

음식에 널리 쓰이는
식물들

01
고추

02
우엉

03
아욱

04
수세미
오이

05
오이

06
머위

07
야콘

08
당근

09
호박

01 | Capsicum annuum L.

고추

번초(蕃椒)

▲ 빨갛게 익은 고추 열매

생김새 고추는 남미 원산의 한해살이풀이다. 전체에 털이 약간 있다. 잎은 어긋난다. 여름에 하얀색 꽃이 피며, 잎겨드랑이에 한 송이씩 밑을 향해 달린다. 열매는 대개 붉게 익는 것이 많으나 품종에 따라 틀리고 전 세계적으로 수백여 가지의 품종이 있다.

효능과 이용법 풋고추 또는 성숙한 붉은 물고추는 생식 외에 볶음, 절임 등으로 다양하게 이용되며, 건고추는 고춧가루 또는 실고추의 형태로 양념으로 많이 이용된다. 특히 김치류와 고추장은 고추를 많이 사용하는 대표적 식품이다.

항산화작용
뇌에서 엔돌핀 생성을 촉진시켜 기분을 좋게 하며, 입 안과 위를 자극하고, 체액의 분비를 촉진하여 식욕을 증진시키고, 혈액의 순환을 촉진한다.

요실금 치료
고추의 매운맛(캡사이신)은 방광 내의 신경섬유 및 신경물질을 마비시켜 본인의 의사와는 관계없이 일어나는 방광수축으로 아무 때나 오줌을 배출하는 요실금 치료에 매우 효과적이다.

미용 효과
고추는 피부와 점막을 튼튼하게 해 주는 비타민A와 비타민C의 함량이 높아 미용 효과가 탁월하다.

기타
항암작용을 하는 전구물질인 베타-카로틴의 함량이 높으며, 외용약으로 이용할 때에는 동상예방약 및 신경통치료에 효과가 있다.

참살이 ✚ 활용법

고추술

재료
고추(꼭지가 붙은 채로) 200g, 소주 1000㎖

만드는 법

1. 고추는 꼭지가 붙은 채로 썰지 않고 사용하며, 잘 여물고 마른 것을 젖은 헝겊으로 닦아낸다.
2. 고추를 용기에 넣고, 고추 부피의 3~4배 정도의 소주를 붓는다.
3. 밀봉하여 시원한 곳에 3개월 정도 숙성시킨다.

02 Arctium lappa L.

우엉 108 ❶

우방자, 편복자, 악실, 서점자

▲ 우엉의 꽃

생김새 두해살이풀로서 키가 1.5m 정도 되며, 비대한 뿌리가 30~60㎝ 정도 곧추 들어간다. 뿌리잎은 여러 개가 모여나고, 줄기잎은 어긋나 달리며 30㎝가량이 큰 잎에 긴 잎자루가 있고 심장형이며 가장 자리에 치아 모양의 톱니가 있다. 뒷면에는 털이 많이 모여 있다. 꽃은 7월에 피며 검은 자줏빛이 돈다. 열매는 8~9월에 익으며, 열매만을 햇볕에 말려 그대로 사용하거나 볶아 사용한다.

효능과 이용법 우엉은 철분, 니코틴산, 비타민C, 이눌린을 함유하고 있으며 이들 성분은 폐, 간, 담낭에 좋다.

뿌리와 잎의 추출물
건선, 습진, 여드름, 피부오염, 상처치유, 피부병, 소양증, 가려움, 곤충에 물렸을 때, 기타 병에 사용한다. 머리카락 성장 자극하며 저혈당, 이뇨작용을 한다.

뿌리분말 20g을 500㎖의 찬물에 5시간 동안 우리거나, 약한 불에 20분간 끓여서 걸러내어 하루에 3회 복용한다.

기타
우엉은 이뇨와 발한 촉진작용을 하여 차로 마시면 감기, 기침, 위장 장애에 좋다.
또한, 성 호르몬의 분비를 촉진시키는 알기닌을 함유하고 있어 성 기능 장애 치료에 도움이 된다.

이용법
차게 우려낸 것은 내복용으로 쓰고, 뿌리 오일 혹은 잎 분말은 연화제(emollient)로 외용한다. 우엉뿌리를 가루, 정제, 팅크로 만들어 피부병과 류머티스 치료에 사용한다.

참살이 ✚ 활용법

우엉죽

우엉죽은 이뇨작용을 하여 감기증상을 완화시키고, 위장을 보하여 준다.

재료
우엉 50g, 쌀 1컵, 물 4컵, 대추 1개

만드는 법

1. 우엉은 껍질 째 맑은 물에 씻는다.
2. 돌리면서 얇게 깎아 물에 담가둔다.
3. 우엉과 쌀을 냄비에 넣고 분량의 물을 부어 1시간 정도 푹 끓인다.

03 | Malva Verticillata L.

아욱

동규자, 금규, 말바

▲ 아욱의 꽃

생김새 아욱과에 속하는 한해살이풀이다. 여름철에 꽃이 피고 가을에 열매를 맺는데 이 열매를 '동규자' 라고 하고 잎은 '동규엽'이라고 한다. 동규자는 카페인이 들어 있지 않은 순수 생약제이므로 습관성이 전혀 없어 중국 및 우리 나라에서 예부터 한방차로 사용하였다.

효능과 이용법 아욱에 포함된 배변산은 소장 속에서 연동운동을 하고, 소장벽에 작용하여 점액의 분비를 촉진시킨다. 장 운동을 활발하게 하여 배설작용을 원활하게 하기도 한다.

동규자차(아욱차)는 변비를 치료하고 정장작용을 하는 것 외에 장 운동을 촉진시킴으로서 잉여 영양분이 축적되는 것을 방지하여 다이어트 효과를 낸다. 또 정장작용 및 변비 해결에 의해 피부미용에도 효과적이다.

참살이 ✚ 활용법

아욱죽

강장과 건위에 효과가 있다.

> **재료**
> 아욱의 줄기·잎 500g, 설탕 100g, 소주 1.8ℓ

만드는 법

1. 물에 깨끗이 씻는다.
2. 마른 행주로 물기를 닦아낸다.
3. 아욱을 병에 채우고 설탕을 넣어 소주를 붓는다.
4. 밀봉하여 냉암소에 두고 숙성을 기다린다.
5. 음용은 2개월 후면 가능하다.
   6개월이 지난 후 아욱을 건져내고 여과한다.

마시는 법

담황색의 술이 되는데, 점성을 가지고 있기 때문에 칵테일의 안정제로 효과가 있다. 특색이 있는 술이 아니므로 레몬주나 딸기주를 첨가하여 취향에 따라 음용한다.

▼ 아욱의 잎

당아욱 Malva sylvestris var. Mauritiana
금규(錦葵)

▲ 당아욱의 꽃

생김새 아시아가 원산지로 높이가 60~90cm이다. 잎은 어긋나고 둥근 모양이지만 5~9개로 갈라지며 가장자리에 작은 톱니가 있다. 잎의 밑은 심장 모양이다. 5~6월 잎겨드랑이에 작은 꽃자루가 있는 꽃이 모여 달리며 밑에서부터 피어 올라간다. 꽃잎은 5개로 연한 자줏빛 바탕에 짙은 자줏빛 맥이 있는데, 품종에 따라 여러 가지 빛깔이 있다. 꽃받침은 녹색이고 5개로 갈라진다. 여러 개의 수술대가 한데 뭉쳐 있으며 암술은 실처럼 가늘고 많다. 심피는 바퀴 모양으로 배열하고 꽃받침에 싸여 있다. 열매는 삭과이다.

효능과 이용법 한방에서 잎과 줄기를 금규(錦葵)라는 약재로 쓰는데, 대소변을 잘 통하게 하고 림프절 결핵과 부인병인 대하, 제복동통을 다스리는 데 효과가 있다.

당아욱차

기침감기, 지나치게 쉰 목소리, 그리고 가벼운 설사 증세가 있을 때 마시면 좋다. 잎을 우려낸 물은 잇몸이나 구강과 목의 염증을 완화해 주는 구강세척제나 양칫물로 사용되기도 한다.
차나 구강세척제를 만들려면 2티스푼의 식물을 미지근한 물에 넣고 5~10시간 동안 담갔다가 걸러내며, 가끔씩 휘저어 준다.
당아욱과 같은 양의 달맞이꽃 뿌리를 섞어서 만든 차는 어린이의 기침에 좋으며 거담과 소염작용을 돕는다. 당아욱의 잎과 뿌리를 회향과 아니스 씨앗과 섞어 요리해 포도주와 함께 섭취하면 내장과 방광의 통증을 완화해주고 딱딱한 변을 부드럽게 만들어 준다.

당아욱 뿌리

점액이 풍부하기 때문에 내부 염증, 기도의 염증, 가래가 많이 나오는 상부 호흡기관의 염증, 기관지염과 편도선염 등을 치료하는 거담제와 완화제 및 해열제로 사용한다.

기타

천식, 기침, 백일해와 인후통은 당아욱과 딱총나무, 카밀레꽃, 석결명 잎에 암모니아를 포함한 소금을 약간 넣고 끓이면서 뜨거운 증기를 쐬어 치료한다. 당아욱의 꽃을 이용한 증기욕은 귓병을 고치는 데도 사용되어 왔다.

04 Lufa cylindrica Roemer

수세미오이 108 2

사과락(絲瓜絡)

▲ 수세미오이의 열매와 잎

▲ 수세미오이의 어린 싹

생김새 담장이나 울타리에 올리는 덩굴성으로 길이가 10여m까지 나아간다. 줄기는 오이와 거의 비슷하고 잘 발달된 덩굴손이 있어서 다른 물체를 감고 올라간다. 줄기의 단면은 오각형이고 덩굴손은 잎과 마주보고 난다. 잎은 어긋나 달리고 잎자루가 길다. 잎은 질이 거칠고 손바닥 모양으로 갈라진다. 꽃은 8~9월에 잎겨드랑이에서 노랗게 핀다. 열매는 녹색이며 원통꼴로 겉에 얕은 골이 파져 있다. 약용으로 쓰는 과육은 세로방향의 섬유와 함께 두껍고 조밀한 그물 무늬로 된다. 안에는 종자가 들어 있고 검은색으로 익는다. 원산지는 열대아시아이다.

효능과 이용법

미용 효과

수세미의 수액을 화장수로 쓰면, 살결이 고와지고, 땀띠에 발라도 좋다.

얼굴의 기름기도 없애주며, 피부가 터서 갈라지거나 화상에도 효과적이다.

기관지 계통에 작용

열매 및 수액을 거담, 곽란, 동상, 이뇨, 풍치, 건위 등에 쓰인다.
천식과 기관지 계통의 질병에도 효과적이다.

참살이 ✚ 활용법

수세미차

재료
수세미 1개, 흑설탕

만드는 법

1. 수세미를 깨끗이 씻어 물기를 제거한다.
2. 껍질째 잘게 썰어 설탕에 재운 뒤 보관해 둔다.
3. 3~4일후에 꼭 짜서 천에 거른 뒤 불에 한 번 끓여 냉장 보관한다.
4. 물과 원액을 적당히 희석하여 수시로 마신다.

05 Cucumis sativus L.

오이 108 ❶

호과, 황과, 왕과, 자과

▲ 오이의 꽃

생김새 줄기는 능선과 더불어 굵은 털이 있고 덩굴손으로 감으면서 다른 물체에 붙어서 길게 자란다. 잎은 어긋나고 잎자루가 길며 손바닥 모양으로 얕게 갈라지고 가장자리에 톱니가 있으며 거칠다. 꽃은 양성화이며 5~6월에 노란색으로 피고 지름 3cm 내외이며 주름이 진다. 열매는 장과(漿果)로 원주형이며, 어릴 때는 가시 같은 돌기가 있고 녹색에서 짙은 황갈색으로 익으며 종자는 황백색이다.

효능과 이용법

이뇨 작용

오이를 즐겨 먹으면 함유된 칼륨의 작용으로 체내의 염분과 함께 노폐물이 배설되므로 몸이 맑아지고 풍부한 엽록소와 비타민C는 피부미용에도 좋다. 또한 오이는 몸을 차게 하는 성질이 있어 더위를 먹거나 열이 오를 때, 갈증 해소, 부종 치료에 좋은 효과를 낸다.

변비 해소

오이씨 12~15g을 달여서 하루 2~3회씩 1주일 정도 마신다.

골절 치료

오이씨 10g을 노랗게 볶아 가루 내어 더운 물에 먹는다.

피부 개선

오이 씨 15g을 1회분으로 달여 하루 세 번 마시거나, 생오이로 마사지를 한다. 여드름을 치료할 때에는 오이씨를 달여서 그 물을 10회 이상 얼굴에 바르며, 땀띠가 났을 경우에는 오이를 강판에 갈아 즙을 낸 다음 그 즙을 가제에 적셔 땀띠가 난 부위에 대고 두드리듯 발라 준다.

오이 줄기를 잘라서 나오는 물을 땀띠에 바르면 잘 났는데 이 물은 피부를 곱게 하므로 화장수로도 쓰인다.

일사병 치료

오이꼭지 6g을 물 500ml에 넣고 달여서 식힌 다음에 마신다. 오이를 잘게 썰어 짓찧은 다음 천에 싸서 즙을 내어 먹는다.

▲ 수확하기 전의 오이 열매

오이물김치

오이차

오이 껍질에는 비타민C 등 각종 영양소가 풍부하여 피부 미용에 좋다. 특히 황달로 몸이 노랗게 변할 때 달여 마시면 바로 효과를 볼 수 있다.

재료
오이 껍질 1개, 물 300㎖

만드는 법

1. 오이를 깨끗이 씻어 껍질을 벗긴다.
2. 오이 알맹이는 반찬으로 사용하고 껍질은 적당히 썰어 그늘에 바싹 말린다.
3. 다관에 오이 껍질을 넣고 물을 부어 끓인다.
4. 물이 끓기 시작하면 불을 줄여 은근히 달인다.
5. 체로 건더기는 건져내고 국물만 찻잔에 따른다.
6. 꿀이나 설탕을 약간 타서 마신다.

주의할 점
오이는 농약을 많이 쓰는 채소 중 하나로, 끝 부분이 굵고 크며 끝이 가늘고 흰 것은 농약을 많이 뿌렸다는 증거이므로 피한다.

오이물김치

재료
오이 2개, 당근 1/4개, 실파 2뿌리, 배 1/4개, 미나리 4줄기, 생강 1쪽, 마늘 4쪽, 고춧가루 4큰술, 소금 · 설탕 약간씩, 생수 4컵 정도

만드는 법

1. 오이는 소금으로 비벼 씻어 5cm 길이로 썬다.
2. 열십자로 갈라 소금물에 절이고, 물에 씻어 물기를 뺀다.
3. 미나리의 반은 5cm 길이로 자른다.
4. 실파도 5cm 길이로 자르고, 배도 곱게 채 썬다.
5. 당근, 마늘, 생강은 1cm 길이로 채 썰어 놓는다.
6. 고춧가루 2큰술, 설탕 1작은술, 소금, 당근, 마늘, 생강, 배를 절인 오이속에 넣는다.
7. 생수 4컵을 준비하여, 면 헝겊에 고춧가루 2큰술을 넣고 살살 흔들어 불그스름하게 고춧물을 낸다.
8. 고춧물에 소금, 설탕으로 간한다.
9. 오목한 그릇에 양념을 넣은 오이를 담는다.
10. 고춧물을 살며시 부어 미나리, 실파를 띄운다.

227

06 | Petasites japonicus Max.

머위 108 ❶

봉두채, 관동화

▲ 머위의 꽃

생김새 아주 짧은 뿌리줄기가 사방으로 뻗으면서 번식하며 이른 봄에 잎이 내오기 전에 높이 5~45㎝의 꽃대가 나오고 꽃이 피어난다. 작고 연한 녹황색 꽃들이 모여 둥글고 작은 모양의 꽃차례를 만들고, 이것들이 또 다시 둥글게 모여 꽃차례를 만든다.

꽃은 비늘과 같이 생긴 받침 잎에 둘러싸여 땅 위로 나타나는데 꽃잎이 없고 여러 송이가 둥글게 뭉친다. 암꽃의 빛깔은 희고 수꽃은 연한 노란색이다. 꽃이 진 다음 잎은 뿌리줄기로부터 자라나며 길고 둥근 콩팥 모양으로 굵은 잎자루를 가지고 있다. 양성을 모두 가진 작은 꽃은 씨를 맺지 못하고 자화서의 암꽃만이 열매를 맺는다.

효능과 이용법

풍한 감기 초기

오한, 발열, 해수, 소량의 백색담, 인후의 가려움증이 있을 때 자소엽, 박하, 행인, 길경과 함께 사용하면 풍한을 흩어내서 기침을 멈추게 한다.

기관지 이완 작용

기관지 확장증으로 기침이 심하고, 숨이 급한 증상이 나타나며, 담에 피가 섞여 있으면 관동화에 사삼, 원삼, 맥문동, 우절을 배합해 사용하면 진해 · 지혈효과가 있다.

목욕할 때

향기가 나는 방향성 식물이므로 목욕 시에도 이용할 수 있다.

뿌리줄기 15g을 물 600g에 넣고 반으로 달인 다음 그 액을 아침, 저녁으로 복용한다.

머위와 털머위

머위의 잎은 털이 있고 부드러운 반면, 털머위는 잎이 짙은 녹색으로 두껍고 표면에 윤채가 나며 상록성으로 갈색 털이 많다. 털머위는 식물 전체를 약용하는 데 식용으로 이용하는 머위와는 달리 독성을 가지고 있다.

▼ 머위의 잎

▲ 털머위의 잎

07 Polymnia sonchifolia Poepp.

야콘(Yacon)

▲ 야콘의 뿌리

야콘에 들어있는 포도당, 과당은 설탕보다 당도가 높고 장내 흡수속도가 느리다. 때문에 비피더스균을 증강하고 유해균을 감소시켜 장을 깨끗하고 튼튼하게 하는 정장 작용과 장의 운동을 활성화하여 변비를 예방하는 효과가 있다.

또한 혈청 골레스테롤을 저하시켜 동맥경화를 예방하며, 감미료로 이용할 경우 설탕보다 충치 발생을 효과적으로 억제 할 수 있다.

브라질에서는 야콘 잎에 당뇨병을 예방하는 약리작용이 있다고 하여 약차를 만들어 음용한다.

▲ 야콘의 잎

생김새 국화과의 다년생 식물로 지하부는 다알리아나 고구마와 비슷하고, 지상부는 돼지감자와 흡사하며, 키는 1.5~3m 정도이다. 줄기는 녹색~자색을 띠며 털이 많고, 원통이거나 다소 각이 지고 성숙기에는 속이 빈다. 마디는 15~20이며 원줄기에서 가지가 발생하는데 많을 때는 합생한다 꽃은 노란색부터 옅은 등황색까지 있다. 야콘은 안데스 원산의 덩이뿌리 작물이지만 과일로 인식되고 있는데, 즙이 많고 단맛이 있으며 열량이 적기 때문이다.

효능과 이용법 야콘은 포도당, 과당과 같은 단당류와 설탕과 같은 2당류 그리고 올리고당 등 몇 가지 형태의 탄수화물을 덩이뿌리에 저장하며, 약간의 전분과 이눌린(inulin)을 함유한다.

야콘 재배 방법

- 가뭄에 약하므로 여름이 찾아오기 전까지 잎이 무성하도록 초기 성장에 힘을 쏟는다.
- 7월까지는 제초작업이 아주 중요하다.
- 잎이 크고 초장이 길기 때문에 풍해를 입기 쉬운 결점이 있다. 때문에 가지의 어린잎은 잘라내어 직사광선 아래에서 며칠에 걸쳐 건조시킨다.
- 화학비료보다 퇴비를 주어 유기재배를 하면 수확직후의 당도가 15도 정도까지 높아지며, 올리고당 함유량도 높은 양질의 것을 얻을 수 있다.

08 | Daucus corota L.

당근

호라복(胡蘿蔔)

▲ 당근의 꽃

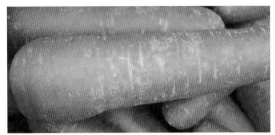

▲ 수확하여 손질된 당근의 뿌리

생김새 높이 80~100cm의 2년초로 등황색 도장원추상(倒長圓錐狀)의 육질 직근이 있다. 우상복엽은 털이 있으며 소엽은 우상으로 세열되었다. 7~8월에 개화하며 백색의 소화가 복산형화서로 달린다. 자방은 하위이며 분과는 타원형으로 길이 3mm 정도이며 능선에 따라 가시가 있다.

효능과 이용법 당질의 절반이 서당으로 감미가 강하며, 그 밖에 포도당, 전분 등이 있다. 당근의 색소는 카로틴인데 이것은 우리 몸에서 비타민A로 바뀌기 때문에 프로비타민A라고 부른다. 칼슘이 무기질의 1/3이며 철분도 많다. 또한 단백질을 구성하는 아미노산은 라이신과 트레오닌으로 곡류단백질의 결점을 보완해 주고 있어 식용으로 우수하다.

각종 암 치료

폐암을 포함하여 담배와 관련된 암을 억제하는데 좋은 식품이다.

심장 기능 개선

생당근은 혈중 콜레스테롤치를 확실히 내리게 해주어, 심장이 약하거나 심장병이 있는 사람은 하루에 세 번 당근 한 뿌리씩을 계속 먹으면 효과가 있다.

변비 예방

당근을 특히 다른 식이섬유가 많은 식품과 매일 같이 먹으면 변통조절이 잘 된다. 변의 부피가 증가되면 결장암의 위험이 감소되는데 그것이 변에 포함되어 있는 발암성물질이 희석되어 농도가 연해지기 때문이다.

기타

당근은 강장, 피로회복에 쓰이며 호흡을 순조롭게 하고 위장이나 허파를 건강하게 해 준다. 씨앗은 달여서 먹게 되면 신장병, 이뇨, 수종, 구충제 등에 좋다.

당근의 기원

당나라에서 도입되었기 때문에 '당근(唐根)', 또는 '홍당무'라고 한다. 13세기에 중국에 건너왔으며 뒤이어 우리나라에 들어왔다. 15세기 네덜란드에서 품종 개량이 이루어져, 현재 프랑스에서 재배되는 것으로 개량되었다.

09 Cucurbita spp.

호박

남과(南瓜)

▲ 호박덩쿨과 잎

생김새 박과의 한해살이풀 호박의 종자이다. 덩굴의 단면은 오각형으로 털이 있으며, 덩굴손으로 다른 물체를 감고 올라가면서 자란다. 잎은 어긋나며 잎자루가 길고, 심장 모양이며 얕게 5갈래로 갈라진다. 6월부터 크고 노란 꽃이 피는데, 수꽃은 자루가 길고 암꽃은 자루가 짧으며 열매를 맺는다. 품종에 따라 열매의 크기, 모양, 색등이 모두 다르다. 개량된 품종에는 덩굴성이 아닌 것도 있다. 원산지는 남아메리카이다.

효능과 이용법 씨에는 비타민B, C, E와 효소인 우레아제가 있고 기름이 약 34%가 있다. 기름의 주성분은 리놀산, 올레산, 팔미트산, 스테아르산의 글리세리드이다. 비타민E는 밀배아기름의 4배나 많고 Y-오리자놀이 있다. 열매 살에는 노란색 카로틴, 아데닌, 아스파라긴 등이 있다.
남과자는 살충작용이 있고, 남과등은 청폐, 화위, 통락을 하며 남과체는 옹창, 탕화창을 치료한다.

* **호박(남과)**
여름과 가을에 열매가 여물었을 때 딴다. 맛은 달고 성질은 따뜻하다. 염증을 없애며 통증을 멎게 하고 해독하며 살충한다.

* **호박뿌리(남과근)**
맛은 싱겁고 성질은 평하며 독이 없다. 젖을 나오게 한다. 임질, 황달, 이질을 치료한다.

* **호박줄기(남과등)**
맛은 달고 쓰며 성질은 약간 차고 독이 없다. 여름과 가을에 채취한다. 폐결핵으로 인한 저열, 위통, 월경 불순, 끓는 물에 덴 상처를 치료한다.

* **호박 줄기 위의 덩굴손(남과수)**
여성의 젖꼭지가 오므라져 안으로 들어가고 몹시 아픈 것을 치료하는데, 남과수 한 줌에 식염 소량을 넣고 짓찧어 끓인 물에 개어 먹는다.

* **호박잎(남과엽)**
여름과 가을에 채취한다. 천연 식용색소로 쓴다. 이질, 감적, 도끼, 창 칼날에 다친 상처를 치료한다.

* **호박씨(남과자)**
여름과 가을 사이에 여문 씨를 채취하여 씨 껍질에 붙은 얇은 속을 제거하고 햇볕에 말린다. 구충작용을 한다. 촌백충, 회충, 산후에 손발이 붓는데, 백일해, 치질을 치료한다. 볶아 달여서 먹으면 당뇨병을 치료한다.

* **호박속(남과양)**
끓는 물에 덴 상처, 도끼, 창, 칼날 따위에 다친 상처를 치료한다. 외용시 짓찧어 바른다.

* **호박꼭지(남과체)**
가을에 잘 익은 호박을 따서 꼭지를 떼어 햇볕에 말린다. 큰 종기, 정창, 끓는 물에 덴 상처를 치료한다. 하루 40~80그램을 물로 달여 먹거나 약성이 남게 구워서 가루내어 먹는다. 외용시 갈아서 가루 내어 개어서 바른다.

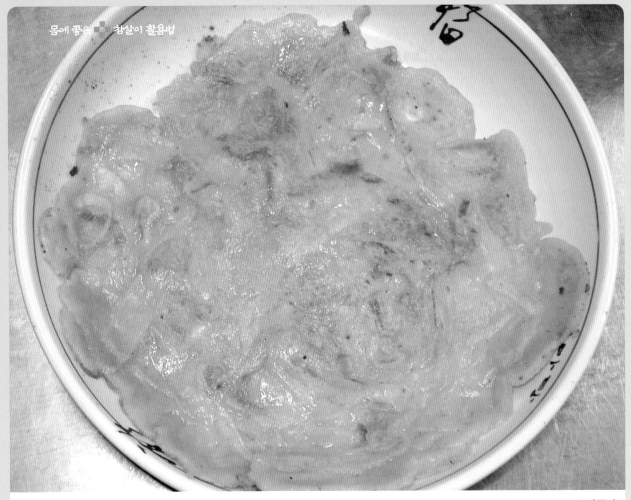

호박꽃전

호박죽

재료
쌀 2큰술, 호박 60g, 꿀 1/2작은술, 소금, 물

만드는 법

1. 쌀은 깨끗이 씻어 일어 1시간 정도 불린다.
2. 호박은 껍질째 찜통에 넣어 단내가 날 때까지 찐다.
3. 냄비에 불린 쌀과 분량의 물을 넣고 약한 불에서 천천히 끓이다가 쌀알이 어느 정도 퍼지면 삶은 호박을 숟가락으로 곱게 으깨어 넣는다.
4. 푹 끓여 걸쭉하게 되면 불에서 내려 꿀과 소금으로 간을 해서 먹인다.

호박꽃전

재료
호박꽃, 밀가루와 전분 섞은것, 소금, 달걀 1개

탄수화물 외에 섬유질과 각종 비타민, 미네랄 등이 듬뿍 들어 있어 성장기 어린이와 허약 체질에 좋은 영양 식품이며 면역력도 높여준다. 또 이뇨와 해독 작용을 해 간이 나쁘고 체질이 냉한 사람에게 특히 좋다.

만드는 법

1. 달걀에 소금을 섞고 풀어 준다.
2. 꽃을 1에 살짝 묻힌다.
3. 밀가루 전분 섞은것에 묻혀서 털어준다.
4. 기름 두른 펜에 지진다.

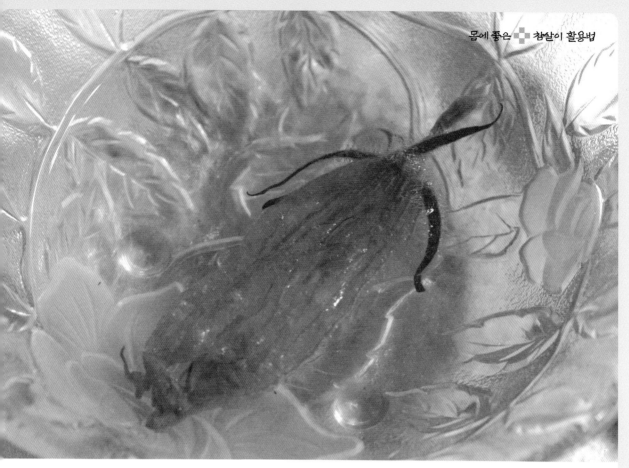

호박발효액

단호박샐러드

재료

단호박 1/2통, 고구마 1개, 통조림 옥수수, 건포도,
마요네즈 2큰술씩, 설탕 1큰술, 옅은 설탕물 적당량

만드는 법

1. 단호박은 손질해 속을 제거하고 껍질째 3cm 폭으로 썬다.
2. 김이 오른 찜통에 1의 단호박을 10분 정도 푹 쪄 껍질을
   벗겨내고 반은 스푼으로 곱게 으깨고 나머지 반은 으깬다.
3. 고구마도 깨끗이 씻어 김이 오른 찜통에 쪄서 껍질을
   벗기고 으깬다.
4. 통조림 옥수수는 체에 밭쳐 물기를 빼고, 건포도는 설탕물
   에 담가 불린다.
5. 으깬 단호박과 고구마에 마요네즈, 설탕을 넣고 버무린 뒤
   옥수수, 건포도를 넣고 잘 섞어 완성한다.

호박 발효액

재료

호박 1개, 흑설탕

만드는 법

1. 호박을 깨끗이 손질하여 잘게 썬다.
2. 항아리에 동량의 흑설탕과 함께 넣는다.
3. 약 1년 정도 숙성시킨다.
4. 체로 걸러내어 6개월 정도 2차 숙성시킨다.
5. 하루에 1~2잔 정도 복용한다.

주의할 점

호박에는 비타민A 성분이 있기 때문에 간장 질환
이 있는 사람은 과량을 섭취해서는 안된다.

233

● 식용식물 ③
Esculent Plant

❖❖❖ 식용 착색료 (빛깔내는 재료)

참살이 식물로 음식을 조리할 때에는 모양이 있어야
하는 동시에 빛깔을 아름답게 조화시켜야 볼품이 나타
난다. 특히 잔칫상이나 제사상을 차릴 때에 음식의 빛
깔과 배열은 대단히 중요하다.

음식의 빛깔을 곱게 내는 데는 자연식물이 품은 색소
를 이용하는 것이 가장 자연스럽고 품위가 있다.

여러 종류의 과일을 싱싱한 그대로 배열을 해놓아도
모양과 빛깔이 자연스럽게 조화를 이루는데, 때에 따라
서는 붉게 익은 식용열매를 말려 저장했다가 잘게 썰
어서 고명으로 이용해도 음식상이 돋보인다.

팥 종류를 삶아서 떡고물로 쓰든지 불그레한 빛깔이
우러나면 물을 색소로 이용한다. 당근이나 딸기의 불
그레한 빛깔을 즙으로 내어 색소로 사용한다. 포도 껍
질을 짜내어 보랏빛의 액체를 얻어내고, 엽록소가 짙
은 잎을 짓찧어 초록빛 즙액을 받아내어 식품의 착색
용으로 쓴다.

❖❖❖ 식용 향미료 (향기로운 양념)

향신료(맵거나 향기로운 맛을 더하는 조미료) 중에서는
독특한 향기를 그윽하게 풍기는 종류들이 많다. 이런
식물을 나물로 무쳐 먹으면 향기로운 맛이 뛰어나며,
때로는 양념삼아 다른 음식에 섞어 넣어 쓰면 좋은 별
미가 된다.

참깨잎이나 유자나무, 귤나무의 열매는 청향제로서 좋
다. 특히 약초로서 식용하는 종류는 그윽한 한약 냄새
를 풍기기 때문에 거의 모두 향미료로서 적합하다.

배초향 같은 종류는 냄새가 너무 짙으므로 사람에 따
라서는 역겨운 느낌을 가지기도 하는데, 이렇게 냄새
가 짙은 것은 어린 순을 이용해야 적당한 향미를 즐길
수 있다.

식품의 향기는 그것들이 함유하고 있는 정유성분에 의
한 것이다. 이런 방향성인 휘발성 물질을 추출하였을
때 향료라고 하는데, 꽃이나 열매, 껍질, 뿌리 등에서
향료를 얻어내는데 이것을 향미료로서 널리 이용한다.

❖❖❖ 식용 신미료 (매운 양념거리)

식욕을 돋우어 주는 음식을 조리하는 데 가장 많이 쓰
이는 것이 매운맛이다. 이 매운맛은 재료에 따라 각기
다르게 나타나고 또 식물 특유의 향기와 조화를 이뤄
맛의 변화가 매우 다양하다.

재배식물로서 흔히 사용하고 있는 신미료로는 무, 순
무, 파, 부추, 마늘, 생강, 양파, 고추, 후추 등인데 양
념거리로서 대표적이다.

미나리아재비의 꽃

냉이의 꽃

갈퀴현호색의 꽃

제9장

양념으로 쓰이는
향료 식물 참살이

달래 / 강황 / 생강 / 부추 / 파 / 차이브스 / 양파 / 마늘 / 두구 / 초과 /
사인 / 익지인 / 후추 / 후추등 / 카바카바 / 필징가

향료식물
참살이

양념으로 쓰이는
식물들

01 달래

02 강활

03 생강

04 부추

05 파

06 차이브스

07 양파

08 마늘

09 두구

10 초과

11 사인

12 익지인

13 후추

14 후추등

15 카바카바

16 필징가

01 | Allium grayi Regel

달래
산달래, 해백, 염부추, 염교

▲ 달래의 꽃

생김새 비늘줄기는 둥글고 지름이 1.5cm내외이고 2~4개의 잎이 있다. 잎은 선형이며 길이가 20~30cm 정도 자란다. 꽃은 5~6월에 피는데 꽃대가 40~60cm 이고 끝에 산형화서가 붙는다. 꽃잎은 6개이고 백색 또는 연한 홍색을 띤다.

효능과 이용법 비타민A, B1, B2, C 등이 고루 들어 있고, 칼슘, 인, 철분 등 무기질이 풍부한 영양가 높은 알카리성 식품이다. 맛이 비슷한 파나 마늘이 산성식 품인데 비해, 달래가 알카리성 식품인 것은 칼슘의 함 량이 월등하기 때문이다.

가슴통증 치료
흉통이 있고 천식, 해수의 흉비의 증후에 과루인을 같 이 쓴다.

호흡 곤란 진정
흉부의 혈액순환이 잘 되지 않아 호흡이 촉박해지거 나 곤란해지고 압박감과 찌르는 흉통이 있으면 달래 를 달여 마신다.

해독 작용
독이 있는 벌이나 모기에게 물렸을 때, 줄기와 뿌리 를 짓찧어 붙이면 해독이 된다.

타박상이나 종기
달래의 줄기를 태워 붙이거나 짓찧은 달래를 밀가루 에 반죽한 뒤 붙인다.

편도선
생잎을 붙이거나 뿌리 간 것을 붙인다.

기타
여성의 냉증 치료, 위장을 튼튼히 하고 불면증과 빈 혈을 없애는 효과도 있다. 노화 방지에도 탁월한 효 과가 있다.

애기달래

애기달래는 높이가 5~12cm 정도 자란다. 5~6월에 40~60cm의 꽃대가 자라 산형화서 로 작은 꽃이 모여 핀다. 산달래와는 다르게 주아가 생기지 아니한다. '염교' 또는 '염부 추'라고도 부른다.

달래무침

달래주

재료
달래 300g, 꿀 200g, 소주 1.8ℓ

만드는 법

1. 물기를 뺀 다음 용기에 넣고 꿀과 소주를 부어 술을
    담근다.
2. 서늘하고 어두운 곳에 두고 보름 후에 술을 거른다.
3. 하루에 두세 번 소주잔으로 한잔씩 마신다.

달래무침

재료
달래 80g, 양파 1/4개
양념장: 식초 2큰술, 국간장 1큰술, 까나리액젓 1큰술,
설탕 1/2큰술, 고춧가루 1/2큰술, 깨 1/2큰술

만드는 법

1. 달래는 뿌리 쪽 껍질을 벗겨 손질한다.
2. 달래 뿌리를 칼등으로 쳐서 향을 낸다.
3. 분량의 재료를 섞어 양념장을 만든다.
4. 먹기 좋게 썬 달래와 양파에 양념장을 넣어 살살 무친다.

| 02 | Curcuma aromatica Salisbury. |

강황 108 ❸

울금

◀ 강황의 꽃
건조된 뿌리 ▼

생김새 뿌리줄기는 덩어리 모양으로 가로로 자른 면은 황색을 띠며, 향이 있다.

잎은 크고 길이는 30~90cm, 폭은 10~20cm로 잎 끝은 뾰족하고 기부는 삼각형, 윗면은 푸른색이다. 잎은 타원형이고 4~5개가 모여 난다. 뿌리줄기는 고깔 모양이거나 가지 친 둥근 기둥 모양이고 꺾은 면은 감색이다. 꽃은 수상화서로 늦은 봄부터 여름철에 피며 길이는 약 30cm, 포편은 엷은 녹색으로 난형이고, 길이는 4~5cm이다. 화관은 황색이며 길이 2.5cm 정도이다.

원산지는 인도, 중국, 오키나와 등인데, 인도를 중심으로 한 열대 및 아열대지방에서 많이 재배되고 있다.

효능과 이용법

발작 치료

발작 시에는 천궁, 강진향, 빙편 등을 사용한다.

여성의 월경 치료

월경이 늦어지고 혈의 양이 적어지면, 울금에 천궁, 백작약, 향부자, 현호색, 금령자, 홍화, 오령지, 익모초 등을 가미해 사용한다.

월경통에는 식초에 법제를 한 울금에 도인, 백작약, 당귀를 배합한다.

소화 장애 치료

담즙 분비 자극하고 소화성 궤양 치료한다. 그러나, 담관 폐쇄증 혹은 담석장애자의 경우는 복용에 유의한다.

질병에 따른 이용법

- **담낭염증**: 강황을 가루내어 6~8g씩 하루 3번 먹는다.
- **담석증**: 강황을 가루내어 한번에 8~10g씩 하루 3번 먹는다.
- **가슴 통증이 있을 때**: 뿌리째 하루 20g씩 달여 끼니 사이에 울금, 강황을 각각 15~20g을 넣고 끓여 하루 2~3번에 먹는다.

강황 발효액 ▼

03 Zingiber officinale Rosc.

생강 108 ②

새앙, 새양

▲ 생강

생김새 줄기는 키가 1m 정도로 자란다. 잎은 줄기를 둘러싸고 있는 잎집에서 나오는데, 길이가 15~30㎝이고 길쭉한 잎 2장이 수직으로 어긋나 있다. 꽃은 가장자리가 노랗기도 한 녹색의 포(苞)가 겹쳐져 있는데, 각각의 포가 1송이의 작은 황록색·자주색 꽃을 둘러싼다.

주로 뿌리줄기를 꺾꽂이하여 번식하며, 수확할 때는 뿌리줄기를 흙 속에서 들어올려 깨끗이 씻은 뒤 햇볕에 말리는데, 그 모양이 가지를 치거나 손바닥처럼 갈라져 일정하지 않다. 색깔은 어두운 노란색에서 밝은 갈색, 희미한 담황색 등으로 다양하다. 껍질이 코르크층으로 되어 있어 잘 벗겨지지 않는데, 긁어내면 코르크층·표피층·피하층이 모두 벗겨진다.

효능과 이용법

이뇨 작용

간장의 기능을 활발하게 하고 수분의 대사를 원활하게 하며, 발한을 촉진하고 부종을 제거한다.

소화 불량과 숙취 제거

음식물이 잘 삭지 않아 위와 가슴이 불편하거나 숙취일 때도 좋은 효과를 발휘한다.

감기 치료

생강의 따뜻한 성질이 추위를 물리치고 땀이 나게 한다. 목이 칼칼하고, 몸이 차고 떨리는 것, 기침을 멈추게 한다.

살균과 항균 작용

생강의 매운 성분인 진저롤, 쇼가올과 향기 성분인 정유가 어울려 티푸스균이나 콜레라균 등 세균에 대한 살균력을 나타낸다. 특히 진저롤과 쇼가올은 여러 가지 병원성 균에 대해 강한 살균 작용을 한다.

생강과 양하

양하의 외형으로는 생강과 비슷하나 잎이 넓고 키가 크며 먹는 부위는 연화시킨 줄기대와 봉오리를 꽃양하 혹은 양하열매라고 부르는 알뿌리를 먹는다.

▼ 생강의 잎

▲ 양하의 새싹

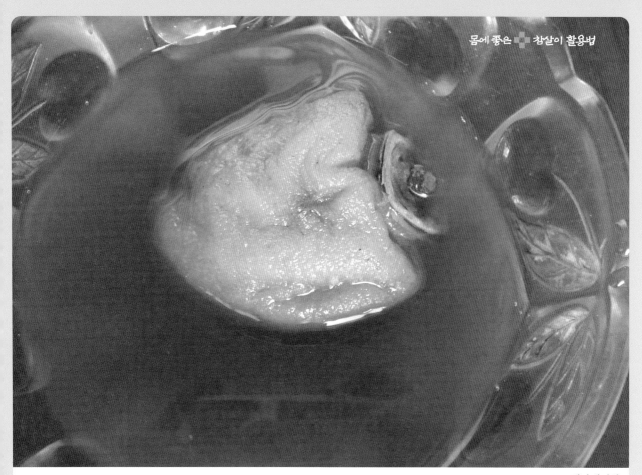

생강계피차

생강계피차

재료

생강 80g, 통계피 20g, 물 800㎖, 잣 1/2큰술,
황색탕 4큰술

만드는 법

1. 생강은 깨끗이 씻어 껍질을 벗기고 얇게 썬다.
2. 통계피는 물에 씻어 물기를 뺀다.
3. 다관에 통계피와 생강 썬 것을 넣고 물을 부어 끓인다.
4. 끓기 시작하면 불을 줄인 후 은근하게 오랫동안 달인다.
5. 건더기는 체로 걸러 내고 국물만 찻잔에 따라 낸다.
6. 황설탕을 넣어 녹인 후 대추채를 띄워 낸다.

생강죽

재료

생강 10~15g, 멥쌀40~50g, 흑설탕 적당량

만드는 법

1. 생강 껍질을 잘 벗겨서 젖은 창호지로 싼다.
2. 다시 은박지로 겉을 싸서 불에 굽는다.
3. 잘게 썰어 멥쌀과 함께 죽을 쑨다.
4. 하루 2~3번 공복에 따뜻하게 복용한다.

주의할 점

평소 땀과 열이 많은 사람이나 출혈, 급성복통 등의
증상에는 삼가도록 하며, 단기간 사용한다.

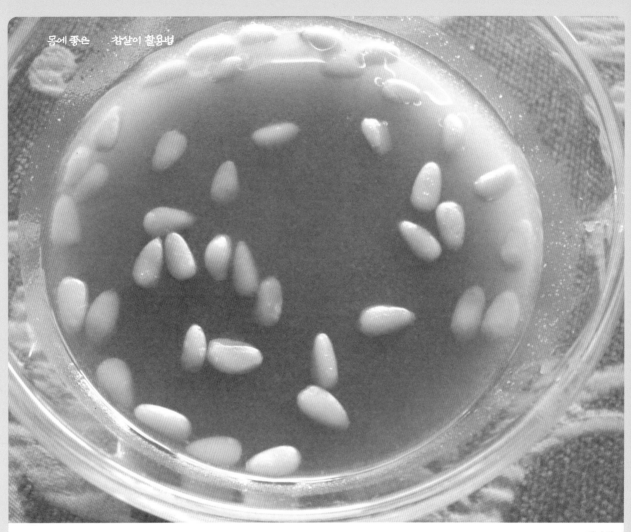

생강차

생강차

> 재료
> 생강 3톨, 물 300㎖

만드는 법

1. 생강을 잘 씻어 물기를 뺀 후 강판에 곱게 간다.
2. 곱게 간 생강을 찻잔에 1큰술을 넣고 끓는 물을 붓는다.
3. 1~2분 후 꿀을 넣어 마신다.

생강주

> 재료
> 생강 300g, 소주 3.6ℓ

만드는 법

1. 생강 껍질은 긁어내어 얇게 편을 썬다.
2. 술을 부어 밀봉 후 약 30일이 지난 후 복용한다.
3. 기호에 따라 꿀이나 설탕을 첨가한다.
4. 하루 세 번 식전, 식후에 따뜻하게 데워서 마신다.

04 Allium tuberosum Roth.

부추 108 ❶

장양초(壯陽草), 기양초(起陽草)

▲ 부추의 꽃

생김새 비늘줄기는 밑에 짧은 뿌리줄기가 있고, 겉에 검은 노란색의 섬유가 있다. 잎은 녹색으로 줄 모양으로 길고 좁으며 연약하다. 잎 사이에서 길이 30~40cm 되는 꽃줄기가 자라서 끝에 큰 산형꽃차례를 이룬다. 꽃은 7~8월에 피고 흰색이며, 지름 6~7mm로 수평으로 퍼지고 작은 꽃자루가 길다. 열매는 삭과(殼果)로 거꾸로 된 심장 모양이고 포배(胞背)로 터져서 6개의 검은색 종자가 나온다. 잎의 폭이 좁고 내한성과 내서성이 강하며 매운 맛이 강한 재래종이 전국적으로 재배된다.

원산지는 파키스탄, 인도, 몽골리아, 중국, 한국, 일본이며, 영남지역에서는 '정구지', 호남지역에서는 '솔' 이라 부른다.

효능과 이용법

유정 치료, 허리와 무릎의 통증 치료, 노인의 야뇨증 치료, 딸국질 진정 등에 쓰인다.

한라부추와 산부추, 그리고 두메부추

한라부추는 제주에서 처음 발견되었다. 높은 산의 바위틈에 자라며 드물게는 흰색도 있다고 한다. 산부추는 두메부추와 비슷하나, 산부추는 잎의 단면이 삼각형 모양인데 반해 두메부추는 잎이 부추처럼 납작한 모양이다.

한라부추의 꽃

산부추의 꽃

두메부추의 꽃

부추죽

부추두부조림

재료

두부 1모, 부추 약간, 식용유 적당량

양념장 : 간장 2큰술, 새우젓 1큰술, 다진 마늘 1큰술,
　　　　　고춧가루 1큰술, 참기름 1큰술, 깨소금 1/2큰술

만드는 법

1. 팬에 기름을 조금만 두르고 두부를 네모로 썰어 양쪽
   으로 지져낸다.
2. 분량의 재료를 넣어 양념장을 만든다.
3. 양념장에 부추를 종종 썰어 넣고, 두부 위에 한 스푼
   얹어 준다.

부추죽

신장(腎)의 양기를 강화하여 정혈을 길러준다.

재료

부추 30g, 멥쌀 50g, 소금 약간

만드는 법

1. 신선한 부추 잎을 짤막하게 자른다.
2. 쌀죽을 쑤다가 끓을 무렵 부추를 넣는다.
3. 소금으로 간하여 죽을 쑨다.

주의할 점

부추죽은 1회용 단위로 쑤어 바로 먹는다.
부추는 열이 많은 약재이므로 열병 환자는 금하도록 한다.
과식하면 설사가 날 수 있으므로 주의한다.

05 Allium fistulosum L.

파
총백(蔥白)

▲ 대파의 꽃

생김새 잎은 대롱모양으로 끝이 뾰족하며 밑부분의 잎집도 대롱모양으로 안의 잎을 감싸고 있으며 약간 흰빛이 도는 초록색이다. 꽃줄기도 대롱모양으로 잎과 길이가 같으며 초록색에 흰빛이 도는 작은 공모양의 꽃이 핀다. 씨앗은 삼각형이고 까맣다. '총백' 이라고 불리기도 하는데, 약용으로 사용할 때는 주로 파의 둥글고 하얀 뿌리 부분만 사용하기 때문에 생긴 이름이다.

효능과 이용법

소화 불량 치료와 식욕 증진
속을 편안하게 하고 오래된 소화 불량과 갈증, 구토를 치료한다. 식욕 증진과 건위(健胃)의 효능도 있다.

감기 치료
초기 감기에 사용하며, 소아의 초기 감기 증상인 발열, 오한, 두통, 코 막힘, 복통, 설사 등을 치료한다.

쪽파와 대파와 실파

쪽파는 마늘과 비슷한 모양의 쪽파 씨를 심으면, 마늘모양으로 여러 가지가 생겨서 4쪽이나 5쪽으로 벌어진다.

실파는 대파로 키우기 위해 씨파종을 한 것을 말하는데 쪽파 대용이나 실파 그 자체를 다듬어 음식에 사용한다.

쪽파의 뿌리

대파

실파

대파의 뿌리

대파죽

> **재료**
> 파의 흰 뿌리 부분 5개, 멥쌀 40~50g

만드는 법

1. 뿌리를 씻은 다음 잘 찧는다.
2. 멥쌀죽에 넣어 죽을 쑤어 완성한다.
3. 하루 3번, 공복에 따뜻하게 먹는다.

주의할 점

죽을 먹은 다음에는 찬바람을 쐬지 말고 따뜻하게 누워 땀을 내도록 하며, 평소 땀이 많은 소아는 피한다.

대파차

한방에서 약이 되는 차로, 속을 편안하게 하고 오래된 소화불량과 갈증·구토를 치료하는 데에 효과를 나타낸다 식욕을 증진시키며 건위와 정력증진에도 효과가 있다.

> **재료**
> 대파(뿌리와 흰 부분) 1개, 생강 약간, 물 300㎖

만드는 법

1. 대파 1개의 뿌리와 흰 부분에 생강 약간, 물 300㎖의 비율로 섞어 다관에 넣는다.
2. 약한 불로 은근히 끓인 다음 건더기를 건져내고 마신다.

06 Allium Schoenoprasum L.

차이브스
차이브

▲ 차이브스의 꽃

생김새 풀과 같이 가늘고 길며, 가운데가 비어 있고, 30cm 정도 높이로 자란다. 희고 적은 구근으로 늘어 나며 포기가 군생하는 성질을 가지고 있기 때문에, '차이브스(chives)'라고 복수형으로 부른다. 초여름에 공모양의 적자색 꽃이 핀다. 꽃이 아름답기 때문에 예 부터 장식용으로 허브가든, 노트가든에 울타리로 이용 되었다. 과수원에 심으면 사과에 생기는 부패병을 막 는다고 한다.
북유럽, 특히 서독과 미국에서 재배되고 있다.

효능과 이용법 양파와 비슷한 풍미를 풍기며, 정유 에 들어있는 유황은 식욕을 촉진하는 효능이 있다.
또 신장을 강하게 하고, 혈압을 낮추는 약효도 뛰어나 다.

차이브스 이용법

- 잘게 썬 잎을 각종 샐러드에 첨가하면 맛을 한층 돋운다.
- 오믈렛을 만들 때 이용하거나, 잎을 이겨 차 이브스 버터를 만든다.
- 꽃은 건조시켜 장식용으로도 이용한다.
- 고기, 생선, 야채, 스프, 샐러드 등 모든 요리 에 적합하다.

＊ 차이브스 재배 방법

비옥하고 습기가 있는 배수성이 높은 토양을 좋아 한다. 건조한 곳을 싫어하기 때문에 햇볕이 너무 잘 드는 곳보다는 반 음지에서 재배한다.
4~7월 종자를 묘판에 심어, 뿌리가 구근형태로 되면 5그루씩 15cm 간격으로 옮겨 심는다.

▌산파 Allium Schoenoprasmum var. orientale

▲ 산파의 꽃

효능과 이용법 높이 20~30cm이다. 잎은 2~3개 로 흰빛이 도는 녹색이며 꽃줄기보다 짧고 밑 부분이 잎집이 되어 꽃줄기를 감싼다. 꽃은 7~8월에 붉은빛 이 강한 자주색으로 피고 산형꽃차례를 이루며 달린 다. 한국·일본·중국·시베리아 동부에 분포한다.

07 | Allium cepa L.

양파(Onion)

주먹파

▲ 종류에 따라 매운 것, 톡쏘는 것, 순한 것, 달달한 것 등이 있다.

생김새 백합과에 속하는 두해살이풀이다. 지하부의 비대한 비늘줄기를 식용으로 하는 채소의 하나이다. 잎은 속이 비어 있는 원통모양이고 길이 30~50cm이며, 여러 개가 곧게 어긋난다. 비늘줄기는 봄부터 비대하기 시작하여 여름에 성숙한다.

여름이 되면 지상부는 마르고 비늘줄기는 휴면하는데, 가을이 되면 다시 눈이 돋아 잎이 뻗어 나온다. 보통 종자를 뿌려서 2년째의 초여름에 기부가 약간 비대한 굵은 꽃줄기가 뻗어 나와 50~100cm가 되고, 그 끝에 흰색 또는 자주색의 수많은 작은 꽃으로 이루어지는 공모양의 꽃이삭이 달린다. 종자는 흑색이고 길이 2~3mm이다. 비늘줄기는 공모양 또는 납작한 공모양이고, 지름 10cm 정도이다.

효능과 이용법

동맥경화와 고혈압 치료
양파는 심장병에 특효가 있을 뿐만 아니라, 혈관 계통에 작용하여 동맥경화와 고혈압에도 치료 효과를 보인다.

식욕증진과 소화촉진
양파의 따뜻한 성질이 속을 덥히고 소화를 촉진시키며 식욕을 증진시킨다.

감기로 인한 기침과 인후통 치료
양파 즙에 벌꿀과 설탕을 혼합하여 사용하면 초기 감기에 탁월한 치료 효과를 보인다.

상처 치유 촉진
복통, 화상, 상처의 치료제로 유럽에서는 심한 화상의 상처가 감염되는 것을 방지하기 위해 양파로 만든 연고를 바르기도 하였다.

혈액의 콜레스테롤 수치 감소
양파는 모든 혈액 콜레스테롤을 낮추는 것은 아니며, 나쁜 형태의 LDL 콜레스테롤을 심장을 보호하는 HDL 콜레스테롤로 대체한다. HDL 콜레스테롤의 상승은 생 양파일 때 최대이고, 조리를 하면 줄어든다. 곧 양파의 맛이 강할수록 HDL 콜레스테롤의 상승은 급격해진다.

▲ 양파는 다지거나 썰어서 거의 모든 요리에 넣어 먹을 수 있다.

08 Allium scorodorpasum var. viviparum Regel

마늘 108 ❸

대산(大蒜)

▲ 마늘의 꽃

생김새   수염뿌리는 얕게 뻗고, 줄기 끝에 비늘줄기를 형성한다. 비늘줄기는 연한 갈색의 껍질 같은 잎으로 싸여 있으며, 안쪽에 5~6개의 작은 비늘줄기가 들어 있다. 꽃줄기는 높이 60㎝로 3~4개의 잎이 어긋나며, 잎 밑부분이 잎집으로 되어 서로 감싼다. 꽃은 흰 보라색이며 꽃 사이에 많은 무성아(無性芽)가 달린다.

원산지는 중앙아시아나 이집트로 추정되며, 한국에는 중국을 거쳐 전래된 것으로 여겨지는데, 단군신화와 『삼국사기』에 기록된 것으로 보아 재배의 역사가 긴 것으로 짐작된다.

효능과 이용법   비타민B1이 다량으로 들어 있고, 효소와 함께 활동하기 때문에 밖으로 배설되지 않고, 건강한 몸을 만든다. 또 공해물질을 배설하기 때문에 몸의 면역기능과 일상의 건강을 향상시키는데 좋은 식물이다.

소화기와 혈액순환기의 기능을 향상

마늘은 복부의 팽만감을 없애며, 위경련, 담낭과 방광의 감염, 소화기 계통의 급성 염증, 동맥경화, 고혈압 등을 치료한다.

발암 물질 저지 작용

마늘은 황화합물을 함유하고 있는데, 이것이 일반 세포를 암세포로 변하게 하는 발암 물질의 기능을 저지해서 악성세포가 자라지 못하게 한다. 또한 위, 대장, 직장에 있는 인체에 해로운 니트로아민과 유방과 식도에서 암을 발생시키는 다른 화학물질들을 분해한다. 중금속으로 인해 세포가 손상되는 것을 막아 주기도 한다.

감기 예방

마늘을 항시 복용하면, 영양분의 흡수가 좋아지고 신진대사가 활발해진다. 또한 세포의 활동이 높아져서 튼튼한 몸을 만들며, 감기에 대한 저항력도 생긴다.

노인의 고혈압 치료

마늘 속에는 일종의 배당체(配糖體)라는 물질이 있는데, 이것이 혈압을 낮추는 효과를 갖고 있다.

마늘의 알리신

- 항바이러스와 살균 작용을 하기 때문에 감기와 감기에 의한 합병증을 저하하는 강한 힘이 있으며, 면역력을 높인다.
- 위의 점액이나 세포를 자극하기 때문에, 위액의 분비가 왕성해지고, 소화 능력이 높아지며, 위점막의 저항력을 강화시켜서 튼튼하고 건강한 위를 만들어 준다.
- 침투성이 강해 결핵균에 강한 살균 작용을 보이며, 동시에 마늘 자신의 영양과 강장 작용으로 체력을 회복시킨다.

산마늘 Allium victorialis L.

생김새

잎은 길이 20~30cm. 나비 3~10cm의 타원형이고 2~3장씩 달린다. 약간 흰빛을 띤 녹색의 엽병은 밑부분이 엽초로 되어 서로 둘러싸고 윗부분에 흑자색 점이 있다. 꽃은 높이 40~70cm의 화경에 산형화서로 달린다. 5~7월에 백색 또는 황색 꽃이 개화한다. 도심장형 삭과에 흑색의 종자가 달린다.

울릉도 지역에서는 부엽이 두껍게 쌓인 낙엽수림 하부에서 주로 생육한다.

▲ 산마늘의 잎

효능과 이용법

마늘에 함유되어 있는 것과 같은 아일린(Alliin)이 함유되어 있다는 사실이 알려지고 있다. 위장을 튼튼히 하는 작용과 해독 등의 효능을 가지고 있다. 적용질환은 소화불량과 복통 등이다.

▲ 산마늘의 꽃

그 밖에 종기나, 벌레에 물렸을 때에도 해독약으로 쓰는 경우가 있다. 한방이나 민간에서는 비늘줄기를 구충제, 이뇨, 강장, 곽란, 해독, 소화, 건위, 풍습 등에 다른 약과 같이 처방하여 쓴다.

소화불량이나 복통

말린 알뿌리를 1회에 2~4g씩 200cc의 물로 달여서 복용한다. 벌레에 물렸을 때나 종기에는 말리지 않은 알뿌리를 짓찧어서 환부에 붙인다.

식용법

알뿌리는 1년 내내 기름으로 볶거나 튀김으로 해서 먹는다. 잎은 6월경까지 나물 또는 쌈으로 먹는데 산채로서는 고급품으로 손꼽히며 감칠맛을 가지고 있다.

참고 산마늘의 잎은 특히, 장아찌로도 이용이 가능하다.

▲ 산마늘의 새순

마늘쫑장아찌

마늘팩

재료
마늘 1통, 밀가루 50g

만드는 법

1. 소맥분 50g에 물을 가하여 얼굴에 붙일 수 있는
   상태가 될 때까지 반죽한다.
2. 마늘을 강판에 갈아준다.
3. 마늘을 반죽량의 1% 정도 넣는다.

주의할 점

피부가 약한 사람이 마늘 팩을 하면, 일시적으로 피
부가 붉거나 거칠어지는데, 이때에는 마늘의 양을
감소시켜 농도를 낮추거나, 심할 경우에는 사용을
중지한다.

마늘쫑장아찌

재료
마늘쫑 500g, 간장 1컵, 식초 1컵, 설탕 2/3컵
양념 : 마늘쫑 50g, 설탕 1작은술, 통깨 1/2작은술,
       송송 썬 실파 1줄기, 참기름 1/2작은술

만드는 법

1. 마늘쫑은 줄기 끝부분을 잘라내고 씻어서 물기를
   걷고 5cm 길이로 썬다.
2. 마늘쫑을 밀폐 용기에 담고 간장에 식초와 설탕을
   잘 섞어서 붓고 뜨지 않도록 눌러 놓는다.
3. 하루 지나면 국물을 따라내 끓여서 식혀 붓고 다시
   하루 지나서 국물을 따라내 끓여서 식혀 붓는다.
4. 서너 번 정도 반복한 후 냉장고에 넣어 2주일 정도
   두었다가 먹는다.

마늘장아찌

마늘주

재료
생마늘 200g, 30~35℃의 소주 1.8ℓ

만드는 법

1. 생마늘 200g을 소주 30~35℃ 1.8ℓ 에 넣고 밀봉한다.

2. 1년 이상 숙성 후 거르지 않고 그대로 사용한다.

3. 오래 묵힐수록 약효가 좋으며, 오래 두면 검정색으로 변한다.

4. 공복에 하루 1~2회 소주잔으로 반 잔씩 복용한다.

5. 맛과 냄새가 자극적이면 다른 과일주와 칵테일하거나 양주와 섞어 마셔도 좋다.

마늘환

재료
마늘 400g, 계란 3개, 식용유

만드는 법

1. 마늘을 즙을 내어 냄비에 담고, 물 3컵 정도를 가하여 1시간 반 정도 끓인다.

2. 끓어오르면 약한 불로 걸쭉해 질 때까지 끓인다.

3. 한번 식혀서 계란 노른자위 3개분을 넣어 다시 약한 불로 가열한다.

4. 주걱으로 1시간 반 정도 혼합하여 냄비에 눌러 붙지 않을 정도에서 불을 끈다.

5. 손에 식용유를 발라 5를 콩알 크기의 둥근 모양으로 만든다.

6. 건조시켜 병에 보관하며, 1일 2~3개를 물과 함께 먹는다.

09 두구

백두구/ 소두구
초두구/ 육두구

▌백두구 Amomum cardamomum L.

▲ 백두구의 잎

생김새　생강과(Zingiberaceae)의 식물로 성숙된 과실을 건조하여 '백두구' 라고 한다. 보통 종자(種子)를 사용하지만 과피와 꽃도 함께 쓰인다.

유백색~담황색의 구형~편구형으로 직경 약 1cm이다. 둔한 3개의 능(稜)이 있으며, 과피(果皮)는 얇으며, 부스러지기 쉽다. 내부는 3실(室)로 나누어져 있으며, 각 실(室)에는 3~12개의 종자가 있다. 종자는 암회색의 유색성 입자이다.

원산지는 캄보디아, 태국이다. 중국에서는 운남성(雲南省), 광서성(廣西省)에서 재배하며, 향기가 강할수록 품질이 좋다.

효능과 이용법　백두구는 소화기 계통에 작용하며, 만성위염으로 인한 위통이나 구토청수, 복창, 트림 및 대변불상 등의 증상에 좋다. 소량으로도 위액분비를 촉진하고, 위장의 연동을 강화하며, 적기(몸 안에 쌓인 기로 인하여 덩어리가 생겨서 아픈 병)를 없앤다.

소화기계 질환 치료

입에 넣어 씹어 먹거나 분말로 만들어 차로 복용한다.

* **영아의 소화불량**
  백두구 3분과 신곡 2전에 설탕을 약간 넣고 달여 복용시킨다.

* **소아의 소화불량**
  소식해도 배가 부르고 몸이 야위면 신곡, 산사, 사군자, 맥아, 백출을 넣어 쓰면 체력을 강화하고 식욕을 증진시킨다.

* **연로하여 위장의 소화기능이 떨어져 위장복창과 변비가 생기는 경우**
  연동을 강화하고 장내이상발효를 방지하여 대변배설을 촉진한다(곽향과 나복자를 넣고 달여 먹어도 같은 효능을 본다).

* **육류 과식으로 인한 소화불량**
  산사를 넣어 쓴다.

* **전분의 과식으로 인한 소화불량**
  맥아, 신곡을 넣어 쓴다.

* **위산과다로 인한 식욕부진 및 소화불량**
  매일 백두구말 5분을 차로 만들어 식전 1시간, 또는 식후에 복용한다.

* **위가 약할 때**
  주지 1전, 오수유 3분, 소엽 8분을 넣고 달여 차처럼 마신다.

* **위경련이 일어날 때**
  단독으로 백두구 5분을 씹어 먹거나, 차와 같이
  마신다.

* **급성위경련이나 위통**
  백두구와 오수유를 달여 복용한다.

* **위가 약하며 통증이 있고 식후에 토하는 경우**
  지토 작용을 하므로, 백두구 5~8분에 백출, 곽향
  각 3전을 달여 온복하면 좋다.

* **위장의 비만과 식욕부진, 복부팽만 등의 증상**
  곽향, 신곡, 소엽을 넣어 함께 섭취한다.

* **위확장으로 복창할 경우**
  신곡, 창출, 후박을 넣어 쓴다.

건위 작용

백두구는 예부터 위장 계통의 질병에 적용한다.

기타

술독을 제거, 감기와 식욕부진 치료

본초습유(本草拾遺)

"백두구는 냉기를 축적하여 토역(吐逆), 반위
(反胃)를 멈추게 하며, 곡물을 소화시키고, 기
(氣)를 내리게 하는 약물이다."

본초강목(本草綱目)

"백두구는 종자가 둥글고 크며, 백견우자(白
牽牛子)처럼 껍질이 희고 두꺼우며, 인(仁)은
축사인(縮砂仁)과 같다. 약(藥)으로 사용할 때
는 껍질을 벗겨 구워서 사용한다."

▌소두구 Elletaria Cardamomum

▲ 소두구의 잎

생김새 소두구는 페르시아 상인들이 '천국의 밀알'
이라고 노래할 정도로 매우 고귀한 향을 풍기며, 가
격이 높은 향신료이다. 종명의 카르다몸은 그리스어
의 kardia(심장), amomos(향료)에서 유래하였다. 한
문으로 '소두구'라고 불리며, 다른 생강과의 식물과
는 달리 씨앗을 사용한다.

무성한 잎을 가진 다년생 식물로 두툼한 다즙성 줄기
를 따라 털이 없는 잎이 정렬되어 난다. 많은 가지 꽃
대에서 매력적인 꽃이 피고 연한 녹색, 흰색 혹은 갈
색의 주머니가 되어 갈색 씨를 지니고 있다.

열매의 크기는 0.7~1.5cm로 녹색으로 3개의 각을 이
루며, 이 안에 약 15개~20개가량의 씨앗이 들어있
다. 이 씨앗은 그대로 채취하지 않고 깨끗하게 세척
한 다음 햇빛에 건조시키고, 황이 연소될 때 나오는
연기 속에서 탈색시킨다. 이것을 다시 건조시킨 후
껍질을 까서 씨앗을 채취하는데, 이것이 카레나 각종
요리에 쓰이는 향신료 '카르다몸'이다.

원산지는 인도, 스리랑카이며, 주로 열대지역에서 많
이 생산된다.

효능과 이용법 소두구는 예부터 향신료로 널리 사용되었으며, 최음제로도 쓰인다.

소화불량, 천식, 기관지와 요로계통의 문제를 해소시킨다.

기침, 콧물에 사용하고 위통, 고창, 산통, 복통을 치료하기 위한 이완제와 결합한다.

항균, 항곰팡이, 항바이러스 작용을 보인다.

구풍제, 항경련제로 쓰이며, 거담에도 효능이 있다.

이용법

부수거나 연마한 씨 1.5g(혹은 동일한 양의 농축액)을 권장한다.

요리와 제빵에 양념으로 쓰이며, 여러 음료수에도 사용한다.

▌초두구 Alpinia katsumadai Hayata

생김새 생강과에 딸린 여러해살이풀인 초두구의 씨를 말린 것으로, 키는 2m쯤 자라고 이른 여름철에 흰색의 종처럼 생긴 꽃이 핀다. 가을철에 열매를 따서 끓는 물에 넣었다 꺼내어 겉껍질을 제거하고 햇볕에 말린다.

씨가 모여서 된 원구형은 직경 15~27mm이다. 바깥면은 회갈색으로 가운데에 회백색의 격막으로 3쪽으로 갈라져 씨가 나뉘어 들어 있다. 씨는 반들반들하며 쉽게 떨어지지 않으며, 난원형의 다면체로 겉은 엷은 갈색 막질의 가종피로 싸여 있으며 질(質)은 단단하다. 특이한 향이 있고, 맛은 맵고 조금 쓰다.

중국 광동성, 뢰주반도, 해남도 등에 분포한다.

효능과 이용법 초두구는 비위를 덥혀 주고, 기를 내리며 습을 없애는 약이다. 씨에 약간의 정유가 들어 있으며, 찬 기운으로 아프거나 설사할 때, 먹은 것이 체하고 토할 때에 좋은 약재이다.

건위 · 소화 · 지통 작용

위산과다로 인한 여러 증상에 5분~1전을 단독으로 쓰면 위장의 연동을 강화하고, 위액분비를 촉진한다. 오랜 시간 달이면 약효가 감소한다.

만성위산과다 치료

초두구 5~8분에 오수유 각 4분, 소엽 8분을 넣고 달여 복용한다. 위염에도 좋다.

구토 · 트림 중지 작용

냉하거나 불결한 음식을 먹고 일어난 구토나 임산부의 오심에 사용한다.

구취 제거

방향이 있어, 3분 정도 씹어 먹거나 달여서 차처럼 복용하면 구취가 없어진다.

폐나 기관지의 담 제거

담이 많고 그 색이 희고 묽을 때와 가벼운 폐수종에 보조약으로 쓴다.

▲ 초두구의 꽃

▲ 초두구의 씨앗

기타

매운탕을 끓일 때 넣어 주면 어독을 예방하며, 방향성 건위약으로 갑자기 차가운 곳에 있다가 체한 경우에도 이용한다.

초두구 주의점

음허혈소로 진액부족자, 한습이 없을 때는 쓰지 않는다.

「도경본초(圖經本草)」및 「본초행의(本草衍義)」

"두구는 초두구"라고 기록되어 있다. 그러나 송(宋)나라 이전의 본초에 기재된 두구의 형상은, 현재의 초두구와 일치하지 않는다.

▌육두구 Myristica fragrans Houtt

생김새 20m 정도 높이의 상록수이다. 익으면 2개로 쪼개지는 엷은 갈색빛의 육질 열매가 열린다. 안쪽은 길고 딱딱한 씨와 독특한 밝은 적색의 가종피로 둘러 싸여 있다.

열매는 난형 또는 타원형으로 길이 2~3cm, 직경 약 2cm이다. 바깥 면은 갈색이나 석회 가루가 회백색으로 남아 있다. 한쪽 끝에 있는 점은 작은 구상의 돌기를 이루고 다른 쪽 끝은 패어져 있으며, 양끝을 잇는 1줄의 홈은 얕고 넓다. 전체에 가는 그물눈 모양의 좁은 홈을 볼 수 있다. 두구와 비슷하며 6월, 7월에 채집한다.

배(胚)는 작으며, 약간 쪼그라져 있다. 전분립은 단립 또는 복립이다. 특이한 냄새가 강하며, 맛은 맵고 조금 쓰다.

원산지는 동남 아시아이며, 상업적 제품의 대부분은 말레이시아, 인도네시아 및 서인도 제도에서 나온다.

▲ 육두구의 열매

효능과 이용법

껍질을 벗기고 건조한 씨, 말린 가종피(육두구 껍질)와 정유를 사용한다.

적은 양의 분말(0.3~1.0g)에 적은 물로 1일 3회 복용한다.

육두구 및 육두구 껍질

호흡 기관뿐만 아니라, 소화기 치료, 고창, 위경련, 설사 같은 소화기치료에 사용한다.

육두구 기름

전통적으로 통증과 가려움의 완화를 목적으로 자극 조절제로 사용한다.

기타

매운탕을 끓일 때 넣어 주면 어독을 예방한다.
방향성 건위약으로 갑자기 차가운 곳에 있다가 체한 경우에도 이용한다.

▲ 육두구의 잎

▲ 육두구의 씨앗

『본초연의(本草衍義)』

"육두구는 초두구와 같은 이름으로 껍질을 버리고 육(肉)만을 사용한다."

『본초강목(本草綱目)』

"꽃, 열매 모두 두구와 비슷하지만 핵(核)이 없으므로 명명(命名)되었다."

육두구 주의점

• 많은 양을 사용하면, 두통과 어지럼을 유발한다.

• 5g 이상은 신경장애, 환각, 심계 항진과 낙태를 일으키는 원인이 된다.

• 음허혈소로 진액부족자, 한습이 없을 때는 쓰지 않는다.

• 더위 먹어 설사하는 경우, 하혈하는 사람, 소화는 잘 되면서 치통이 있는 사람 등은 복용을 피해야 한다.

• 복용량이 1티스푼을 넘으면 2~5시간내에 다음과 같은 현상이 일어날 수 있다(시공간이 찌그러져 보이는 현상, 비현실감, 현기증, 두통, 병증, 빠른 심박동을 동반하면서 환각이 보이는 현상).

• 정신 활성과 환각 유발의 성질을 미세하게 함유하고 있다.

• 임신중이나 병중에는 금한다.

10 Amomum tsao-ko Crevost et Lemaire

초과(草果)

초과인(草果仁)

▲ 초과의 잎

생김새 높이 2~3m. 생강과 이명. 뿌리줄기는 짧고 굵으며 녹백색을 띠고, 식물체가 모여 나며, 매운 향기가 난다. 잎은 두 줄로 나오고, 벌어져서 줄기를 싸고 있으며, 잎 몸은 긴 타원형으로 화서가 줄기의 밑부분에서 나오고 화관은 흰색이다. 열매는 삭과로서 타원상 원형이다.

약재는 긴 구형으로 3개의 두드러진 둔한 능선이 있고 길이 2~4㎝, 지름 10~25㎜이다. 바깥면은 회갈색~적갈색으로 세로홈과 능선이 있다. 특이한 향이 있으며, 맛은 맵고 성질은 따뜻하다.

효능과 이용법 가을에 성숙한 과실을 채취하여 햇볕에 말린 후, 볶아서 껍질을 제거하고 사용한다.

온열 작용

비장과 위장을 따뜻하게 하고 습기를 제거하여, 냉기를 낮게 하고 속을 따뜻하게 한다. 더불어 체한 것을 내리며 구토를 멈추게 하여 복부 창만을 해소시킨다. 배가 차가워서 생긴 복통, 담음으로 인한 창만증, 위암으로 인한 구토, 설사 등에 응용된다.

'초과' 라는 명칭의 유래

작은 씨앗인 초과에 '과(果)' 라는 명칭이 들어가게 된 것은, 예부터 차와 음식에 향료로 이용하였기 때문이라고 한다.

고대 의서를 보면, 초과와 초두구가 서로 혼동되어 기록되었는데, 이것은 약성, 성미, 형태 등이 비슷하여 생긴 오류이다.

초과 주의점

따뜻하고 건조한 약성으로 음기를 손상시킬 염려가 있으므로, 음기가 허하고 혈이 적은 사람은 금한다.

▲ 초과의 열매

11 Amomum xanthioides Wallich

사인(砂仁)

축사인(縮砂仁), 축사밀(縮砂蜜)

▲ 사인의 잎

생김새 높이 1.3~2m에 이르는 생강과의 다년생 초본이다. 8~9월에 그 열매를 따서 말린 것을 사인이라고 한다. 잎은 긴 타원형이고, 희거나 노란색의 꽃이 피며, 열매는 8~9월에 익고, 익은 열매를 따서 껍질을 벗기고 말려서 씨앗만을 약으로 쓴다.
월남, 타이, 인도 등지에서 자생하거나 재배한다.

효능과 이용법

방향성 건위약, 지사제

사인에는 특이한 향기가 나는 정유 성분이 들어 있다. 향기의 성분은 보르네올, 보르닐아스타트, 리날론 등인데 이같은 성분은 위장의 기능을 돕는다.

동의학사전

맛은 맵고 성질은 따뜻하다. 비경과 위경, 폐경, 대장경, 소장경, 신경, 방광경에 작용한다. 기를 잘 돌게 하고 통증을 멎게 하며, 비위를 보하고 덥혀준다. 또한 소화를 돕고 태아를 안정시킨다. 기체 또는 식체로 명치와 배가 불어나면서 아픈데, 토하는데, 설사, 이질, 태동불안 등에 쓴다.
특히 입맛이 없고 소화가 잘 안 되는 증상에 널리 쓴다. 하루에 2~6g을 가루약, 알약, 달임약 형태로 먹는다.

한방에서는 식욕이 없을 때나 식체 등에 소화 건위제로 사용한다.

기(氣)순환 촉진

사인은 기의 순행을 원활하게 하며, 태동의 불안을 안정시키고 복통 하혈 등의 병증을 다스린다.

기타

몸속의 과잉된 습을 없애고 비위를 따뜻하게 하고 튼튼히 하여 구토, 기의 순행이 어려워 담음이 생긴 것, 가슴이 답답한 증, 복통, 설사에 효과가 있다.

▲ 사인의 씨앗

12 Alpinia oxyphylla Miquel

익지인

익지자(益智子), 적정자(摘子)

▲ 익지인의 꽃

생김새 높이 25~30cm 정도 되는 생강과의 다년생
초본이다. 여름에 여문 열매를 따서 말리는데, 겉껍
질을 벗기고 씨만을 사용한다.
원산지는 중국 남부의 해남도이다.

효능과 이용법 씨앗에서 나오는 기름에는 테르펜,
세스쿠테르펜알콜 등이 포함되어 있다.

야뇨증 치료
익지인과 오약 각 40g을 물 2ℓ 넣고, 1ℓ 정도 되게
끓여 하루에 3번 복용한다.
구기자 15g, 상표초 25g, 익지인 15g을 물로 달여서
하루에 2번 복용한다.

요실금 치료
익지인과 산수유, 대추를 각 10g씩 물 1ℓ 에 넣고, 20
분 정도 끓인 후 수시로 마신다.

익지인 주의점

• 반드시 약간 볶아서 사용한다(지나치게 볶으
면 향기가 소멸되어 약효가 나지 않으므로 약
하게 볶는다).
• 반드시 껍질이 깨질 정도로 빻아서 사용한다
(씨앗을 약으로 쓰는 약재는 대부분 껍질이 단
단해서 깨트리지 않으면 아무리 달여도 전혀
우러나지 않기 때문이다).

요붕증(다뇨증) 치료
적당량의 쌀을 씻어 풀을 쑨다.
부드럽게 가루낸 오약 20g, 익지인 15g을 고루 섞
어 팥알 크기의 알약을 만든다.
한번에 15~20알씩 하루 2번 끼니 사이에 먹는다.

기타
찬기운을 받아 설사하고 배가 아플 때, 밤에 자주
소변을 볼 때에 4~10g을 쓴다.

▲ 익지인의 씨앗

13 Piper nigrum

후추(胡椒)

호초(胡椒), 옥초(玉椒), 부초(浮椒)

▲ 후추의 잎

우리나라의 제주도, 전남, 경남 등지에서 재배하며, 11월에 채취하여 건조시켜서 이용한다.
원산지는 남인도의 마라발 해안 지방이다.

효능과 이용법　흉중의 냉기와 담을 잘 제거해 준다. 몸을 따뜻하게 덥혀주고 기를 내리며 담을 삭이고 독을 푼다.

소화액 분비작용
담(痰)이나 소화 안 되어 쌓인 것, 배가 차고 아픈데, 토하는 것, 식중독 등에 쓴다.

장연동운동 촉진작용
설사를 멈추게 한다.
하루 1.5~3g을 복용하며, 외용약으로 쓸 때에는 분말로 만들어 기초약제에 개어서 바르거나 고약에 섞어서 붙인다.

▲ 후추의 열매

생김새　후추과에 속하는 사철 푸른 덩굴나무인 후추나무의 익은 열매를 말린 것이다. 맛은 맵고 성질은 따뜻하며, 위와 대장에 작용한다. 호초는 향신료로 쓰이는 후추의 이명이다.
흑후추는 익기 전의 과실을 채집하여 손으로 과실을 화수와 분리하여 끓는 물에 넣어서 표면이 검게 된 것을 건조한 것이다. 백후추는 익은 과실을 포대에 넣어서 흐르는 물중에서 1주일 담가 과피 및 과육을 씻어서 제거하고, 남은 종자를 건조한 것, 또는 흑후추의 과피와 과육을 제거한 것이다.

신수본초(新修本草)

후추(胡椒)가 처음으로 수재 되어 있으며, 소경은 '호초는 서계에서 생산된다. 모양은 서리자(鼠李子)와 비슷하며, 음식물의 조리에 사용하며 매우 맵다.' 고 기록하고 있다. 이시진은 '호초는 그 맛이 매우 매운 것이 초(椒)와 비슷하므로 초라는 이름으로 불렀지만, 열매는 초가 아니다' 라고 하였다.

14 Piper kadzura Ohwi

후추등

풍등갈, 해풍등, 바람등칡

▲ 후추등의 열매

생김새　길이 4m, 지름 3cm까지 자라며, 길이가 10m에 이르는 경우도 있다. 줄기는 진한 녹색 또는 어두운 갈색이며, 세로로 난 줄이 있고 줄과 줄 사이에 틈이 있다. 가지는 많으며 가락지모양의 마디가 있고, 마디에서 뿌리가 내려 길게 뻗거나 다른 나무 또는 바위에 기대어 자란다. 잎은 마디에서 어긋나기하고 두껍다. 잎 끝은 길게 뾰족하고, 잎밑은 둥그스름하거나 얕은 염통꼴밑이다. 잎자루는 길이 5~15mm이다. 암수딴그루이고 꽃은 홑성 꽃이며, 6~7월에 누런빛으로 피고, 줄기나 가지 윗부분의 잎과 대칭으로 마주나기하는 이삭꽃차례 또는 꼬리꽃차례에 작은 꽃이 빽빽하게 달린다.

한국에서 수평적으로 거문도 등 남부의 도서지방에 자라며 수직적으로는 해발 400m 이하에 자생한다.

중국, 일본, 대만 등에 분포한다.

후추등 활용법

- 열매는 매운맛이 있으며, 약용이나 향신료로 이용한다.
- 잎은 목욕탕에 넣어 향기를 즐긴다.

효능과 이용법

풍습으로 인한 통증의 치료효과

해풍등에는 거풍습, 통경락, 행혈산어의 효능이 있다. 풍습 통이 장기간 계속되어 국부가 종창하고 통증이 있는 경우에, 해풍등 1량, 방풍 3전, 서장경 5전, 연호색 5전, 방기 5전, 오가피 5전, 독활 2전을 합하여 전탕하고 10여점 복용하면 풍습제거, 지통, 소종의 효과를 얻을 수 있다.

한습에 의한 근골통을 치료

해풍등, 목과, 당귀 등을 주침해 두었다가 상시 음복한다.

근육통 혹은 근육풍습염으로 인한 통증 치료

해풍등 5전, 백선피 4전, 창출 3전, 우슬 3전, 오가피 5전을 전하여 복용한다.

통증이 불치 상태이고, 발작이 반복될 경우에는 해풍등 1량, 연호색 8전을 주침하여 복용하면 효과가 있다.

활혈산어의 효능

뇌일혈 중풍후유증으로 인한 반신불수 증상에 효과가 있다. 해풍등 1량~2량, 계혈등 1량, 도인 3전을 배합 사용하면, 혈액순환이 개선되고 수지를 자유롭게 활동시킬 수 있으며 체력도 회복된다.

풍습에 의한 좌골신경통 치료

해풍등 5전, 상기생 5전, 지용 2전을 전복한다.

15 Piper methystucum L.

카바카바(KavaKava)

▲ 카바카바의 잎

생김새 후추과의 여러해살이풀 또는 덩굴성 관목이다. 잎은 어긋나게 달리지만 마주달리거나 돌려달리는 것도 있다. 꽃은 작고 꽃받침과 꽃잎이 없으며 수상꽃차례로 달린다. 열매는 장과로 씨는 1개이다.
하와이제도, 폴리네시아, 오스트레일리아 등 섬에서 자란다.

효능과 이용법 주요 성분으로 카바락톤류를 포함하고 있어 약리작용이 강한 식물로 알려져 있으며, 섭취 시 졸음을 유발할 수 있다.

카바카바 주의점

- 카바는 권장 치료 용량을 사용하면 별 문제가 없으나 권장 용량보다 다량을 사용하며 부작용이 발생할 가능성이 있으며, 약물 상호작용의 가능성도 있다.
- 간(肝) 환자에게서는 사용해서는 안 된다.
- 파킨슨병 환자나 항정신병 약물을 복용하는 사람은 부작용의 가능성이 있으므로 신중을 기해야 한다.
- 벤조디아제핀이나 술과 같은 중추신경계 억제제와 같이 사용해서는 안 된다.

스트레스 해소 효과
북아메리카(와 유럽)에서는 카바 추출물이 불안증, 스트레스, 긴장 그리고 불면증에 흔히 사용된다. 카바 식물의 뿌리로 만든 정신활성 음료가 남태평양 섬 주민들에 의해 수세기 동안 의식 행위와 사회활동을 위해 사용되어 왔으며, 이완과 안정 작용이 있는 것으로 알려져 왔다.

기타
이뇨, 소독, 진정, 진통, 마취, 진경, 항진균, 최음 효과 등이 보고되고 있다.

▲ 카바카바

16 | Piper cubeba L.

필징가

비능가자

▲ 필징가의 잎과 열매

생김새

성상 구형으로 직경 5~8mm이다. 바깥면은 흑갈색~흑색이며, 거칠은 그물 모양의 주름이 있으며 위쪽에 넷으로 갈라진 주두(柱頭)가 있고, 아래쪽에 길이 3~7mm의 과병이 붙어 있다. 특이한 방향이 있고 맛은 맵다.

필징가의 충분히 성장한 미숙 과실을 건조한 것이다. 모양이 균일하고 흑갈색이며 냄새와 맛이 강한 것이 상품성이 좋다.

인도네시아, 말레이시아 등지에서 분포한다.

효능과 이용법

방향성 건위, 이뇨, 거담, 요도 살균약으로 구토와 임병 등에 사용된다.

'필징가'라는 명칭의 유래

필징가는 1100년대에 아라비아 사람들에 의해서 유럽에 전해졌지만, 약용으로 사용된 것은 19세기 초부터라고 전해진다.

영어명 'Tailpepper', 'Cubebs'는 아라비아어 'kababh', 'Kibabe'에서 유래한 것이다. 힌두어에서는 'Sitalachini', 'Kababchini'라고 한다.

신초를 따뜻하게 하며, 한(寒)을 물리치며, 통증을 멈추게 하는 효능이 있다.

효능이 양강 및 필발과 비슷하지만, 양강은 지통작용이 강하고, 필발은 지설 작용이 강한 반면, 필징가는 진구 작용이 강하다. 동시에 사용하면 한산(寒疝)을 치료하는 효능이 있다.

구토를 치료할 때

육두구과 생강을 배합한다.

산통을 치료할 때

오수유과 목향을 배합한다.

▲ 수확된 필징가의 열매

'산야초효소발효액연구회' 가 주관하는
<산야초참살이> 강좌 안내

– 산야초효소발효액 강좌 –

"산야초 효소 발효액은 자연의 맛과 향을 그대로 전해주는 최고의 건강음료입니다.
깊은 맛과 정성이 살아있는 산야초 효소로 음식을 만들어 가정의 건강을 지키세요.
저자의 현장감 있는 직강을 통해 알차고 재미있는 시간이 되시길 바랍니다."

– 산야초교실 강좌 –

우리의 산과 들, 주변에서 쉽게 찾아 이용하고 활용할 수 있는
'산야초의 놀라운 효능과 음용 방법'를 위한 <산야초교실>을 안내합니다.
저자의 현장감 있는 직강을 통해 알차고 재미있는 시간이 되시길 바랍니다.

- 장   소 : 지역별로 추후 조정
- 인   원 : 10~20명 단위
- 시   간 : 조정 가능
- 주   관 : 산야초효소발효액연구회
- 연 락 처 : 011-9994-4252

산야초효소발효액연구회